The Blue Book on the Service-Oriented
Manufactur in China(2017-2018)

2017-2018年
中国服务型制造
蓝皮书

中国电子信息产业发展研究院　编著

主　编／王　鹏

副主编／郑长征

人 民 出 版 社

责任编辑：邵永忠
封面设计：黄桂月
责任校对：吕　飞

图书在版编目（CIP）数据

2017-2018 年中国服务型制造蓝皮书 / 中国电子信息产业发展研究院 编著；
　王鹏 主编 . —北京：人民出版社，2019.3
ISBN 978-7-01-020566-3

Ⅰ.①2… Ⅱ.①中… ②王… Ⅲ.①制造工业—服务经济—研究报告—中国—
2017-2018 Ⅳ.①F426.4

中国版本图书馆 CIP 数据核字（2019）第 052498 号

2017-2018 年中国服务型制造蓝皮书

2017-2018 NIAN ZHONGGUO FUWUXING ZHIZAO LANPISHU

中国电子信息产业发展研究院 编著

王鹏 主编

人 民 出 版 社 出版发行

（100706　北京市东城区隆福寺街 99 号）

北京市燕鑫印刷有限公司印刷　新华书店经销

2019 年 3 月第 1 版　2019 年 3 月北京第 1 次印刷
开本：710 毫米×1000 毫米 1/16　印张：15.25
字数：250 千字　印数：0,001—2,000
ISBN 978-7-01-020566-3　定价：65.00 元

邮购地址　100706　北京市东城区隆福寺街 99 号
人民东方图书销售中心　电话（010）65250042　65289539

前　言

服务型制造，是工业化进程中制造与服务融合发展的新型产业形态，是制造业转型升级的重要方向之一。发展服务型制造，就是要以满足市场需求为中心，以产业链相关利益方的价值增值为目标，通过对生产组织形式、运营管理方式和商业发展模式的优化升级和协同创新，推动产业价值链的延展和提升，打造竞争新优势。随着新一轮科技革命和产业变革的兴起，制造业和服务业深度融合、协同发展的趋势越来越明显，新产业、新业态、新模式不断涌现。发展服务型制造，不仅是企业提高竞争力和盈利水平的重要途径，也是我国推动制造业由大变强的必然要求。

我国高度重视服务型制造发展，政策体系不断完善。2015 年国务院印发《中国制造 2025》，将"积极发展服务型制造和生产性服务业"作为九大战略任务之一，明确指出要加快制造与服务的协同发展，推动商业模式创新和业态创新，促进生产型制造向服务型制造转变。2016 年 7 月，工业和信息化部、国家发展改革委、中国工程院三部门联合发布《发展服务型制造专项行动指南》，提出 2016—2018 年推动服务型制造发展的思路、目标、任务和举措。

2017—2018 年，围绕"两个强国"建设和促进高质量发展，坚持问题导向和发展导向，积极发动各方力量以多种形式推动服务型制造发展，取得积极进展。一是通过试点示范，引领企业加速转型。针对价值链延伸和提升的关键环节，围绕企业、项目、平台和区域，多层次开展试点示范。目前全国已有 60 多个示范企业、110 个示范项目、60 多个示范平台成为企业服务转型的标杆和样板，涵盖轻工、纺织、化工、冶金、机械、原材料、电子等 20 余个制造业行业，遍布 34 个省、自治区、直辖市及计划单列市。遴选了 6 个城市成为抓服务转型、促制造升级的示范城市。二是抓好宣传推广，促进政策落地生根。组织召开中国服务型制造大会、"服务型制造万里行"系列主题活动，先后在 10 余个省市开展宣贯，通过政策解读、案例分析、经验交流、专家巡诊等形式，有力推动了服务型制造的理念传播、政策落实和经验推广。全国近30个省区市根据各自实际，发布了推动服务型制造发展的专项文件，开展了"服务型制造进市州"等活动。

当前，服务型制造发展已进入新阶段。制造业企业通过创新优化生产组织形式、运营管理方式和商业发展模式，从生产制造为主向"制造＋服务"转型，从出售产品向出售"产品＋服务"转变。工业设计、个性化定制、供应链管理、服务外包等新业态逐步成为助推企业提质增效的新动能；全生命周期管理、总集成总承包、合同能源管理、信息增值服务等新模式逐步成为企业价值增值和业务收入的重要来源。服务型制造对企业提质增效和转型升级的促进作用进一步增强，社会各界对服务型制造的认识与理解显著提高，逐步形成政、产、学、研、用、金等多方合力推动发展的良好局面。

2019年，面对复杂的国际环境，我们必须保持战略定力，准确把握新形势和新要求，认真谋划新思路和新目标，推动服务型制造在新阶段实现新发展。一是充分利用现代信息技术，推进服务型制造融合发展。现代信息技术正在全面深刻地影响制造业，尤其是5G技术商用即将到来，区块链、人工智能技术向各行各业渗透，为服务型制造发展带来难得机遇，只有主动拥抱，才能获得先机。要深化制造业与"互联网＋"融合发展，加快推动服务型制造向专业化、协同化、智能化方向发展。二是坚持创新引领，推动服务型制造向高端迈进。服务型制造的基础是创新，我们需要在工艺技术、产品质量、商业模式上不断创新，以创新求生存，求发展。通过科技、制度等创新，激发企业发展服务型制造的活力和潜力，助力打造中国制造竞争新优势。三是不断完善公共服务，为深度发展服务型制造创造条件。加强知识产权保护，加大服务型制造的人才培养和培训力度，探索建立服务型制造的统计标准和评价体系。发挥好产业联盟的作用，加强行业自律，积极参与帮助完善公共服务平台网络，促进服务型制造健康、规范、高质量发展。

《2017—2018年中国服务型制造蓝皮书》是本年度赛迪智库工业和信息化蓝皮书系列的重要部分。本书从我国服务型制造发展概况、发展路径、地方实践做法和企业案例等方面，全方位、多维度总结分析了2017—2018年我国服务型制造发展现状、政策措施和工作成效，提出了相应的政策建议，并对服务型制造发展趋势进行了展望和研判。希望本书的出版能够对各级政府部门推动发展服务型制造提供指导和帮助，对服务型制造领域的学术研究、企业实践有所助益。

目　　录

区　域　篇

城　市　篇

案 例 篇

综 述 篇

第一章　我国服务型制造发展概况

党的十九大报告指出，我国经济已由高速增长阶段转向高质量发展阶段，必须坚持质量第一、效益优先，加快建设制造强国，促进我国产业迈向全球价值链中高端。服务型制造是新技术革命时期制造与服务有机融合发展的新产业形态。实践表明，发展服务型制造是新发展理念的实践行动，对于发展与巩固我国实体经济，重塑制造业价值链，提升产业升级，推动经济结构优化具有基础性价值。以产业技术革命为引领，以智能制造、服务型制造发展模式创新为两翼，制造业与服务业融合互动发展，将为建成制造强国，加快转变经济发展方式，强化开放型经济发展新动能奠定坚实基础。

第一节　服务型制造发展现状

一、夯实性发展基础增强

从制造业层面看，2017 年国内生产总值为 827122 亿元，比上年增长 6.9%。其中，第二产业增加值 334623 亿元，同比增长 6.1%，增加值比重为 40.5%；第三产业增加值 427032 亿元，同比增长 8.0%，增加值比重为 51.6%。全年人均国内生产总值 59660 元，比上年增长 6.3%。全年国民总收入 825016 亿元，比上年增长 7.0%。规模以上工业战略性新兴产业增加值比上年增长 11.0%。高技术制造业增加值同比增长 13.4%，占规模以上工业增加值的比重为 12.7%。装备制造业增加值同比增长 11.3%，占规模以上工业增加值的比重为 32.7%。2017 年，工业对经济的贡献率为 30.9%。[①] 从服务业层面看，2017 年，规模以

---

① 除特殊注明外，本部分数据均出自 Wind 数据库。

上服务业中,战略性新兴服务业营业收入 41235 亿元,比上年增长 17.3%;实现营业利润 7446 亿元,同比增长 30.2%。^① 工业产能利用率不断提升(详见图 1-1)。工业产品顺差依然强劲(详见图 1-2)。

图 1-1　2016—2017 年工业产能利用率当季值

资料来源:Wind 数据库。

通过图 1-1 可以看出,我国工业产能利用率连续稳定增长,这说明工业高质量发展已经显现。图 1-2 表明,2017 年年初,我国工业制品进口出现回落,过去两年工业产品进出口整体呈现平稳态势,工业产品贸易顺差依然呈增长态势。

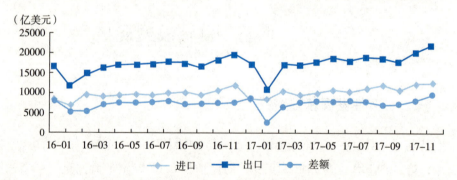

图 1-2　2016—2017 年工业产品进口额当月值

资料来源:Wind 数据库。

从市场主体层面看,制造业企业数字化能力素质继续提高,产品服务价值所占利润比重进一步增长。根据德勤《2018 中国制造业报告》,当前中国工业企业智能制造部署比例分别为:数字化工厂(36%)、设备与用户价值深挖(62%)、工业物联网(48%)、重构商业模式(36%)以及人工智能

---

① http://www.stats.gov.cn/tjsj/zxfb/201802/t20180228_1585631.html.

（21%）。智能制造利润贡献率超过 50% 的企业，由 2013 年的受访企业占比 14% 提升到 2017 年的 33%。

二、复合型发展业态衍生

　　统计显示，2016 年，服务业营业收入为 248869.67 亿元，比 2015 年增长 13%。其中，科技服务业为 6095.26 亿元，比上年增长 8%。2016 年，服务业营业收入为 248869.67 亿元，比 2015 年增长 13%。其中，科技服务业为 6095.26 亿元，比上年增长 8%。创新设计继续增长，在产品、系统、工艺流程等领域继续渗透，对电子信息、装备制造、航空航天等服务支撑表现强劲；定制化服务市场不断拓展，定制设计和柔性制造能力进一步提升；制造业供应链专业化服务和管理水平继续优化，供应与库存管理服务、供应链战略联盟被更多的制造业企业接受；网络化协同制造效益增长明显，制造业企业、互联网企业、信息技术服务企业跨界融合突出，创新资源、生产能力和市场需求的匹配性和协同性效率改善；服务外包持续发展，大数据、云计算、电子商务等服务外包平台规模增长；生产领域和消费领域信息增值服务继续拓展，机械装备、消费电子、节能环保等行业在总集成总承包、全生命周期管理、供应链管理方面服务水平提高，更多制造业规模企业应用互联网平台和系统软件，获取产品生产数据信息，拓展产品价值增值空间。传统制造业向服务型制造继续转型，就业分布行业发生改变，制造业就业人数整体减少，服务业领域就业规模逐年增加。（详见图 1 - 3）。

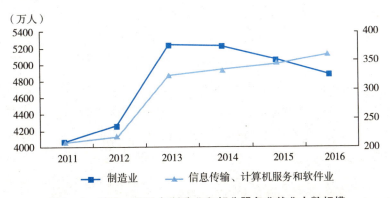

图 1 - 3　2011—2016 年制造业和部分服务业就业人数规模

三、多层级发展政策孕生

为推动服务型制造发展，国务院或其相关组成部门先后发布实施系列相关文件，深化服务领域体制改革、降低服务业门槛、扩大生产性服务业服务产品出口退税政策范围、建立生产性服务业重点领域企业信贷风险补偿机制等政策措施。2016年7月，工业和信息化部会同国家发展改革委、中国工程院共同印发了《发展服务型制造专项行动指南》，得到社会普遍关注，成为中国特色社会主义进入新时代的背景下推动制造业发展的又一重要举措。2017年11月，国务院发布《国务院关于深化"互联网＋先进制造业"发展工业互联网的指导意见》，提出"加快建设和发展工业互联网，推动互联网、大数据、人工智能和实体经济深度融合，发展先进制造业，支持传统产业优化升级"。

地方政府和工业主管部门也在中央政府政策框架下，根据地区发展实际，形成了当地促进服务型制造的政策体系，有效保证了政策的落地实施。如2016年1月，北京市政府公布《北京市人民政府关于积极推进"互联网＋"行动的实施意见》，同年12月，发布《北京市"十三五"时期信息化发展规划》。2017年1月，《北京市"十三五"时期现代产业发展和重点功能区建设规划》出台，明确提出将生产性服务业和生活性服务业作为首都战略性产业。同年9月，《北京城市总体规划（2016—2035年）》公布，明确指出"促进现代服务业创新发展和高端发展，优化提升流通服务业，培育发展新兴业态"。2016年2月，上海市政府发布《上海市推进"互联网＋"行动实施意见》，提出强化传统产业从要素驱动、投资驱动向创新驱动转变，做强实体经济。同年6月，上海市政府公布《上海市制造业转型升级"十三五"规划》。2017年1月，上海市政府发布《关于本市加快制造业与互联网融合创新发展的实施意见》，指出服务型制造的三条进路，一推动企业跨界融合，二培育融合新模式，三提升综合集成能力。同年5月，上海市政府印发《关于创新驱动发展巩固提升实体经济能级的若干意见》，加快发展先进制造业，提升发展现代服务业，促进产业融合发展。

第二节　服务型制造存在的问题

一、发展规模较初级，服务实力待提高[①]

目前，我国多数制造企业能够根据客户需求提供必要的安装、维护、保养等服务，并且越来越多的企业设立专门的服务部门，重点打造服务环节，提供与产品相关的服务内容，不断增加服务要素在投入与产出的比重，朝着"制造＋服务"差异化竞争方向转型。但总体而言，制造企业服务化产出水平整体较低。数据显示，2017 年，我国制造企业服务收入占总收入比重不足10%。[②] 我国制造业核心技术薄弱，产业主体技术依靠国外，拥有自主知识产权的产品少，依附于国外企业的组装业比重大，关键基础材料、核心基础零部件及元器件对外依存度高；重大技术装备的系统集成能力不强，与全球制造业强国相比差距较大，阻碍了制造与服务的有机整合。从差异化竞争、利润创造到制造业基础，我国服务型制造发展还有很长的路要走。发达国家或地区普遍存在"两个70%"现象，即服务业产值占 GDP 比重的70%，制造服务业占整个服务业比重的70%。2017 年，国家统计局公布的数据显示，我国第三产业增加值比重为仅为51.6%，显然与发达国家存在明显差距。

二、社会认识较不足，商业模式待强化

一是对服务型制造的内涵和意义缺乏系统认识。受传统工业发展思维模式影响，部分政府和企业尚未建立全面的产业生态系统观念，依然存在重制造轻服务、重规模轻质量、重批量化生产轻个性化定制的现象。有一些企业对服务型制造的本质认识不清，误以为发展服务型制造就是发展服务业。二是对服务型制造的发展模式了解不多，服务模式较为单一。基于产品售后服

---

① http：//dpc. wuxi. gov. cn/doc/2018/07/23/1889806. shtml.

② http：//www. ce. cn/xwzx/gnsz/gdxw/201703/31/t20170331_ 21620304. shtml.

务仍是目前的主体，真正意义上从客户需求出发进行设计，通过将服务嵌入产品，实现产品与服务融合或提供整体解决方案，进而获得持续服务收入的成熟案例比较缺乏。三是对向服务型制造转型的路径不明。由生产型制造向服务型制造转型的过程中，需要对产业链企业原有的业务流程、组织架构、管理模式进行调整和重构，很多企业对转型的步骤，以及在组织上、管理上需要做出哪些重新调整还不是很明确。根据德勤公司 2018 年的中国制造业调查，中国制造业云部署积极性较低。半数以上受访企业尚未部署工业云，47% 的企业计划或正在部署工业云，其中 27% 的企业部署私有云，14% 部署公有云，6% 部署混合云。

三、要素供给较缺乏，发展水平待提升

一是资金问题。与传统单纯销售产品可快速回款相比，投资额较大的总集成总承包项目在建设初期，规划设计、设备制造采购、土建工程等支出环节需要总承包商垫资，回款周期较长，给相关企业造成资金压力。同时，当前融资困难影响制造业企业向服务转型。二是技术短板，服务型制造是基于企业核心产品和核心业务基础上的服务创新，需要技术能力支撑，缺乏核心技术是中小制造业企业开展服务型制造的普遍短板。基础配套能力不足，先进工艺、产业技术等基础能力整体薄弱，严重制约了服务型制造业集成能力。特别是中西部地区物联网、大数据、云计算、移动互联网等新一代信息技术发展相对薄弱，相对脆弱的工业互联网基础设施体系影响当地传统制造业的商业模式转型。三是人才短缺，对于以制造为主的人员结构，多数企业缺乏既懂制造又懂服务，同时熟悉产品和运营的复合型人才。同时，当前我国服务型制造的复合型高端人才队伍培养体制机制不完善，人才保障和环境支持有待进一步加强。人才缺乏直接制约我国服务型制造的产品质量和服务能力，影响我国国际竞争力和世界发言权。四是服务提供水平不平衡不充分。一方面，很多制造业领军企业和优势企业积极拓展研发设计等业务板块，但大多制造业企业未开展深度服务，服务范畴和对象多狭隘地禁锢在企业内部应用，市场开拓不足。另一方面，沿海发达省份企业开展服务型制造的主动性强，而中西部省份由于经济发展阶段和基础设施的局限，开展服务型制造的意愿

较低。

四、发展政策较缺位，制度环境待完善

一是政策差别增加变革成本。服务业和制造业之间在审批、税收、金融、科技、土地等政策方面存在明显差异，造成一些制造业企业发展服务业的制度性成本增加。二是制造业与服务业在管理机制上缺乏融合。制造企业开展服务业务时难以享受到与服务业同等的优惠政策，造成企业转型市场成本增加。三是缺少统一的服务型制造统计口径和标准，相关的知识产权管理和保护等有待进一步加强。相比于以往的工业产品或实物设计，服务类产品更容易被剽窃和模仿，一定程度上制约了服务型制造的健康可持续发展。另外，制造业企业服务差异化与个性化的平台支撑比较有限，社会化服务体系整体亟待加强。

第三节　服务型制造主要特点

一、规模总量持续壮大

一是先进制造业整合加强。高端装备制造、新一代信息技术、智能制造、新材料、生物医药与高端医疗器械等重点产业领域发展态势明显，制造业上市公司、新三板挂牌企业数量增加，服务型制造产业集群效应继续扩散，产业协作体系继续优化，巩固并壮大我国先进制造业的产业地位。根据 Wind 数据库显示，2017 年境内工业并购额约为 4762.58 亿元，同比增长 15.04%。其中，横向整合、多元化战略构成企业并购的重要目的。服务型制造产值规模在东中部地区表现突出。服务型制造产业正向效应不断显现。统计发现，2017 年上海闵行区生产性服务总产出高达 3395.91 亿元，比上年增长 11.4%，高出闵行区制造业增速 4.4 个百分点。泉州市生产性服务业增加值为 2952.19 亿元，同比增加 10.6%。郑州市生产性服务业增加值为 3158.6 亿元，占全市

地区生产总值的 34.6%。① 二是发展载体优化。发达地区的产业发展载体、共性技术研发平台继续发展，制造行业的产业联盟和协会组织规模扩大。调查发现，上海市已渐次形成市级、地区级、社区级三个层次的商务商业中心体系格局。

二、创新驱动稳固强化

一是从科技投入层面看，2017 年全国共投入研究与试验发展（R&D）经费 17606.1 亿元，比上年增加 1929.4 亿元，同比增长 12.3%，增速较上年提高 1.7 个百分点；R&D 经费投入强度为 2.13%，比上年提高 0.02 个百分点。按 R&D 人员（全时工作量）计算的人均经费为 43.6 万元，比上年增加 3.2 万元。② 2017 年，R&D 经费支出占全国生产总值的 2.12%，比上年增加 0.1 分百分点。二是分活动类型看，基础研究经费 975.5 亿元，比上年增长 18.5%；应用研究经费 1849.2 亿元，增长 14.8%；试验发展经费 14781.4 亿元，同比增长 11.6%。基础研究、应用研究和试验发展经费所占比重分别为 5.5%、10.5% 和 84%。③ 三是从产业部门看，高技术制造业 R&D 经费 3182.6 亿元，投入强度（与主营业务收入之比）为 2%，比上年提高 0.1 个百分点；装备制造业 R&D 经费 6725.7 亿元，比上年提高 14%，投入强度为 1.65%。在规模以上工业企业中，R&D 经费投入超过 500 亿元的行业大类有 8 个，这 8 个行业的科研经费占全部规模以上工业企业 R&D 经费的比重为 65.2%；R&D 经费投入在 100 亿元以上且投入强度超过规模以上工业企业平均水平的行业大类有 10 个。④ 四是从科技孵化器看，2016 年，科技企业孵化器 3255 个，场地面积为 10732.8 万平方米，孵化企业 133286 个，分别比上年增长 29%、24%、30%。⑤ 全国自主创新成效显著，经济内生增长动力增强。"2017 年，全国新设市场主体 1924.9 万户，同比增长 16.6%，比上年提高 5 个百分点，平均每天新设 5.27 万户，高于 2016 年的 4.51 万户。全年新

---

① 源自调研地方经信委数据。
② http：//www.stats.gov.cn/tjsj/zxfb/201810/t20181009_ 1626716. html.
③ 数据出自 Wind 数据库。
④ http：//www.stats.gov.cn/tjsj/zxfb/201810/t20181009_ 1626716. html.
⑤ 数据出自 Wind 数据库。

设企业 607. 4 万户，同比增长 9. 9%，平均每天新设 1. 66 万户，高于 2016 年的 1. 51 万户"。①

三、商业路径持续衍生

一是精细化经营发展模式推陈出新。发达省份部分制造业企业有意识实施主辅分离，分离发展科研业务、物流业务、工业设计，业务外包成为规模制造业企业共识。专业中介服务、研发设计服务、系统集成服务、供应链管理服务等生产性服务业日益突出。二是协同发展模式增强，制造业与互联网深度融合。"研究所＋""校＋企""军＋民""政产学研用联合"等协同发展模式，共享经济等商业模式，"互联网＋服务"等新型业态走向细化，供应链、运营方式、渠道整合、服务方式等层面不断创新。如"客车互联网＋营销"模式，通过互联网实现网上订单管理、网上销售管理、产品全生命周期管理、车间智能制造、网上供应链协同管理及移动办公，实现从被动响应市场到主动适应市场的转变，打造低成本高效率的网络营销模式。远程诊断、个性化定制和供应链集成服务等提升要素资源优化配置效率和质量。三是产业集群集合影响凸显。一线城市"科会商旅文体＋公共服务"功能复合型商业综合体越发明显。

第四节　服务型制造发展趋势

一、行业跨界融合加快，推动效率变革

制造业与互联网、大数据、人工智能加速融合，推动制造业向数字化、网络化、智能化发展，生产要素的合理流动和优化组合，提高投入产出效率。一是制造业与互联网趋向垂直整合，制造业企业通过自建平台或应用第三方

---

① 《2017 年新设市场主体创新高》，http：//paper. people. com. cn/rmrb/html/2018 − 01/19/nw. D110000renmrb_ 20180119_ 5 − 10. htm。

电子商务平台开拓市场，实现网上采购与线上线下全渠道营销，提升电子商务销售在企业总收入中的比重。工业企业成本继续降低，2017年规模以上工业企业每百元主营业务收入中的成本为84.92元，比上年下降0.25元；每百元主营业务收入中的费用为7.77元，下降0.2元。[①] 都市消费工业企业加快研发设计、生产制造、供应链管理等关键环节的柔性化改造，基于互联网开展定制化服务。广州市"互联网＋家具定制"模式全国领先，欧派、索菲亚、尚品宅配、好莱客入围全国定制家具十大品牌。重视用户研究、增强用户参与、完善用户体验，被越来越多的制造业企业接受。二是制造与服务水平跨界融合，钢铁、汽车等领域涌现出一批由大型企业通过与服务业融合发展向价值链两端的服务环节延伸，实现从生产型制造向服务型制造拓展。如广汽集团通过深入产业跨界资源整合，上线国内首个开放式汽车互联网生态平台"大圣车服"，O2O模式引领汽车电商。广日电梯基于互联网大数据平台，借助互联网和大数据技术，推出G·Plus电梯产品，推动加装电梯由"纯粹产品"向"产品＋服务"模式转型。全产业链整合优化，工业化、信息化与服务化"三化融合"，"互联网＋制造""互联网＋服务""制造＋服务"成为跨界融合典型形态。

二、商业新业态呈井喷，加速动力变革

共享经济、众包、新零售等为制造业赋能的新业态大量涌现，加快创新驱动发展，产业链条不断延伸，加快产业结构升级。一是共享经济突出发展，物联网云平台，通过提供物联网解决方案，赋能传统设备生产和运营企业，实现硬件作为一个服务载体，以分时租赁、按需付费的方式共享的商业模式。服务型制造生态体系不断健全。二是众包发展越发明显，众包企业逐渐发展壮大。例如普金网金财税联盟服务平台，是全国首家面向中小微企业提供金财税一站式众包服务的平台。协同发展、"多轮驱动"商业模式日益突出。三是新零售成为业内共识。更多的规模企业专注创新设计等高端生产服务环节，搭建共享设计师平台，形成"共享设计—共享制造—共享渠道"的闭环，形

[①] http：//www.stats.gov.cn/tjsj/zxfb/201802/t20180228_ 1585631.html.

成"设计＋品牌"等系列商业模式走向成熟。一批提供无人化商业设备及解决方案的企业发展壮大。"设计＋"创新生态在东部沿海发达地区开始显现，"人才培育—研发设计—生产制造—品牌运营—融资创投—市场营销—新业态孵化"的全链创新格局逐步构建，逐步形塑开放、协同、共享的产业链。

三、产业结构渐趋升级，助力质量变革

一是完善产品设计，着力增强品质权威，优化制造质量供给体系，推动制造业从低端走向高端，从"制造"走向"质造"。以服务型制造为标志，全国工业经济结构调整整体步入良性轨道。2017 年，全国三次产业结构由上年的 8.6∶39.9∶51.6 调整为 7.9∶40.5∶51.6。第二产业增速超过第一产业，第三产业保持平稳发展。2017 年规模以上工业战略性新兴产业增加值比上年增长 11.0%。高技术制造业增加值比上年增长 13.4%，占规模以上工业增加值的比重为 12.7%。制造业 66511 亿元，比上年增长 18.2%，规模以上服务业企业实现营业利润 23645 亿元，比上年增长 24.5%。全年服务进出口总额 46991 亿元，比上年增长 6.8%。① 二是越来越多的地区支柱工业走向特色产业集群化发展。东部沿海地区初步形成生产性服务业集聚、集约、联动、融合发展的良好格局。发达省份的工业综合服务平台，如智能工业融合发展中心、制造业知识服务中心、工业大数据创新中心、智能制造产业协同创新中心等雨后春笋般涌现。重点领军企业在个性化定制和需求驱动型制造路径中越发普遍。同时，去产能成效显著，数据显示，2017 年，全国六大高耗能行业投资 64430 亿元，比上年下降 1.8%。② 服务型制造向价值化、专业化、协同化、高端化不断发展。

---

① http：//www.stats.gov.cn/tjsj/zxfb/201802/t20180228_ 1585631. html.
② http：//www.stats.gov.cn/tjsj/zxfb/201802/t20180228_ 1585631. html.

领域篇

第二章　推广定制化服务

第一节　基本情况

随着经济社会的不断发展，收入水平日益提高，人们的消费心态、消费结构等都发生了较大变化，可以说我国已经进入了个性化消费时代。要满足人们的个性化需求，就需要通过定制化服务来实现。定制化服务是指在客户参与或与其交互的情境下，满足客户个性化需求的一种特殊的服务提供模式。大规模定制模式下，企业可以低成本且高效率地为顾客提供多样化的产品，从而最终满足顾客的个性化需求。定制化服务能够实现制造企业和客户价值的共同创造，是制造企业面向服务的制造创新，客户通常会将个性化的体验进行分享，容易形成放大效应。

美国学者科特勒教授将定制化称作 21 世纪最新领域之一，是企业在大规模生产的基础上，将每一位消费者都视为一个单独的细分市场，以满足每位消费者的特定需求。定制化可看作企业划分细分市场的极端化，即将每位消费者个体看作一个细分市场，因此定制化在西方被称作极致的"市场化导向的新型商业模式"。[①]

在传统制造模式下，消费者只能被动地选择企业生产出来的产品，这些产品无法满足个性化需求，可能会导致"供需错位"，而且可能导致企业出现大量库存。定制化服务注重从供给侧发力，直面用户，有效整合用户的需求信息，利用平台，将设计、研发、制造等资源整合在一起，让用户参与到生产制造的全过程中去，满足用户的个性化需求，企业从过去的大规模制造转

---

① 高凯：《海尔电器定制化商业模式困局与路径》，《企业管理》2017 年第 3 期。

变为大规模定制，实现企业效益和用户满意的双赢。

大规模定制中，模块化可以降低大规模定制的成本。许多学者认为，模块化是实现低成本定制的关键。模块化可以实现产品设计的多样化，通过采用模块化的方式，对标准模块进行重新组合或在一定范围内修改，增加产品特性，帮助企业实现规模经济。

当前，以物联网、云计算、大数据等为代表的新一代信息技术快速发展并深入应用，为制造业企业发展定制化服务提供技术基础。互联网用户规模逐渐扩大，用户可以通过平台来表达自己对产品的诉求，实现与企业的互动。企业利用信息技术实现数据的采集和分析，实现对产品的特色化设计、对生产制造的柔性化改革。而且智能工厂使得大规模定制成为可能。企业需要探索合适的模式，建立智能工厂。

从行业来看，大规模定制化生产模式已经在一些行业取得一定进展。如：美克家居发布了"恣在家 ZestHome"，这是家居行业大规模定制化生产的实践，消费者可在线上选择家居的风格，以及颜色、样式等细节；订单数据经过分析，传送至美克家居的智能工厂，生产之后送至消费者家中。2016 年 4 月，上汽大通正式宣布建立智能化、定制化的 C2B 项目。2017 年，深圳德富莱建成国内首条工业 4.0 智能工厂生产示范线，完全实现自动化生产、数字化、信息化全面智能控制，包括了从原材料运送、生产制造、成品包装运送和堆放全过程全环节，产品主要是电视机顶盒，同一生产线上可生产不同的产品品种。此外，包装、服装等行业也在尝试大规模化定制模式。

我国已经建立起以用户为中心的大规模定制生态联盟。牵头单位是海尔，整合了产、学、研、用、资、政等资源，作为服务于大规模定制公共服务平台的资源联结纽带，平台的推广应用，有利于企业实现模式转型升级，促进新旧动能转换。

第二节　定制化服务的实施路径

一、产品设计集成模块化

大规模定制实现的一个条件是"延迟策略"。其核心内容是尽可能对模块、零部件和生产环节进行标准化，目的是减少定制零部件、定制模块的数量和定制环节，尽可能延迟产品差异点的生产时间。也就是在满足个性化需求的条件下，尽可能地减少产品中定制的部分。

产品模块化主要包括成套装置、整机、部件、组件、零件和结构单元等。模块最大的特点就是功能较为独立。企业对产品零部件设计时，按照生产工艺规划各模块的表转化程度，针对用户不同的需求，加强与供应商的合作，实施模块化集成设计，可以减少生产过程中的不确定性风险，快速实现产品的个性化重组。以家用电器为例，设计时需要对市场上的产品架构实行标准化规划，对每一个模块实行标准化配置，需要对所有产品配置的零部件进行标准化。企业不但可以生产处差异化的产品，生产、制造、服务所产生的成本也将大大降低。所以，企业需要提高对通用或标准的生产过程的利用程度。定制产品的差异点之后的生产可以采用柔性模块进行生产。

二、整合信息资源

企业需要构建信息平台。信息分享和共享信息平台可以实现客户最终定制化服务需求的快速传递和挖掘。企业需要对自身的信息资源进行挖掘和整合，构建起链接企业和消费者的信息平台，建立快速的信息收集和自动处理机制。应重视对客户需求变化信息的采集，以及基于客户需求海量数据分析对客户需求进行预测，建立客户需求信息共享和反馈的长效机制。建立客户体验中心和在线设计中心，能够广泛收集客户的反馈信息和个性化需求，不断对新产品和服务进行改进，为客户提供定制化服务。

三、优化企业供应链管理

企业在生产过程中供应链的优化程度，直接影响着大规模定制模式的运行效率。如：服装企业的定制化服务，核心是服装制造企业，也涉及供应商、第三方物流企业、用户等成员，组成供应链，形成协作群体。形成供应链协作的成员之间的关系集协作和竞争于一体，不同成员收益偏好存在一定的差异。在选择上游供应商时，可利用科学的方法和评估机制，加强与供应商的沟通与合作，最终实现双赢。要加强对客户关系管理，可以建立面向 CRM 的供应链管理系统。大规模定制生产方式下，由于客户订单存在不确定性，供应链计划调度模式具有一定的随机性，企业需要合理进行规划。

四、创新企业组织结构

定制化服务模式对企业要求较高，企业需要在制度、管理、运作上进行重新设计和改革，以能够适应这种生产模式。定制化服务要求企业能够对市场需求快速做出反应，因此原来的纵高型企业的组织结构对这一生产模式的适应性较差，企业需要进行改革，建立扁平化的组织结构，减少企业内部层次，促进信息有效传递与沟通，增强企业的灵活性。

第三节　问题和机遇

一、相关标准有待进一步完善

标准化是企业定制化服务发展的重要支撑，大规模定制需要通过标准化来简化产品的生产过程。大规模定制标准可以构建产业新生态，是国际标准的合作新领域。当前，大规模定制仍难以实现快速反应迭代和精准供给。例如，在服装生产领域，人体模型、柔性生产线建设、消费者服务等方面仍无法满足市场需求。在合体性这方面，智能测量技术不能完全满足要求，智能定制的服装难以达到传统高级定制水平。在服装生产领域，需要加快推动与大规模定制相关的一系列标准的制定，提高三维人体测量、服装 3D 可视化及模拟技术的精准性和实用化，不断提高服装定制的制造和服务能力。

二、先进管理理念有待进一步深化

定制化服务的发展颠覆了企业的组织和运营状态，从响应客户需求，到研发、制造、销售、服务等环节，都需要改变传统的观念，需要对流程再造，与以前企业生产产品的模式存在显著的差异。当前，我国企业定制化服务发展较为滞后，在制造的流程和管理上还是运用传统的手段，尚未充分运用互联网时代的思维、方式、管理模式等。企业对市场反应程度不高，未深入挖掘用户需求与发展契机，产品设计、研发相对滞后。大规模定制需要柔性制造的生产环境，而传统制造系统是按照大批量生产设计的，向大规模定制转型过程中必然会面临着从刚性到柔性的困难。

三、大规模定制的成本结构较为复杂

多样化与成本之间存在着矛盾。大规模定制的成本包括制造成本、管理本、知识成本、供应链成本等。如：大规模定制的制造成本，是指制造过程中所产生的成本，该成本的变化主要包含高速设备利用率降低的成本、制造现场小批量物流的成本、制造机台配置成本、不同产品的生产时工人工时损耗成本等。定制化生产还需要考虑生产单件产品生产的成本。定制化服务的管理非常复杂，需要使用信息系统来解决，所以企业存在信息系统基础建设成本。知识成本包括设计、工艺、制造、物流等多个环节。

四、新工业革命为大规模定制的发展提供机遇

当前，全球新一轮科技革命和产业变革正在孕育兴起。以互联网、大数据、人工智能为代表的新一代信息技术快速发展。以信息技术为引领，生物技术、新材料技术、新能源技术等技术群广泛渗透，交叉融合，带动以绿色、智能、泛在为特征的群体性技术突破，重大颠覆性创新不时出现。随着社会经济的快速发展，人们的生活水日益提高，我国已经进入消费型社会，人们需求越来越呈现出多样化、个性化的特点。企业生产就需要适应这一发展趋

势。而新一代信息技术的不断发展为企业迎合人们的消费趋势奠定基础。

当前，中国特色社会主义进入新时代，我国社会主要矛盾已经转化为人民日益增长的美好生活需要和不平衡不充分的发展之间的矛盾。而所谓充分发展的内涵之一包括满足人们日常生活的个性化需求。这再一次强调了制造业要向大规模定制化服务转型的重要性。

第四节　政策建议

一、鼓励企业加强对信息技术的应用

随着传统工业与互联网的不断融合，制造业的生产方式发生了较大的改变，逐渐从大规模流水线生产向大规模定制化生产转型，标准化的生产将逐渐被取代。而企业要实现定制化服务，涉及管理、供应链、销售等诸多流程，需要对生产线进行柔性化处理，靠应用数字化技术是远不够的，信息化技术的应用必不可少。

二、转变制造的理念

服务型制造不仅有助于提升企业的效益，还能提高资源的利用效率，进而提升企业的竞争力，推动经济健康发展。服务化已经成为制造业发展的重要方向，制造企业不断向"制造＋服务"转型。在新一代信息技术与服务业相互融合的背景下，制造业企业不仅是产品生产商，还是服务提供商。企业应抛弃旧的仅仅生产产品的理念，探索生产模式和商业模式创新，向服务型制造转型。

三、加大配套政策支持力度

以研发、创新、增值为重点，不断提升制造业产品的附加值。应积极促进先进制造技术发展，逐步产生多元化、多层次、多途径的科技投入体系，大力支持企业自主创新。促进信息技术对传统产业进行改造与提高，将信息技术渐渐融入研发设计、生产、流通、人力资源开发等一系列环节。不断加大对企业尤其是科技型中小企业技术创新的财政、金融支持，积极落实有关税收优惠政策。

第三章　实施产品全生命周期管理

第一节　基本情况

一、产品生命周期的内涵

产品生命周期，就是指从人们对产品的需求开始，到产品淘汰报废的全部生命历程。它是一种先进的企业信息化思想，让人们思考在激烈的市场竞争中，如何用最有效的方式和手段来为企业增加收入和降低成本。

任何工业企业的产品生命周期都是由产品定义、产品生产和运作支持这三个基本的紧密交织在一起的生命周期组成的。

（1）产品定义生命周期。该阶段开始于最初的客户需求和产品概念，结束于产品报废和现场服务支持，定义产品是如何从需求到设计、生产制造、使用和操作与销售及服务、报废回收等整个周期过程。

（2）产品生产生命周期。该阶段主要是发布产品，包括与生产和销售产品相关的活动。ERP系统是企业在该阶段的主要应用。该周期包括如何生产、制造、管理库存和运输，其管理对象是物理意义上的产品，体现了制造业产业链和供应链管理的环节。

（3）运作支持生命周期。该阶段主要是对企业运作所需的基础设施、人力、财务和生产制造等进行统一监控和调配。

上述每一个生命周期都需要相关的过程、信息、业务系统和人力（企业员工）来实现相关的商业功能。而产品生命周期管理（Product Lifecycle Management，PLM）的目的就是对这些过程、信息、系统和人力进行协调和管理，实现这三个阶段的紧密协作和通信，通过企业生产与运作支持转变为企业的物理资本（产品）。

产品生命周期是 PLM 的主线。通过对产品生命周期的分析，可以了解到 PLM 都需要管理哪些阶段、哪些内容，以及需要提供哪些功能。

二、产品生命周期管理的演变

产品生命周期管理，这个概念最早出现在经济管理领域，是由 Dean（1950，《哈佛商业评论》）提出的，用于研究产品的市场战略。当时，对产品生命周期的划分也是按照产品在市场中的演化过程，分为推广、成长、成熟和衰亡阶段。经过 50 多年的发展，产品生命周期的概念和内涵也在不断发展变化。

20 世纪 60—80 年代，产品生命周期概念主要作为一种策略和经验模型来指导产品的市场分析和计划，不涉及对产品资源和信息的实际管理。在 80 年代后，随着自动化、信息、计算机和网络技术的广泛应用，企业制造能力和水平都有了飞速的发展，企业在追求产量的同时，也越来越重视新产品开发的上市时间（T）、质量（Q）、成本（C）、服务（S）、产品创新（K）和环境（E）等指标。企业迫切需要将信息技术、现代管理技术和制造技术相结合，并应用于企业产品全生命周期（从市场需求分析到最终报废处理）的各个阶段，对产品全生命周期信息、过程和资源进行管理，实现物流、信息流、价值流的集成和优化运行，以提高企业的市场应变能力和竞争能力。

20 世纪 90 年代，由于并行工程、计算机集成制造系统、敏捷制造等制造模式的发展和成熟，企业 PLM 的重点逐渐转向支持生命周期中不同应用领域和生命周期阶段的集成和协作。因此，出现了一些综合业务系统，如支持设计、分析和制造的 CAD/CAM 系统、支持企业知识管理的知识工程系统、支持虚拟产品开发的 PDMII 系统、面向扩展企业的供应链管理系统、支持企业应用集成的 EAI 系统，以及支持虚拟企业协作的 B2B 系统。90 年代后期，随着互联网技术的迅猛发展，各种新名词、新理念层出不穷，从供应链管理到客户关系管理、大规模制造到大规模定制、电子商务到协同商务，网络技术对产品生命周期的影响越来越大。例如，典型的应用包括面向产品商务协同的 CPC（Collaborative Product Commerce）平台、面向产品协同模型定义的 CP-DM（Collaborative Product Definition Management）平台和面向产品协同设计制造的 CPD（Collaborative Product Development）平台等。以上这些工具、系统和平台，虽然在一定程度上解决了 PLM 中的一些问题，但它们的应用范围和提供的功能只覆盖了 PLM 中的一部分内容，因此，它们只能算是一种局部的 PLM 解决方案。

进入 21 世纪，人们开始考虑建立一个能够满足产品生命周期过程中不同领域和开发阶段信息管理与协调的整体解决方案，使产品设计、开发、制造、销售及售后服务等信息能快速流动，并能有效地协同和管理，实现真正意义上的产品生命周期管理。

当前阶段，理论界提出的部分有代表性的 PLM 定义，它们分别从不同的角度描述了 PLM 的功能和作用。例如：

（1）一种战略性的商业方法。CIMData 认为：PLM 是一种战略性的商业方法，它应用一组一致的业务解决方案，来支持企业创建、管理、分发和使用可覆盖产品从概念到消亡整个生命周期的定义信息。它集成了人、过程和信息，形成了企业的产品信息管理的主干。

（2）企业级的信息基础框架。Portell 认为，PLM 是一个企业级的信息基础框架，它提供了一个单一的产品信息源和一致的产品信息管理机制，保证正确的人在正确的时间，以正确的格式访问到正确的信息。

（3）建立和管理产品定义供应链的有效工具。PLM 作为一个信息桥梁，将 OEM（Original Equipment Manufacturer）、伙伴、子承包商、供应商和用户连接起来，为扩展企业提供一个一致的产品相关信息视图，实现了产品数据的共享，使扩展企业中不同部门、不同地域的人和组织可以方便地进行协同。

（4）软件和服务的集合。它使用网络技术，使用户可以在产品生命周期过程中协同地开发、建造和管理产品，而不用考虑其在产品生命周期中的角色、所使用的计算机工具、地理位置、供应链中的地位等等。

（5）提高产品开发效率的必要的企业基础结构。四家资深的工业分析公司（AMR Research、Gartner、Giga 和 Yankee Group）给 PLM 下的定义是：PLM 是提高产品开发效率的必要的企业基础结构，它描述了一个复杂的技术和服务框架，允许制造公司及其合作伙伴和客户，可以贯穿整个生命周期对产品进行分析、设计、制造和管理。

（6）一组已有技术的集合。MSC Software 的定义是：PLM 是采用一种全新的方法和视角连接起来的一组已有技术的集合，使产品信息可以被组织中任何需要的人员获取和使用。

（7）产品信息行为模型。Collier、Wayne 给 PLM 下的定义是：PLM 是一个跨越产品开发全阶段的产品信息行为模型，用来定义和管理用户对这些信息进行什么操作、如何操作，以及这些信息如何演化为最终的产品定义。

（8）所有产品相关数据的协同环境。产品生命周期管理联盟（PLCS）给 PLM 下的定义是：PLM 是一个概念，用来描述一个支持用户管理、跟踪和控制产品全生命周期中所有的产品相关数据的协同环境。

从以上分析中，可以总结出 PLM 具有以下特性：

（1）一项企业信息化战略：PLM 实施一整套的业务解决方案，把人、过程和信息有效地集成在一起，作用于整个企业，包含产品从概念到报废的全生命周期，支持与产品相关的协作研发、管理、分发和使用产品定义信息。PLM 为企业及其供应链组成产品信息的框架。它由多种信息化元素构成：基础技术和标准（如 XML、视算、协作和企业应用集成）、信息生成工具（如 MCAD、ECAD 和技术发布）、核心功能（如数据仓库、文档和内容管理、工作流和程序管理）、功能性的应用（如配置管理）以及构建在其他系统上的商业解决方案。

（2）PLM 的范围：覆盖了从产品诞生到消亡的产品生命周期全过程的、开放的、互操作的一整套应用方案。建设这样一个企业信息化环境的关键是，要有一个记录所有产品信息的、系统化的中心产品数据知识库。这个知识库用来保护数据、实现基于任务的访问并作为一个协作平台来共享应用、数据，实现贯穿全企业、跨越所有防火墙的数据访问。PLM 的作用可以覆盖到一个产品从概念设计、制造、使用直到报废的每一个环节。

（3）PLM 的管理对象是产品信息：这些信息不但包括产品生命周期的定义数据，同时，也描述了产品是如何被设计、制造和服务的。

（4）PLM 的目的：都是通过信息技术来实现产品生命周期过程中协同的产品定义、制造和管理。

（5）PLM 的实现途径：都需要一批工具和技术支持，并需要企业建立起一个信息基础框架来支持其实施和运行。

（6）PLM 的功能是对产品信息的管理：负责由 CAD、CAM、CRM 等应用工具所产生的产品信息进行获取、处理、传递和存储。

综上，PLM 的定义可以归结为：一项企业管理中的信息化战略，描述和规定产品生命周期过程中产品信息的创建、管理、分发和使用的过程与方法，给出一个信息基础框架，通过集成和管理相关的技术与应用系统，使用户可以在产品生命周期过程中协同地开发、制造和管理产品。

三、发展现状及趋势

发展现状：经济全球化和快速发展的信息技术，以强大的扩散力和渗透力对制造业产生了极其深刻的影响，使制造企业的竞争核心、产品发展战略、技术重点、过程重点和组织重点等均发生了极大的变化。增强企业的创新能力、提升企业的核心竞争力已经成为企业的首要任务，而实现该任务的有效途径就是加快企业的信息化进程，依托信息化手段，研发出更新更好的产品，有效地提高企业的运作效率和应对快速变化环境的能力。在这种背景下，产品全生命周期管理应运而生，这是市场竞争和信息技术发展的必然结果。

以信息化带动工业化是我国工业领域制定的一个长期发展战略。企业信息化管理，特别是制造业企业信息化，体现为四个主要业务领域，由四种主要的 IT 信息系统所代表。它们是：企业资源规划（ERP）系统，供应链管理（SCM）系统，客户关系管理（CRM）系统和产品生命周期管理（PLM）系统。这四种信息系统的有机结合应用，构成了企业信息化的重要组成部分。

企业可以根据自身的情况，面向某类特定的业务问题，选用一种或几种系统来构建自己的企业信息化框架体系。在 ERP、SCM、CRM 以及 PLM 这四个系统中，PLM 的成长和成熟花费了最长的时间，并且最不容易被人所理解。它也与其他系统有着较大的区别，这是因为迄今为止，它是唯一面向产品创新的系统，也是最具互操作性的系统。例如，如果企业为了制造的用途，使用 PLM 软件来真正管理一个产品的全生命周期，它需要与 SCM、CRM，特别是 ERP 进行集成。

从理论的角度看，PLM 出现的时间 60—70 年。但从一个企业管理解决方案的范畴来看，它在最近几年才成为一种可行的选择。之所以花费了数年的时间来确立产品生命周期管理的市场定位，部分原因是它自身的许多因素都与 PDM 和 CAD（Management Software Computer Aided Design，MS－CAD，全称为管理软件计算机辅助设计）软件系统有密切关系。因为从技术角度上来说，PLM 是一种对所有与产品相关的数据在其整个生命周期内进行管理的技术。既然 PLM 与所有与产品相关的数据的管理有关，那么就必然与 PDM（Product Data Management，产品数据管理系统）密不可分，有着深刻的渊源关系，可以说 PLM 完全包含了 PDM 的全部内容，PDM 功能是 PLM 中的一个子集。但是 PLM 又强调了对产品生命周期内跨越供应链的所有信息进行管理和利用的概念，这是与 PDM 的本质区别。

当前阶段，由于 PLM 与 PDM 的渊源关系，市场上几乎没有一个以"全新"面貌出现的 PLM 厂商。大多数 PLM 厂商来自 PDM 厂商。有一些原 PDM 厂商已经开发了成体系的 PLM 解决方案，成功地实现了向 PLM 厂商的转化，如 EDS、IBM。当然，也有 ERP 厂商的加入，如 SAP，已经提出了自己的基于 ERP 立场的 PLM 解决方案，试图在这个广大的市场上来分一杯羹；还有一些 CAD 或工程软件厂商也正在做这样的努力。需要指出的是，有一些原来本是 PDM/CAD 的厂商，并没有推出实际的 PLM 产品，而只是改了个名字就自称为 PLM 解决方案厂商，同时卖一些 PDM/CAD 产品。这样，一些鱼目混珠的动作给市场和广大客户都造成了很多的困惑。

PLM，并不是一种简单的"系统集成"——例如，把一个 PDM，两个 CAD，再来一个数字化装配，加之连接上某个 ERP 或是 SCM 系统，辅之以 Web 技术，就是"PLM"系统了——这样做，只是实现了一种技术的堆积和继承，只是完成了任务和过程自动化这样的功能，没有体现出 PLM 真正的思想和内涵。尽管以上的技术是需要的，但是对于实施 PLM 战略是不充分的。首先要理解到，由于 PLM 策略是完全从事于不同的商业使命，因而它需要更复杂的系统体系结构。PLM 技术的选择和实施必须以这样的方式来做，构建一个面向更广泛的商业使命的生命周期财富管理系统来组成。技术的采用必须根据这个高层次使命的原则来选择，而不是以完成任务和过程自动化这样传统的历史使命来选择。

发展趋势：PLM 是近几年在工业领域得到大力推广应用的 IT 技术之一，

其技术和产品都取得了巨大的发展。实现产品生命周期管理是所有以产品为核心的制造企业的一个长期战略目标，其内容和程度根据企业的具体需求可以不断地改变和提高。它不是一个通过一次性的投入就可以完成的项目。因此对于一个企业，必须制定自己的产品生命周期管理战略和目标。成功的PLM系统一定是技术、人员和管理方法的成功结合，用户一定要注意根据自己的需求和公司未来的发展战略，选择合适的PLM产品和技术。

第二节　问题和机遇

问题一，当前的管理技术、方式方法和软件等解决了产品全生命周期管理中的阶段性问题，没有覆盖全部周期。目前，一些企业在一定程度上实现了产品生命周期过程中某些方面的集成和管理，如ERP等的推广和应用，确实简化和改进了各种商业规则。但是，由于它们只是各自针对产品生命周期中的某些特定阶段，解决特定领域的问题，使得产品信息分散于企业内部不同应用之中。这些系统大多是相互独立开发或购买自不同的软件供应商，它们可能运行于不同的平台，使用不同的数据格式，从而造成了这些系统之间信息交换和集成的困难，无法彼此互动。

针对这个问题，企业需要将这些孤立的、阶段性的系统集成整合到个的PLM系统，使产品信息可以在不同的应用和阶段间顺畅地流动，并能有效地加以管理，这将是企业未来需要解决的问题，也将会是一个企业发展的机遇。在此机制下，不但产品开发时间能大幅缩短，节省可观的资源，而且企业也能更紧密地结合上、中、下游各环节之产品开发体系，缩短反应时间，有效控管生产资源，进而强化市场竞争力。

问题二，目前企业管理中，围绕产品价值链产生的各类信息，没有统一放在PLM下实现集成和整合。

在PLM的支持下，企业不仅可以管理不同阶段内部的信息，还可以实现不同阶段之间的信息整合，打通设计、制造、生产、销售之间的关系，实现ERP、SCM、CRM等系统的集成，使得产品生命周期的各种信息能完全共享和交互，并有效管理。

针对这个问题，在 PLM 下，将各类孤立的信息和数据进行整理、集成和优化，不断减少时间成本和提高产品价值，是企业提高价值链竞争力的机遇和关键。PLM 可以从企业资源计划（ERP）、供应链管理（SCM）、客户关系管理（CRM）系统中提取相关的信息，并使之与产品知识发生关联，进而使之用于企业，使从制造到市场、从采购到支持的所有人都能够更快速、高效地工作。

机遇：实施服务型制造全生命周期管理模式，无论从降低企业成本，还是缩短流程时间来看，对于企业都具有巨大的新引力。PLM 使整个产品价值链上的资源（企业内部和外部的）都可以为产品设计增加价值。它通过自上而下的、一体化的方式进行以产品为中心的协同产品开发。通过 PLM，所有相关人员都可参与产品设计、开发、制造和使用，突破地理、组织等限制进行协同。产品数据可通过各种形式进行共享和分析，将用户、产品知识和业务过程都集中于产品创新上，使企业内外价值链的创新能力最大化。PLM 真正实现了以产品为核心的企业价值链协同，解开了企业价值链不同环节中由相互独立的应用系统产生的孤立信息，并将它们集成为统一的产品知识源。完整的价值链能无缝地、实时地进行产品及所有信息的协同管理，从而降低产品成本，缩短开发周期。

第三节　实施路径

目前，PLM 的研究和应用正在从基本概念、体系扩展到面向企业生命周期整体解决方案的技术和实施方法上，尽可能为企业提供支持产品全生命周期协同运作的支撑环境和功能、提供标准化的实现技术和实施方法。因此，与整体解决方案相关的技术和应用，将成为 PLM 未来的发展重点和实施路径，主要包括企业基础信息框架、统一产品模型、单一数据源、基于互联网的产品入口，以及 PLM 标准与规范体系。

一、集成和完善 PLM 基础信息框架

成功的 PLM 实施依赖于可互操作的 IT 信息基础结构。如何利用集成技

术，将企业现有的 IT 系统集成到一个统一框架中，是 PLM 实施中的一个关键问题。PLM 基础信息框架将成为以后实施中的核心工作。未来的 PLM 解决方案将建立在开放的网络服务标准之上，为制造企业在一个集成的框架中优化它们的产品生命周期提供了一个极为灵活的基础信息环境。

二、建立统一产品模型 PLM 平台

需要能够定义和管理产品生命周期中不同的产品数据及相关的过程和资源，并能够抽取和管理这些不同数据之间的关系，利用这些关系自动地在不同产品数据之间建立关联。因此，PLM 系统需要建立一个统一产品模型，用来存储生命周期所有阶段的产品、过程和资源的开发知识。该模型应是一个统一的、开放的对象模型，连接产品不同生命周期阶段的数据、过程、软硬件系统和组织等企业资源，支持动态的基于知识的产品信息创建和决策支持，优化产品定义、制造准备、生产和服务。它也可以说是一个电子仓库，为应用提供通用的建模功能和数据模型，实际上是为产品定义、制造过程和制造资源提供了一个联结，确保了全生命周期产品定义、过程和资源的一致性。

三、建立单一产品数据源

PLM 对产品开发的关键价值在于：它必须建立一个存放所有与产品有关的数据和知识的唯一数据库，无论历史经验还是新信息都可在产品生命周期中得到。PLM 的内部机制可以保证所有信息均可被捕捉，用于现在和未来产品设计改进的需要，并可在整个产品价值链共享。所有产品数据的单一数据源，可减少或消除产品设计中的错误，包含过时的工程图纸、设计规格和产品资料，信息维护将得到简化。同时，产品单一数据源的建立，也可以解决分布式、异构产品数据之间的一致性和全局共享问题，实现了产品全生命周期的数据存储和管理。

四、建立和提供基于互联网的产品入口

PLM 为企业提供了一个统一的产品研发平台。但企业用户必须通过一个入口来获得产品的相关数据、应用程序和相关的服务。基于互联网的产品入

口为 PLM 系统提供了一个门户，使所有参与设计的人员通过浏览器就可以获得所需的设计文档与信息，共同完成某产品的开发设计。产品入口可根据不同的用户需求，实时地提供个性化的信息服务。企业的员工、企业的最终用户和合作伙伴等，都可以跨越时空的限制，参与到企业产品研发设计的各个环节中来。

五、建立和完善标准和规范体系

PLM 系统必须建立起支持信息共享、交换、通信和集成的规范与标准。根据 PLM 研究体系，PLM 系统需要从以下方面建立其标准和规范体系，它们是系统管理、资源管理、资源使用、运行控制、流程管理、操作协议、本体协议和数据标准。在 PLM 具体实施时，可以根据实际情况选择已有的标准来构建 PLM 标准体系，如采用 STEP 作为数据标准、WFMC 作为流程管理标准、OMG 的对象规范和 W3C 的互联网标准作为运行控制和操作标准等。

第四节　政策建议

一、鼓励企业构建 PLM 平台系统

对重点企业构建高度集成化的 PLM 平台系统给予一定的信贷政策支持，鼓励企业通过平台系统提升产品质量、提高顾客价值、提升企业竞争力，并能够服务广大中小企业，从而带动整体行业发展水平的提升。完善标准规范，支持机电产品再制造企业和相关机构建设公共服务平台。

二、支持国产 PLM 软件企业的发展

鼓励软件企业研发应用互联网平台和系统软件，积极对接国际标准，通过获取产品生产和使用全过程的数据信息，开展大数据开发挖掘，并提供协同管理、资源管理、数据服务等功能服务。

三、发挥重点企业引领示范作用

深入落实制造强国战略、《发展服务型制造专项行动指南》等一系列支持服务型制造模式发展的战略和政策，充分发挥发展模式领先的企业在行业转型升级中的引领示范作用，加大对新型模式的宣传、支持和推广，带动中小企业的服务化转型。

第四章　支持服务外包发展

第一节　基本情况

一、基本概念

服务外包是指企业将其非核心业务流程剥离出来，外包给本企业以外的专业服务提供商来完成的经济活动，其目的是减少该业务领域的成本费用，提高资源配置效率和企业核心竞争力。通过服务外包，企业可以将全部精力集中于自身核心业务，降低非核心业务的运营成本，提高效益，而专业的外包公司则可以通过信息网络技术为发包企业提供特定服务业务的全面解决方案，使客户节省成本的同时也使自己获得业务收入。

服务外包是随着 20 世纪 90 年代信息和通信技术的蓬勃发展而发展起来的。知识与信息可以数字化、标准化和物化后，使得现代服务产品的不可储存性和不可运输特性得以改变，其生产过程逐步细分成更小的单元，通过市场合约重新配置、转移到企业外部去完成，从而提高质量和实现规模经济，形成信息技术外包（Information Technology Outsourcing，ITO）、业务流程外包（Business Process Outsourcing，BPO）和知识流程外包（Knowledge Process Outsourcing，KPO）。其中，ITO 业务主要集中在与计算机、信息技术有关的领域，是服务外包最早出现的模式。随后，当互联网技术与宽带能力大大提升后，服务外包便逐渐延伸到企业一系列的业务流程中，成为 BPO。[①] 随着业务

---

① 张磊、徐琳：《服务外包的兴起及其在中国的发展》，《世界经济研究》2006 年第 5 期。

流程的逐渐复杂和整合能力的提高，位于价值链高端环节的知识创新、研发等的外包便形成了 KPO。

表4-1 服务外包的分类和内容

类别		内容
信息技术外包（ITO）	系统操作服务	银行数据、信用卡数据、各类保险数据、保险理赔数据、医疗/体检数据、税务数据、法律数据（包括信息）的处理及整合
	系统应用服务	信息工程及流程设计、管理信息系统服务、远程维护等
	基础技术服务	承接技术研发、软件开发设计、基础技术活基础管理平台整合或管理整合等
业务流程外包（BPO）	企业内部管理服务	为客户企业提供企业各类内部管理服务，包括后勤服务、人力资源服务、工资福利服务、会计服务、财务中心、数据中心及其他内部管理服务等
	企业业务运作服务	为客户企业提供技术研发服务、销售及批发服务、产品售后服务（售后电话指导、维修服务）及其他业务流程环节的服务等
	供应链管理服务	为客户企业提供采购、运输、仓库/库存整体方案服务等
知识流程外包（KPO）	知识产权研究	知识产权资产管理、技术领域知识产权前景规划、知识产权授权使用、知识产权摘要和知识产权商业化服务及其他一些能够以同样方式离岸外包的服务
	医药和生物科技	为客户提供合同研发外包和临床试验方面的服务
	分析和数据挖掘服务	包括数学设计、统计分析和计算机辅助模拟的应用等

资料来源：吴国新、高长春：《服务外包理论演进研究综述》，《国际商务研究》2008 年第 2 期。

二、发展现状

受新科技革命和产业变革的双轮推动，服务外包已经成为全球经济发展的新动力，世界各国均对发展服务贸易给予重视。美、欧、日等大型信息技术企业及金融保险机构越来越多地通过业务流程外包，在尽量不降低产品质量的前提下，将非核心业务转包给国际服务外包市场，从而降低企业生产成本，最大化地提高企业资源配置。服务外包为这些跨国公司带来了可观的经济利润。印度、中国、菲律宾、马来西亚等亚洲国家在国际制造业产业转移规律的作用下，积极承接国际制造业的转移，逐渐发展成具有领先实力的接包方。服务外包提高了这些发展中国家的制造业水平及经济发展指数。

（一）国外发展现状

全球服务外包业务在过去 20 年间呈现繁荣发展特征。特别是国际金融危机后，服务外包成为新一轮国际产业转移和结构调整的关键动力。根据研究与咨询公司 ISG 的统计数据，2000 年全球外包合同的年度总额为 125 亿美元，到 2016 年这一数值增加至 370 亿美元；并且在 2017 年和 2018 年随着企业将大量数据转移至云端，全球服务外包市场规模继续呈现增长态势。[1] 美、欧、日是全球离岸服务外包的主要发包国家，发包总额占全球业务总额的比重一度超过 80%。根据 IDC 的统计数据，2013 年，全球离岸服务外包业务中美国、欧洲、日本所占比重分别为 60%、18%、10%。[2] 当前，人工智能、大数据等技术的蓬勃发展推动全球服务外包行业进入了数字融合的新时代，为全球制造业企业及服务外包企业提供了崭新的发展机遇。如总部位于都柏林的埃森哲，是全球知名的技术服务供应商，现已成为数百家公司的实际"后端"。据统计，埃森哲为《财富》全球 100 强企业中的 95 家提供咨询或外包服务。2017 年其外包业务收入占总收入的比重为 46%，比 2011 年提高了 5 个百分点。快速发展的服务外包业务使其员工规模迅速扩张，成为当前全球最大雇主之一。相关数据显示，2010 年埃森哲全球雇员约为 20 万，目前这一数字已达 42.5 万。[3]

（二）国内发展现状

近年来，我国陆续公布《国务院关于促进服务外包产业加快发展的意见》（国发〔2014〕67 号）、《发展服务型制造专项行动指南》（工信部联产业〔2016〕231 号）、《国际服务外包产业发展"十三五"规划》（商服贸发〔2017〕170 号）等多个促进服务外包产业发展的相关政策性文件、规划，引领带动国内服务外包产业转型升级和协调发展。经过多年的积累，我国服务

---

① 中国服务贸易指南网：《外包服务提供商主导全球最大雇主榜》。
② 李庭辉：《全球服务外包市场发展概览》，《全球化》2017 年第 4 期。
③ 中国服务贸易指南网：《外包服务提供商主导全球最大雇主榜》。

外包市场已经稳步进入千亿美元级，其中离岸服务外包规模仅次于印度位居全球第二位。除了规模的快速扩张，行业结构也逐渐优化，企业综合实力迅速提升，区域发展更加协调有序。服务外包已成为我国服务贸易出口增长的新引擎，在推动实体经济转型发展方面发挥着越来越重要的作用。

一是行业规模持续扩大，成为推进供给侧结构性改革的重要引擎。根据商务部的统计数据，2017年我国服务外包合同金额及执行金额分别为1807.5亿美元、1261.4亿美元，比上年分别增长25.1%、18.5%。其中，离岸服务外包合同金额1112.1亿美元，同比增长16.7%；离岸服务外包执行金额796.7亿美元，同比增长13.2%，增速高于服务贸易出口速度。[1]

二是行业结构逐渐优化，价值链持续向高附加值环节攀升。从三大业务离岸执行金额占比来看，"十二五"时期，知识流程外包占比快速提升，由25.8%提升至36.8%，成为推动服务外包增长的主要动力；业务流程外包稳步发展，由16%调整至14.2%；信息技术外包虽然占据主导，但比重逐年下降，由58.2%下降至49%。[2] 从企业承接案例看，面向最终客户的项目咨询设计、基于人工智能的平台搭建、数据分析和挖掘等全流程、综合性高端增值服务的外包业务日益增多，结构升级效应明显。数据显示，2017年，企业承接国际电子商务平台服务执行金额同比增长226.4%，互联网营销推广服务执行金额同比增长73.8%，数据分析服务执行金额同比增长51.9%[3]。服务外包已成为新模式、新业态融合发展的新平台。

三是企业规模及综合实力增强，国际化水平显著提高。"十二五"时期，服务外包企业累计新增1.7万家。到"十二五"末，80多家企业所承接离岸服务外包执行金额超过了1亿美元。[4] 2017年全国新增服务外包企业4173家，企业外包合同平均签约金额同比增长约10%。我国服务外包企业长期致力于深耕国际市场，目前业务已经遍及全球200多个国家和地区，国际化服务水

---

① 数据来源：中国服务贸易指南网。
② 王晓红：《以创新驱动战略为引领推动服务外包价值链向高端跃升》，http://www.sohu.com/a/221926698_640189。
③ 数据来源：中国服务贸易指南网。
④ 王晓红：《以创新驱动战略为引领推动服务外包价值链向高端跃升》，http://www.sohu.com/a/221926698_640189。

平不断提高。统计数据显示，2017 年承接来自美国、欧盟、中国香港、日本这四大传统市场的服务外包执行金额总计 491.4 亿美元，占比 61.7%。此外，"一带一路"沿线市场加速拓展。2017 年合同执行金额达 152.7 亿美元，同比增长 25.98%，占承接离岸服务外包总额的比重为 19.2%，有力推动中国服务、设计、技术"走出去"。

四是示范城市的传导带动作用增强，产业集聚效应突出。2017 年，我国服务外包示范城市已增加至 31 个，完成服务外包执行额 1018.4 亿美元；执行额超过 70 亿美元的城市有 7 个，比上年增加 3 个。[①] 示范城市继续发挥集聚带动作用，离岸服务外包执行额占比达 91.6%。[②]

五是产业梯度转移加快，区域布局更加协调有序。我国服务外包产业主要集中在东部地区，尤其以长三角、珠三角、环渤海、京津冀地区为产业集聚区，随着近年来中西部地区区位优势不断显现，产业由东向西的梯度转移步伐加快。从服务外包合同执行额增速来看，2017 年，东部地区完成合同执行额同比增长 17.3%，而中部、西部和东北地区分别同比增长 26.5%、22.9% 和 26.6%，涨幅均超过东部地区。从合同执行额占比情况来看，2017 年东部地区合同执行额占比下滑 0.9 个百分点，中部、西部和东北地区占比均呈上升态势。此外，成都、武汉、西安等中西部城市已经成长为具有较强知名度的交付中心，吸引了一批跨国公司的合作交流。

第二节　实施路径

一、加快创新驱动发展，推动产业价值链向高端跃升

随着新技术的广泛运用，服务外包产业的服务模式、组织模式和运营模式都在经历革命性变化，行业的核心驱动力已经发生转换，由原来的要素驱

---

① 资料来源：中国服务贸易指南网。
② 《商务部服贸司负责人谈 2017 年我国服务贸易有关情况》，商务部网站，http://www.mofcom.gov.cn/article/ae/ag/201802/20180202708635.shtml。

动、政策驱动转变为创新驱动，这迫切要求服务外包企业应用新技术、新模式来为市场提供新服务。应着力加大服务外包企业研发创新投入力度，鼓励企业在企业管理、业务流程、交付模式等方面大胆革新，提高集成电路设计、软件研发、生物医药、工业设计、管理咨询等方面的系统集成能力和整体解决方案能力。加强大数据、云计算等平台建设，推广创新工场、创客空间等经验，完善创新服务体系，为服务外包企业提供低成本、集约化、开放式服务平台和发展空间。

二、鼓励企业做大做强，提高国际竞争力

鼓励服务外包企业通过并购、重组等方式做大做强，提升自身知名度和国际竞争力；充分发挥国内领军企业在技术、品牌、渠道、标准等方面的辐射带动作用，促进中小企业参与国际竞争，提升中国服务外包整体竞争优势。加强我国企业"走出去"与国外发包企业"引进来"，增强双向交流。鼓励企业加强对美、欧等发包市场的开拓，积极借鉴印度、菲律宾等接包国的成功做法，在目标市场尤其是具有业务空间的国外中小企业市场搭建团队，开展技术获取型、能力获取型投资，以方便与潜在客户接触，提升自身技术研发能力。积极引进国外公司的研发设计、供应链管理、管理咨询等服务业务，增强中外企业间的互信和交流，以提高对接成功率。

三、以在岸业务促离岸业务发展，拓展产业发展空间

由于国际金融危机后国际市场业务量萎缩，加上欧美收紧部分发包业务，一味在国际市场寻求订单业务难度增加，建议企业及时调整思路，适时将发展重点由离岸业务转移到在岸业务。虽然我国长期是离岸业务接包大国，但实际上我国在岸市场规模巨大，特别是"中国制造2025""互联网＋"、服务型制造、智能制造、绿色制造等战略的持续推进，大量的软件与信息服务需求、数字化和信息化外包需求被释放出来，给国内服务外包企业创造了好的发展机会，对于夯实产业基础提供了有利条件。应积极引导企业服务国内市场，抓住医疗、教育、政府等部门广泛的数字信息服务需求，培养一批专业化的优质服务提供商，在增强规模实力和提高效益的同时，为承接国际离岸

业务夯实基础，促进国际业务的发展。

第三节 问题和机遇

一、主要问题

一是服务外包企业实力仍有待提升。突出表现是中小企业占比高，缺乏有全球影响力的大型服务外包企业。相关数据显示，2006—2017 年，虽然我国服务外包企业数量增长了 86 倍[①]，但是目前 99% 的企业都是中小型企业。[②] 此外，根据 2016 年普华永道发布的"全球软件百强企业"报告，全球知名软件企业绝大部分来自美国。百强企业榜单的前 10 席中来自美国的企业占据 9 席、来自德国的占据 1 席，而我国仅一家企业入围此榜单。[③]

二是服务外包业务向价值链高端提升的空间仍较大。由于高端专业技术的缺乏，我国服务外包企业提供系统咨询服务、整体解决方案等的能力尚不足。与离岸服务外包规模位居全球第一的印度相比，我国企业承接离岸业务的范围还有很多局限，如：许多印度企业能够为发包企业提供银行、保险、医疗服务、通信等领域全方位咨询和系统服务，但我国服务外包起步较晚、缺乏业务经验，在部分垂直行业中还处于发展较低阶段。

三是行业人才储备不足，高端从业人员严重匮乏。服务外包所涉及的环节非常复杂且业务范围广泛，对从业人员的知识储备和专业技能要求很高，高素质的行业人才是企业提升服务水平和市场竞争力的核心因素。[④] 相关调查研究显示，75% 以上的企业表示难以吸引高端人才或难以招到中端人才，行

---

① 《投促会会长马秀红建议加大服务外包政策支持力度》，http：//tradeinservices. mofcom. gov. cn/article/lingyu/fwwbao/201809/70525. html。

② 王晓红：《以创新驱动战略为引领推动服务外包价值链向高端跃升》，http：//www. sohu. com/a/221926698_ 640189。

③ 《2016 全球软件百强企业榜单出炉：中国仅一家入围》，http：//www. sohu. com/a/106108803_ 350221。

④ 《中国服务外包发展现状及问题探析》参考网，http：//www. fx361. com/page/2017/0613/1929910. shtml。

业尤其缺乏具有学术背景、较高外语水平、丰富实践经验和项目管理能力的高端专业技术人才。高素质人才的缺乏限制了产业的提质增效。

四是成本增长过快，企业经营压力较大。一方面是人力成本逐年上升。根据中国服务外包研究中心披露的数据，服务外包企业的总成本中人力成本占比超过了50%。随着员工工资水平以大约10%的年均增速上升，加上"五险一金"的缴费支出，使得我国服务外包技术人员工资远远高出印度同等水平的人员。另一方面，服务外包企业税费负担较重。"营改增"政策施行后部分服务外包企业税负不减反增，部分国家优惠政策门槛高、覆盖面较窄等问题尚待解决。多方面的成本压力导致许多外包企业利润下滑，国际竞争优势明显下降。

二、面临的机遇

一是人工智能的蓬勃发展催生服务外包产业新的机会。当前，在以大数据、云计算、人工智能为特征的新一轮科技革命和产业变革的驱动下，人类社会正在向全新的智能时代迈进，服务外包企业应牢牢把握住全球进入数字时代的新机遇。美国外包协会相关研究披露，目前全球数据量每40个月便会翻一番，由数据驱动的服务外包交易在过去几年间迅速增长。[①] 信息通信技术的快速升级推动了各国数字化转型发展，如新加坡提出"智慧国家2025"的十年规划，我国提出"互联网＋"行动，为服务外包企业提供了无限商机。[②]

二是制造业服务化为服务外包市场提供广阔空间。党中央、国务院多次提出我国制造强国建设向高端化、智能化、绿色化、服务化方向推进的目标导向，其中，制造业服务化是制造业转型升级的重要路径，也是服务外包的快速发展的重要动力。当前，我国服务型制造蓬勃发展，产业协同水平不断提高，新模式新业态加速涌现[③]，技术、人才、资本等要素配置持续优化，制造与高端服务融合的趋势更加明显，这无疑将形成叠加效应和倍增效应，为

[①] 《中企应积极把握数字融合时代全球服务外包新机遇》，中国服务贸易指南网，http://tradeinservices.mofcom.gov.cn/article/lingyu/fwwbao/201809/70234.html。

[②] 《全球服务外包进入转型期》，人民网。

[③] 赛迪智库：《中国服务型制造发展蓝皮书（2016—2017年）》。

服务外包创造巨大的市场空间。有预测指出，制造业服务化将推动我国服务外包产业"在下一个十年取得质与量的双重突破"①。

三是"一带一路"建设为服务外包企业转型发展提供了巨大的市场。据商务部的统计数据，2017年中国服务外包企业承接"一带一路"沿线国家的合同执行金额比上年同期增长25.98%，占离岸服务外包执行总额的比重为19.2%。大多数"一带一路"沿线发展中国家的工业和信息化水平较为落后，随着"一带一路"倡议的深入推进，大量沿线国家的市场需求将被释放出来，为我国服务外包企业提供了广阔的多元化市场；此外，通过"走出去"参与产能合作、装备合作等重大国际项目，企业可以建立国际研发中心、组建国际团队，从而为培养行业高端国际人才提供了契机。②

第四节　政策建议

一、加大政策支持力度，持续改善营商环境

一是加大财政补贴力度，增加技术研发、人才培训、国际资质认证等方面的补贴支持力度；设立产业发展专项资金，推动国际在岸及离岸服务外包业务发展；在具备一定条件且不涉密的情况下，将政府和国有企业中可剥离的业务适当向社会专业服务外包企业倾斜。二是拓宽政策覆盖面，进一步放宽技术先进型企业的相关认定标准；研究将服务外包列入战略性新兴产业，享受相关优惠政策；批准设立更多的服务外包示范城市和示范园区。三是完善知识产权保护制度，加强对企业核心技术和商业秘密的保护力度。

二、加快人才体系建设，解决人才短缺瓶颈

一是加大人才培训力度，满足服务外包产业对专业化人才的需求。支持

---

① 《北京服务外包公共信息服务平台，制造业服务化是大势所趋》，http：//www. basscom. cn/contents/147/19194. html。

② 《"一带一路"下我国服务外包产业创新转型的路径》，人民论坛，http：//www. rmlt. com. cn/2017/0731/486949. shtml。

高等院校开设服务外包相关专业和课程；依托行业协会等中介机构，加强岗位培训、技能提升训练、岗前培训、定制培训等多种形式的培养模式；鼓励培训机构依照产业升级规律制订人才素质提升计划。二是积极引进国际高端人才，满足服务外包产业对国际化人才的需求。不断完善国际人才引进政策，建立多种人才合作和交流机制，培育开放、包容、自由、多元的用人文化，创新人才激励机制，吸纳高水平国际人才服务于服务外包行业。

三、拓宽企业融资渠道，减轻企业税费负担

一是拓宽企业投融资渠道。鼓励有条件的企业依法依规挂牌上市，通过发行公司债券、企业债券、可转换债券等方式募集资金；鼓励政策性金融机构、商业银行和融资担保机构加大对中小型服务外包企业的支持力度与融资担保服务；积极开展专利、商标、应收账款、版权、合同等知识产权质押融资；鼓励私募基金、风险投资、天使投资等投资机构加大对服务外包企业投资。二是减轻企业税费负担。研究进一步降低服务外包企业增值税税率，全面落实离岸（国际）服务外包增值税零税率和免税政策①，降低企业用气、用水、用电、用热、房租价格，进一步降低行政事业性收费，切实减轻企业负担。

---

① 《报告建议拓宽服务外包企业投融资渠道》，中国服务贸易指南网，http：//tradeinservices. mofcom. cn/article/lingyu/fwwbao/201809/70524. html。

第五章　创新信息增值服务

第一节　创新信息增值服务基本情况

一、信息增值服务内涵

信息增值服务是服务型制造重要组成部分，是指通过智能终端自动高效获取客户信息，对信息深入挖掘、进一步开发和应用，使信息在流转过程中产生数量、质量和价值量提高，实现新的价值创造，最终使客户获得动态更新的信息升级和价值增值服务。信息增值服务是智能服务提供商基于信息的再创造，在有形产品和已有专业服务的基础上，拓展服务深度和广度，向客户提供的新的增值服务，从而使附着于产品上的价值相对原来有所增加。

这里的"增值"主要指企业在传统产品基础上为用户提供新的信息服务，使用户效用增加或享受新的服务，其次指企业"增值"。因为"服务"型制造的服务对象是用户，应以用户价值为中心而非以企业价值为中心；同时，"服务"是服务型制造区别于传统制造的核心，关注点显然应由企业利润最大化转向满足用户价值，因而作为服务型制造信息增值服务中的"增值"，重点应是"用户增值"，其次才是"企业增值"，是指用户通过企业的信息服务而获得的、超过既有产品和服务的超额效用或超值体验。企业开展信息服务，提高产品价格，由用户为企业所提供的信息服务付费，从而使企业获取更高利润而出现"增值"，关注点依然是企业利润最大化而非用户价值。同时，企业提高了信息服务的产品价格，等于用户向企业提供的信息服务支付了费用，因而用户享受的是"正常"服务而非"超值"服务。但如果企业提供了额外的新的信息服务，而未提高产品价格，则用户是享受到了"超值"服务。因此，新的超值信息服务或者是免费的信息服务，才是体现服务型制造要义的信息增值服务。长期看，企业为用户提供超值信息服务，由追求利润最大化转向实现用户价值，由传统的追求短期利润转向有组织有计划地通过长期超值服务抢占市场，有利于锁定消费群体，并将从根本上重塑企业内部组织结构和发展模式，推动企业创新发展转型升级，从长期看也必将实现企业"增值"和竞争力提升。因此，服务型制造信息增值服务是用户与企业双赢的策略。

二、信息增值服务支撑条件

（一）终端信息获取传输能力

智能终端信息获取能力。智能终端信息采集器采集客户数据并上传至云端系统。客户信息涉及产品的设备运行信息、产品描述、客户评价、市场价格、推广信息等。要保证数据准确性及顺向逆向可查性。要实现客户信息高效实时获取，确保监看智能终端实时运行参数，及时上报故障信息。

信息基础设施建设水平。信息技术飞跃发展为信息增值服务提供了有力支撑。提供信息增值服务的企业要及时升级传感器、芯片、存储、软件等，更新和完善大数据、云计算、物联网等信息平台，为客户提供实时、专业、安全的产品增值服务。

（二）云端信息综合处理能力

智能终端信息平台或云端系统要综合客户信息和设备信息、物料库存、产品成本及市场需求、国家政策导向等各系统资料，基于信息内在特征与价值，对信息鉴别、关联和重组，应用强大的研判识别、深度挖掘、分析综合和加工处理能力，支撑信息资源进一步分类、开发、融合和重组。要能支持智能终端更新、升级、维修、检查。通过智能终端运行和客户反馈满意度信息进行绩效考核。原始信息和加工再生产后的信息要在平台多角度、多层次、全方位展示，供信息客户使用。

（三）智能设备更新升级能力

信息增值服务要求智能设备具有较强的深度学习、人机协同、自主操控能力，要具有高灵敏度、高可靠性，要能向客户反馈有效的知识信息和产品信息，降低客户经营决策风险和相关成本费用，要能通过云端系统进行智能终端设备的在线远程监测、智能升级、维护保养。

（四）信息服务安全保障能力

信息增值服务要求智能产品和服务安全可控。要求有健全的信息安全和数据资源开放共享政策法规体系，明确信息采取、传输、处理和使用全过程利益相关方的权利和义务。要具备安全可控的智能终端、网络基础设施、智能服务平台等硬件体系和配套软件系统。

第二节　信息增值服务实施路径

信息增值服务通过基于产品再设计、产品效能提升、信息挖掘、营销模式创新等不同路径，实现产品和服务全方位创新，推动企业提高生产效率、优化经营管理、提升服务质量，从而提升客户价值，并最终提高企业市场竞争力。

一、基于产品再设计的增值服务

企业拓展和创新线上线下多元服务，聚集使用同类智能终端产品、具有相同需求和兴趣的大量客户，整合客户售前、售中和售后服务的交互信息，运用大数据技术，分析各类信息的相关性，推测客户需要的产品属性，快速找到参与产品开发过程的客户群。

客户根据自身需求提出产品创新的思路设想，帮助企业改进生产工具、材料和工艺。企业根据用户反馈信息，将用户个性化需求融入产品设计之中，在平台上对既有产品功能再开发，并把再开发的操作方法传给用户，引进用户作为"合作开发者"，由用户根据企业提供的参数修改、技术升级等操作方法，开发智能终端新功能，获得既有设备新体验，推动基于客户参与的定制化产品创新。智能产品功能的个性化再设计，是信息增值路径之一。

二、基于产品效能提升的增值服务

企业分析客户个性化、互动性特定需求特征，深度挖掘和认知客户体验，面向客户集中资源，实现客户信息资源的深层组织，提高信息资源利用效率与效益，在重大技术装备、特种设备和日用消费品等领域，持续改进智能终端产品，提高产品开发效率。

企业通过向用户提供产品在线服务，支持用户所使用产品的效能达到最大化。制造企业建立远程监控诊断中心和不间断应答中心，通过智能终端的远程诊断，开展应用开发、运行分析、监测预警、维护保障等，提升产品的运行效率和可靠性。

三、基于信息挖掘的增值服务

智能终端平台根据信息增值服务需要，利用人工智能技术和数据挖掘等相关手段，深层次挖掘智能终端获取的信息资源，发现其中隐含的知识和信息，并对这些知识和信息进一步深度开发、融合和重组，通过信息加工再生产，推进智能产品创新、市场营销创新和服务模式创新，并将创新服务运用到企业的产品、营销和服务策略中，实现信息增值和服务升级，从而全方位提升信息服务质量和企业竞争力。

四、基于营销模式创新的增值服务

信息增值服务支持企业高效、准确获取满足客户需求的产品信息、市场定位、价格变化等动态更新的营销信息，结合企业规划、生产、财务、营销等实际情况，制定出有针对性的市场营销创新策略，以帮助企业快速响应市场需求。企业通过将增值信息融合在市场营销策略中，帮助企业快速适应消费者需求变化，引领和创造市场，以获得较高市场份额和增值高收益。

第三节　信息增值服务的问题和机遇

一、问题

（一）信息安全堪忧

网络和信息安全政策法规体系亟待完善。数据所有权、使用权、隐私权等相关法规和开放共享、安全保密等标准规范不健全，尚未建立起兼顾信息增值服务发展与安全的数据开放、信息获取、信息管理和信息安全保障体系。安全可控的软硬件产品及其核心技术受制于人，关键信息基础设施建设有待加强。网络安全、信息安全相关产业发展滞后，网络空间安全挑战严峻。

（二）服务基础不牢

一是信息增值服务概念内涵、必备条件、实施路径等基础问题尚未形成共识，信息增值服务的发展方向和路径选择尚处于探索中，使得信息增值服务理论指导不足。二是信息增值服务技术支撑体系尚不完备，增值服务关键技术尚未系统性突破。三是信息基础设施正处于加快建设进程中，智能终端"冗余"和动态更新能力不强，解决问题的效率普遍不高；服务平台实时响应、快速解决问题、满足客户需求的能力有待提高。

（三）企业能力不强

一是传统生产和服务模式根深蒂固，相当部分企业仍以自身为中心，把产品"推"向客户，而没有做到以客户需求为中心，及时快速响应客户需求。二是企业普遍缺乏开展信息增值服务所需的人才、技术、资本储备，信息增值服务高端人才培养与引进、及时对接市场和用户需求、提升技术服务水平、改善资金条件等领域需进一步加强。三是大部分企业信息增值服务尚处于探索和刚刚起步阶段，信息增值服务层次低、模式单一、价值不高。

（四）政策支撑不足

当前，虽然我国在信息领域规划、政策和行动计划中，均不同程度涉及信息经济和信息消费，但尚未形成专门的、统一的信息增值服务政策支撑体系，在用户信息安全、增值利益分配等领域需进一步明确和强化政策规定。

二、机遇

（一）发展空间愈加广阔

我国已是世界最大的信息产品消费市场和制造基地。我国加快推进信息化，信息产业和网络经济发展为信息增值服务提供了有利的外部环境和广阔的发展空间。2016年12月，《国务院关于印发"十三五"国家信息化规划的通知》提出构筑融合创新的信息经济体系。2017年8月，《国务院关于进一步扩大和升级信息消费持续释放内需潜力的指导意见》明确提出扩大信息消费覆盖面，打造信息消费升级版。伴随着我国信息产业快速发展，我国积累了海量的数据信息资源，大数据技术创新和应用推进势头良好，信息增值服务相关大数据产业体系初步形成，我国信息化重大战略逐步落实对信息增值服务提出了新的更高要求，社会各界对信息增值服务关注程度日益提高，信息增值服务外部环境日益变好。

（二）硬件载体更加先进

智能硬件和高速信息传输设施质量性能正大幅提高。我国正大力推进信息通信设备和智能终端体系化发展与规模化应用，支持智能终端研发和产业化；开发高端路由、超高速大容量智能光传输设备，推进5G、IPv6部署和下一代全产业链网络设备研发制造，将为信息增值服务提供高效、安全、可靠的硬件载体。

（三）客户需求日趋多样

我国社会主要矛盾已经转化为人民日益增长的美好生活需要和不平衡不充分的发展之间的矛盾。对个性化、差异化产品的需求是对追求美好生活的重要体现。客户不再仅满足于选购产品，更多希望通过获得依托于产品的服务，获得升值的效用和体验，因而产品上附着的增值服务，更为客户所需要，而信息增值服务恰好能满足客户个性化增值需求。

第四节　创新信息增值服务的政策建议

一、加强基础研究和政策引导

强化信息增值服务基础研究。加强信息增值服务关键技术攻关，建立与信息增值服务发展相匹配的技术支撑能力。强化安全保障机制和措施研究，实施信息增值服务大数据安全保障工程，加强用户信息采集、传输、存储、处理、使用等环节的安全防护。研究建立信息增值服务电子认证信任体系。加快信息加解密与脱密、备份与恢复、销毁及完整性验证等信息安全制度建设和技术研发及应用，提升信息增值服务价值化、专业化、精细化和安全保障水平。

强化信息增值服务政策引导。完善信息增值服务政策体系，研究制定信息增值服务指导意见，明确信息增值服务总体思路和重点方向，引导信息增值服务理论、管理、组织实施方式和服务模式创新。研究制定信息交易管理制度，明确信息增值服务交易各方的责任和义务。研究建立信息增值服务电子交易凭证规范管理机制，确保信息交易各方合法权益。制定信息增值服务标准规范。推动出台《个人信息保护法》，健全用户信息防泄露、防篡改等安全防护措施和相关管理机制。开展信息增值服务试点示范。推动制定信息增值服务数据资源管理办法，加强数据信息统筹管理和行业自律。研究制定信息增值服务数据流通交易规则。探索建立信息披露制度，支持第三方进行数据信息合规应用审计监督，保障用户合法权益。

二、强化信息增值服务市场管理

完善信息增值服务监管制度。建立信息增值服务全产业链信息安全管理体系，明确相关主体的数据安全保护责任和具体要求。建立增值服务信息分级分类管理制度，形成信息增值服务数据流动管理机制，加强信息增值服务安全监督检查。

规范信息增值服务市场。加强对信息增值服务从业主体的资格审查和对异常、非法交易的监控。强化企业数据监管，防范和治理信息泄露等损害用户利益等问题，建设安全可控的信息增值服务生态体系。加强对数据滥用、信息泄露、侵犯用户隐私等行为的管理和惩戒。

三、提升信息增值服务能力

推进信息基础设施建设。加快建设高速、移动、安全、泛在的新一代信息基础设施。加快5G部署。加快工业互联网等基础设施建设。加快信息通信技术创新，提升大数据、云计算平台能力。加快信息基础设施向集融合感知、计算、处理于一体的智能化信息基础设施转变。

提升信息增值服务支撑能力。推动信息增值服务核心软硬件持续创新和产业化，完善操作系统，提升核心装备自主供给能力。支持信息增值服务公共服务平台建设。加快培养聚集信息增值服务高端人才。引导信息增值服务企业、科研机构、社会资本组建信息增值服务创新联盟和技术创新社区，推进政产学研用协同创新。

四、强化信息增值服务安全保障

构建安全保障体系。推动可信芯片、安全智能终端等安全产品研发，构建信息增值服务设备、网络和平台安全评估认证体系。着力提升信息服务基础设施关键设备安全可靠水平，增强安全事故预警和应急处理能力。提升信息增值服务大数据安全保障能力，加强信息增值服务大数据安全技术产品研发。建设信息增值服务安全态势感知、安全监测和预警公共大数据平台；推广匿名化、防窃取、防泄露等大数据保护技术，研发信息增值服务大数据安全保护产品，推进云平台大数据安全支撑技术研发及产业化，加固云计算、大数据基础软件系统漏洞。提升信息收集、传输、存储、处理等环节的安全防护能力。建立信息增值服务产业联盟，开展企业信息增值服务安全能力评估，提供安全运维和安全咨询等服务。建立涵盖智能终端安全、信息安全、平台安全的信息增值服务多层次安全保障体系。

强化企业主体责任。坚持鼓励支持和规范发展并重，督促信息增值服务企业落实信息安全主体责任，切实履行确保信息安全、维护用户权益等责任和义务，严守社会道德底线。指导企业加大信息增值服务投入，加强信息增值服务全过程安全防护体系和监测处置技术手段建设，加强智能终端移动应用程序和应用商店信息安全管理。指导信息增值服务企业遵守国家信息安全等级保护管理规范和相关技术标准，推出安全可控的信息设备和产品，建设信息安全防护体系、信息安全管理体系和信息安全应急处置体系，督促信息增值服务企业获得信息安全管理体系认证，鼓励信息增值服务企业加强与第三方信息安全专业服务机构的合作，探索信息增值服务外包服务，协同提高企业信息安全管理和保障水平。

加强用户信息保护。切实加强对涉及用户个人隐私等信息的保护，严厉打击信息非法泄露和非法买卖行为。做好信息消费领域用户权益保护工作，有效降低信息消费风险。

五、拓展信息增值服务范畴

拓展生产领域增值服务。推进钢铁、有色、石化、化工、建材等原材料工业和机械、汽车、民用船舶等装备工业融入信息增值服务理念，加强与产业链上下游客户战略合作，推动支柱产业信息化、传统制造业和服务业加快融合。支持数控机床、机器人、海空装备、电力设备、医疗器械、特种设备等重点制造领域推进软硬件一体化，持续提升软硬件水平，加快研发和部署信息系统及服务平台。推进示范企业和示范项目建设，鼓励制造企业拓展系统集成和系统运维等新的信息服务领域，支持设备状态和产品质量监测及生产运行分析等信息增值服务。

创新消费领域增值服务。支持智能电子终端、家用电器、轻工纺织、家居建材等消费品制造企业研发制造智能终端、可穿戴产品、智能家居等智能产品，为客户提供环境监测、医疗健康、生活服务、在线教育等高端信息增值服务。推进示范企业和示范项目建设，鼓励企业系统推进软硬件竞争和应用服务竞争。

第六章　有序发展相关金融服务

第一节　基本情况

一、金融服务的内涵和意义

（一）服务型制造相关金融服务的内涵

服务型制造中的金融支持服务，是用金融服务制造系统作为贯穿其运行的一种核心服务要素。在这种模式下，金融服务不再是单纯提供资金等基础服务，而是深入到制造系统内部，将金融服务模块与生产制造各环节相结合，通过金融服务优化整个流程，降低生产经营风险，提高运行效率。例如，供应链金融、融资租赁等模式，便是基于金融服务深入嵌入制造过程而产生新服务模式。正是由于将金融服务作为一种内化的要素，金融服务对于企业制造能力的增强作用更为显著，而金融与制造业融合的程度决定了经济发展的速度与质量。因此，可以将服务型制造中的金融支持服务理解为：一种以解决全流程或重点环节金融服务需求为目标，将金融服务深度嵌入服务型制造系统内部，进而增强制造系统综合能力的模式。

（二）发展相关金融服务的意义

从金融业的发展角度来看，传统业务竞争激烈，价值空间所剩无几，迫切需要开拓新的业务领域，结合制造业和"制造强国"战略，对制造业细分领域研究，是相关金融服务模式发展的重要原因。金融业与制造业深度结合，更是对制造业产生显著的促进作用。首先，金融业拥有大量的资金，满足制造业企业发展的资金需求，可以支持制造业生产规模扩大。其次，金融服务可以调整资源的支持方向与结构，支持关键领域有限和集中发展，通过职员配置结构的变化推动生产网络结构优化。再次，金融服务的创新，可以提高资源配置的效率，进而提高制造业的综合效率。最后，金融业对风险高敏感性的特点，可以更有效地分散风险，提高风险管理水平。

二、服务型制造相关金融服务发展的现状

（一）供应链金融

从我国进入经济发展新常态时起，GDP 增速放缓，仍面临着产能过剩，经济发展动力面临调整。互联网蓬勃发展，"互联网＋"时代，传统产业面临转型升级。银行利率进一步放开，市场化机制下中小企业迎来发展转机，互联网金融生态崛起，企业融资手段多样化。

2016 年以来国家对供应链金融支持政策不断加码。2016 年 2 月，中国人民银行等八部委印发《关于金融支持工业稳增长调结构增效益的若干意见》，提倡探索推进产融对接融合和开展企业集团财务公司延伸产业链金融服务试点。2016 年 10 月，国家发展改革委发布《促进民间投资健康发展若干政策措施》，强调建立财产权利质押登记系统，实现信息共享，以便于金融机构改进和完善小微企业金融服务。2017 年 3 月，中国人民银行等五部委联合印发《关于金融支持制造强国建设的指导意见》，提出鼓励金融机构依托制造业产业链核心企业，积极开展应收账款质押贷款、保理等各种形式的供应链金融业务，有效满足产业链上下游企业的融资需求。2017 年 10 月，国务院办公厅发布《关于积极推进供应链创新与应用的指导意见》，这是供应链金融作为独立主体首次写入国务院办公厅发布的指导意见。《意见》指出，将推动供应链金融服务实体经济。鼓励商业银行、供应链核心企业等建立供应链金融服务平台，为供应链上下游中小微企业提供高效便捷的融资渠道。鼓励供应链核心企业、金融机构与人民银行征信中心建设的应收账款融资服务平台对接，发展线上应收账快融资等供应链金融模式。

随着金融科技的发展，通过建立线上交易平台，运用大数据、人工智能等技术，供应链金融已经从银行根据核心企业"1"的信用支撑，对一众中小微企业进行融资授信，形成"1＋N"模式，转变成为以企业的交易过程为核

心，围绕中小企业自身交易进行授信的"N＋N"模式。核心企业的信息化平台逐渐成为供应链金融的核心，通过搭建线上交易平台，引入物流、第三方信息等企业，同时运用大数据技术建立风控体系，为线上企业提供更为完善的供应链金融服务，保障资金的流动性和安全性。

（二）融资租赁业务

2017年我国融资租赁占GDP的比重从0.09%增长到7.16%，可以看出融资租赁行业对经济的支持与渗透在逐年增强。融资租赁与实体产业技术创新密不可分，新兴产业的蓬勃发展和传统产业升级转型加大了对新技术和设备相关的融资需求。国家层面和地方相继出台了推进融资租赁业发展的指导意见。

表6-1　各地关于推进融资租赁的指导意见

2015/10/14	陕西省	陕西省人民政府办公厅关于促进融资租赁业发展的实施意见
2015/12/12	甘肃省	甘肃省人民政府办公厅关于加快融资租赁业发展的实施意见
2015/12/29	安徽省	安徽省人民政府办公厅关于加快融资租赁和典当行业发展的实施意见
2015/12/30	辽宁省	辽宁省人民政府办公厅关于促进融资租赁业发展的实施意见
2015/12/31	河北省	河北省人民政府办公厅关于加快融资租赁业发展的实施意见
2016/01/07	内蒙古	内蒙古自治区人民政府办公厅关于加快融资租赁业发展的实施意见
2016/02/04	天津市	天津市人民政府办公厅关于印发支持企业通过融资租赁加快装备改造升级实施方案及配套文件的通知
2016/02/18	吉林省	吉林省人民政府办公厅关于加快融资租赁业发展的实施意见
2016/02/23	山东省	山东省人民政府办公厅关于贯彻国办发〔2015〕69号文件加快融资租赁业发展的实施意见
2016/04/01	湖北省	湖北省人民政府加快融资租赁业发展的实施意见
2016/04/27	江苏省	江苏省人民政府办公厅关于加快融资租赁业发展的实施意见
2016/05/24	福建省	福建省人民政府办公厅关于促进融资租赁业发展的意见
2016/06/12	广东省	广东省人民政府办公厅关于加快融资租赁业发展的实施意见
2016/08/11	青海省	青海省人民政府办公厅关于加快融资租赁业发展的实施意见
2016/08/15	上海市	上海市人民政府办公厅关于加快本市融资租赁业发展的实施意见
2016/09/09	浙江省	浙江省人民政府办公厅关于加快融资租赁业发展的实施意见
2016/10/13	河南省	河南省人民政府办公厅关于促进融资租赁业发展的实施意见
2016/10/25	山西省	山西省人民政府办公厅关于加快推进融资租赁业发展的实施意见

2016/12/28	广西	广西壮族自治区人民政府办公厅关于促进融资租赁业的实施意见
2017/04/14	新疆	新疆维吾尔自治区人民政府办公厅关于加快融资租赁业发展的实施意见
2017/06/15	北京市	北京市商务委员会等12个部门关于印发《关于加快融资租赁业发展的实施意见》的通知
2017/11/14	海南省	海南省人民政府办公厅关于印发海南省加快融资租赁业发展实施方案的通知

资料来源：公开资料，赛迪智库整理，2018年5月。

我国融资租赁公司分为金融租赁和非金融租赁。金融租赁是受银监会监管的，截至2017年月底，已经获批开业的企业达到66家，较2016年底的59家，定比增长11.9%；较2016年6同期，增长26.9%。非金融租赁是由商务部监管的内资试点融资租赁企业和外商投资融资租赁企业。全国内资融资租赁试点企业数量截至2017年6月底达到224家，较2016年底的205家，定比增长9.3%，较2016年同期的190家，同比增长17.9%。外资租赁企业截至2017年6月底，全国约有7928家，较2016年底的6872家，定比增长15.4%；较2016年同期的5466家，同比增长45%。

为了实现我国"制造强国"战略目标，传统制造业迎来大转型、大突破、大提速，必然带来包括设备更新、设备共享、通用设备资产经营管理和节能和环保设备在内的不可限量的市场需求，融资租赁的客户分布将继续扩大，涉及的行业也更广泛。

第二节　实施路径

一、供应链金融模式

（一）定义和特点

供应链金融（Supply Chain Finance，SCF）是指将供应链上的核心企业看作是一个整体，以核心企业为依托，以真实贸易为前提，运用自偿性贸易融资的方式，通过应收账款质押、货权质押等手段封闭资金流或控制物权，对供应链上下游企业提供的综合性金融产品和服务。

　　供应链金融是通过对供应链企业客户垫付采购款以及提前释放货权的赊销方式来进行融资，一般以供应链全链条为整体进行融资，因此对供应链上下游关联度要求极高。供应链金融通过供应链企业作为融资平台进行融资，全链条信息透明，实现上下游信息连贯。

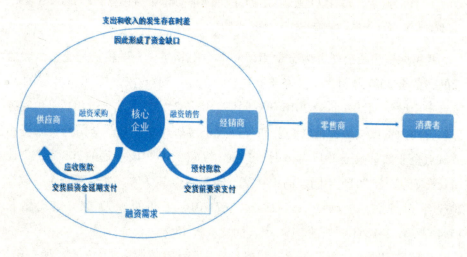

图6-1　供应链金融服务模式

资料来源：公开资料，赛迪智库整理，2018年11月。

　　供应链金融是一种数据化和定制化的金融服务过程，对供应链运作环节中流动性差的资产及资产所产生的且确定的未来现金流作为还款来源，借助中介企业渠道优势提供全面的金融服务，并提升供应链的协调性和降低其运作成本，主要有以下特点：

　　1. 区别于传统融资单纯依赖客户企业的资信状况来判断是否提供金融服务，供应链金融一句供应链整体运作情况，以真实贸易背景为融资出发点。

　　2. 闭合式的资金运作，即注入的融通资金运用限制在可控范围之内，依照具体业务逐笔审核放款，资金链、物流链、信息链、商链四流合一。

　　3. 供应链金融可获得渠道及供应链系统内多个主体信息，可制定个性化的服务方案，尤其对于成长型中小企业，资金流得到优化的同时提高了经营管理能力。

（二）发展过程与现状

供应链金融伴随着互联网技术的深度介入，发展愈加平台化和智能化，更多的运用场景得到构建，更多的企业数据能被收集，以此为基础构建的大数据与征信系统运用下，实现供应链金融对产业的全面渗透，从而达到中下企业和不同风险偏好资金的无缝对接。实现资金的高效率运转，同时也提高了供应链的运营效率。大数据、物联网、区块链等新一代信息技术的成熟，供应链金融应对风险的能力也将持续提升。

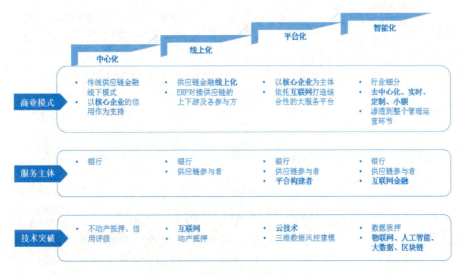

图 6-2　供应链金融服务发展过程

资料来源：《北大纵横》2018 年第 11 期。

（三）主要表现形式

供应链金融的三种传统表现形态为应收账款融资、预付账款融资和存货融资，以及新兴的表现形态信用贷和 ABS。传统三种表现为狭义供应链金融，加上信用贷和 ABS 为广义供应链金融。应收账款融资和预付账款融资属于债权融资，存货融资属于物权融资。供应链金融主要适合的行业有医药、批发零售、大宗商品，如石油、钢铁、煤炭、有色金属、"三农"和汽车行业，主要指汽车生产环节对整车厂的配件供应链金融、销售环节新车流通供应链金融和售后环节针对汽车后市场的汽车维修等。

表6-2　供应链金融服务业务分类表

资产类别	业务类型	抵押物	主导方	风控重点
应收类	保理、保理池、反向保理	应收账款	核心企业	下游核心企业的反担保租用
预付类	先票/款后货贷授信	预付账款	核心企业	上游核心企业承诺对未被提取的货物进行回购，并将提货权交由金融机构控制，第三方仓储对货物进行评估和监管
存货类	静态抵质押授信、动态抵质押授信、标准仓单质押、普通仓单质押	存货	物流公司	企业的历史交易情况和供应链运作情况调查，第三方物流对质押物验收、价值评估和监管
信用类	信用贷	数据	电商、ERP、第三方服务平台	长期的真实交易数据跟踪，大数据征信

资料来源：公开资料整理，赛迪智库，2018年11月。

应收账款融资。当上游企业对下游企业提供赊销，造成销售款回款不及时或存在大量应收账款短时间难以回收的情况下，上游企业资金周转不灵，出现暂时性的资金缺口，可以通过应收账款进行融资。应收账款融资模式主要是指上游企业为了获取资金，以与下游企业签订的真实有效合同产生的应收账款为基础，向供应链企业申请以应收账款为还款来源的融资。应收账款融资是供应链贸易过程中比较普遍的融资方式。应收账款融资一般流程：在上下游企业签订买卖合同形成应收账款后，供应商将应收账款单据转让至供应链企业，同时下游客户对供应链企业作出付款承诺，随后供应链企业给供应商授信弥补阶段性资金缺口，回收的应收账款偿还给供应链企业。通常应收账款融资存在三种方式：保理、保理池、反向保理。

预付账款融资。买方在交纳了一定保证金的前提下，供应链企业代为向卖方议付全额货款，卖方根据购销合同发货后，货物到达指定仓库后设定抵质押为代垫款的保证。预付款融资方式多用于采购阶段，其担保基础为购买方对供应商的提货权。一般供应链企业通过代付采购款方式对融资企业融资，购买方直接将货款支付给供应链企业。目前国内供应链贸易企业中常采用的方式为先票/款后货贷款。具体过程中，中小企业、上游企业、第三方物流企业以及供应链企业共同签订协议。

存货融资。主要指以贸易过程中货物进行抵质押融资，一般发生在企业存货量较大或者库存周转较慢，导致资金周转压力较大的情况下，本质是企业利用现有货物进行资金提前套现。随着供应链参与方延伸以及金融服务创新，存货融资表现形式有：静态抵质押、动态抵质押和仓单质押，其中仓单质押分为标准仓单质押和普通仓单质押。静态抵质押授信，企业以自有或第三方合法拥有的存货为抵质押的贷款业务。供应链企业可委托第三方物流公司对客户提供的抵质押货品实行监管，以汇款方式赎回。动态抵质押是指供应链企业可对用于抵质押的商品价值设定最低限额，允许限额以上的商品出库，企业可以以货易货，通常以货易货操作可授权第三方物流企业进行。仓单质押又可分为标准仓单质押和普通仓单质押。其中普通仓单要求客户提供有仓库或第三方物流提供的非期货交割用仓单作为质押物，并对仓单作出融资出账，具有有价证券性质，因此对出具仓单的仓库或第三方物流公司资质要求很高。

二、融资租赁

（一）定义和特点

融资租赁是指出租人享有资产所有权，并将有关的全部风险和报酬转移给了承租人的租赁方式。出租人根据承租人对租赁物的特定要求和对供货人的选择，出资向供货人购买租赁物件，并租给承租人使用，承租人分期支付租金。在租赁期内租赁物的所有权属于出租人，承租人有使用权。租赁期满，租金支付完毕并承租人根据融资租赁合同的规定履行全部义务后，租赁物件的所有权可以转移也可以不转移。

融资租赁是传统银行信贷和股债融资的重要补充，因其既能"融资"又能"融物"的特性，成为实体经济与金融产业之间的有效链接。融资租赁作为传统银行信贷和股债融资的一个重要补充，其本质是基于产业设备的融资，而内在驱动是产业升级。

租赁主体　　　租赁物

驱动因素　　　承租人因技术创新等自身
　　　　　　　发展对于租赁物的需求

信用评估主体　租赁物本身未来可
　　　　　　　能产生的现金流

融资用途　　　利用租赁物本
　　　　　　　身创造价值

图6-3　融资租赁业务

资料来源：公开资料，赛迪智库整理，2018年11月。

（二）发展过程与现状

中国租赁联盟和天津滨海融资租赁研究院数据显示，截至2017年6月底，全国融资租赁合同余额约为56000亿元人民币，较2016年底的53300亿元，定比增长5.1%；较上年同期的46800亿元，同比增长19.7%。其中：金融租赁约21150亿元，较2016年底的20400亿元，定比增长3.7%；较上年同期的18200亿元，同比增长16.2%。内资租赁约17300亿元，较2016年底的16200亿元，定比增长6.9%；较上年同期的13800亿元，同比增长25.4%。外商租赁约合17550亿元，较2016年底的16700亿元，定比增长5.1%；较上年同期的14800亿元，同比增长18.6%。

融资租赁基于不同股东背景形成了不同的商业模式，主要分为厂商系、独立系和银行系。这三类公司的背景、能力优势、市场定位与核心能力各不相同，各具特色、优劣势。厂商系是由制造商设立的融资租赁子公司，由母公司控股，以支持母公司设备销售为主要目标，形成金融服务业务单元。独立系拥有多元化的股东背景，主要特点是自主灵活，通常基于目标客户和行业定位，设计业务模式，开展专业化和定制化的金融服务。银行系是由银行设立的融资租赁子公司，由母行控股。银行系依托母行稳定的资本优势，主要通过行业服务经验和母行渠道体系提供产业融资服务。

表6-3　融资租赁公司派系

		背景	业务	优势	劣势
	金融机构类型	银行（或金融混业集团）控股的融资租赁子公司	以融资租赁为主	银行等低成本资金优势	无设备技术背景，难以进行设备运作
	产业所属类型	由制造商或大型交易商控股的融资	以经营性租赁为主	设备制造商的技术优势	无金融资本和机构支持，难以金融混业运作
	独立机构类型	多元化股东背景，典型的独立的融资负债平台	经营灵活，可提供全套专业化服务	自主灵活优势和专业化优势	无金融或产业资本支持，设备、金融运作成本高

资料来源：公开资料，赛迪智库整理，2018年11月。

融资租赁业务的受众是制造业企业。商务部融资租赁行业发展报告显示，2016年融资租赁资产总额排名前五的行业分别是能源设备、交通运输设备、基础设施及不动产、通用机械设备和工业装备。为了实现从"制造大国"向"制造强国"的转型，《中国制造2025》提出了十大重点发展产业，传统制造业面临更深层次的转型发展，这必然会伴随着设备的更新和适应节能环保需求的设备共享，由此可以推断，融资租赁的客户将会进一步拓展。

重点产业领域	产业技术发展路线图	重点产业领域	产业技术发展路线图
新一代信息技术	集成电路及专用设备、信息通信设备、操作系统与工业软件、智能制造和信息设备	节能与新能源汽车	节能汽车、新能源汽车、智能联网汽车
数控机床和机器人	高档数控机床与基础制造设备、机器人	电力装备	发电装备、输变电装备
航空航天装备	飞机、航空发动机、航空机载设备与系统	新材料	先进基础设备材料、关键战略材料、前沿新材料
海洋工程装备及高技术船舶	海洋工程装备及高技术船舶	生物医药及器械	生物医药、高性能医疗器械
先进轨道交通装备	先轨道交通装备	农业机械装备	农业装备

图6-4　十大重点产业领域

资料来源：赛迪智库整理，2018年10月。

（三）主要表现形式

融资租赁产业资本中介的性质决定了其产业链沿着资金流动的方向。其上游是资金来源，包括自有资金使用、银行贷款、发行债券、资产证券化等渠道获取资金；而下游则是通过融资租赁的各种模式将资金投向不同产业，如交通运输、机械、医疗设备、能源等。

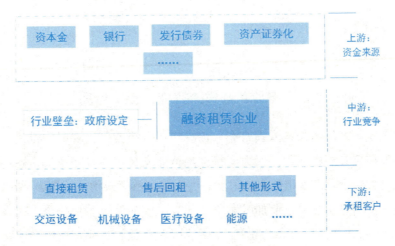

图 6－5　融资租赁资金流动链

资料来源：公开资料，赛迪智库整理，2018 年 11 月。

目前我国融资租赁业务模式比较单一，以直接租赁和售后回租业务为主。其中80％以上的融资租赁业务是售后回租。直接租赁是融资租赁中最基础的形式。由出租人、承租人和供货人三方参与，由租赁合同和供货合同两个合同组成。出租人根据承租人的要求，向确定的供货人购置相应的租赁物，并提供使用权给承租人，同时向承租人定期收取租金，使承租人在租赁期限内对租赁物有使用和收益的权利。

售后回租是指设备所有权人将租赁物出售给出租人后，再以承租人的身份和出租人签订《售后回租合同》，从出租人处租回该租赁物并重新获得使用权，在租赁期届满后支付残值重新获得设备的所有权。售后回租实际上是销售和租赁的一体化，通过售后回租业务模式，企业可以将现有资产变现，筹集资金，改善财务状况和资金结构，同时出租人获得了相应的收益和投资机会。

第三节　问题和机遇

一、产业资本基于产业优势进入行业，竞争格局更复杂

目前我国经济增长进入新常态，传统产业升级转型需要时间推进，新兴产业的发展仍在蓄力。我国大力支持金融行业支持实体经济发展，各类资本会继续加大在金融产业链的布局力度。供应链金融模式将会有 B2B 或 B2C 等电商企业、信息化服务企业加入竞争，同时更多的融资租赁公司支持设备销售，航空领域、机器人领域和医疗器械领域专业化的行业定位也会使竞争形势更严峻。

二、信息化和数字化蓬勃发展，产融商业模式面临变革

自 2016 年以来，金融科技方兴未艾，信息化和数字化趋势将会给制造业相关金融服务的发展带来深远影响。首先，大数据、自动化和信息聚合网络嵌入到制造业流程，提升原有的作业和管理效率。其次，大数据、云计算和物联网应用使重塑价值链和创新商业模式成为可能。以供应链金融为例，依托互联网构建大服务平台，不仅连接资金的供求方，更是推动产融商业模式颠覆性变革。

三、供需联动和创新发展，金融服务风险升级

发展符合制造业特点的产业链金融产品和服务，有效满足产业链上下游企业的融资需求。需要产业和部门工作联动机制，实现双向信息共享，有效防控资金风险。云计算、大数据、区块链等技术的成熟，金融服务面临着信息化和数字化技术方面的风险。

第四节　政策建议

一、积极融入生产网络，扎实培育制造基础

金融支持服务是为制造业服务的，是伴随制造业转型升级到一定发展阶段的产物，其落脚点仍然是依靠发展制造业。制造业企业需要夯实自己的制造基础和生产供应网络。基于生产自身的生产网络，在金融服务的助力下，加速转型和发展。中小企业更是要积极融入生产网络，享受金融支持服务的红利。

二、强化产融对接渠道，重点做好模式设计

金融支持服务融合了制造和金融两大系统，需要建立畅通的产融对接渠道，实时对接制造业企业真实需求和金融服务可提供的服务类型。尤其是金融支持服务方向、功能设置和机制设计三个方面的工作。制造业企业要明确自己的需求所在，理清相关上下游企业合作关系，剖析潜在需求。金融服务机构需要深入了解制造业企业，理解企业真实需求，开放对应服务功能，避免服务与实际需求脱节问题的产生。通过产融双方信息对接，运用政策、技术、金融工具，以评价机制、利益机制和风险机制为基础，保障和促进金融支持服务对制造业的助力顺利进行。

三、注意风险防控，适度开展创新服务

金融支持服务涉及金融和制造业两大产业，因此也同时面临着两大行业的风险。制造业企业要根据实际经营情况，强化企业内控制度建设，落实企业内控执行跟踪和定期检查，严格防范企业内部风险，提升内控管理水平。加强外部环境的分析和研究，关注金融政策调整、市场变化和行业发展动态，及时调整战略部署和管理思路，更新相应金融服务的内容和模式。金融行业除了要应对传统的资产流动风险、现金流风险和债务融资风险，还要注意防范数据安全风险、物流监管风险和网络安全漏洞风险。

区域篇

第七章 东部地区

第一节 发展现状

自国家层面 2015 年 5 月《中国制造 2025》和 2016 年 7 月《服务型制造专项行动指南》发布以来，我国东部地区七省三市的服务型制造发展成绩比较喜人，主要表现为东部地区各级政府连续出台相关政策措施引导发展，集中投入推动工业设计发展，大力开展试点示范培育，较大程度促进了两化融合等。总体而言，东部地区的服务型制造处于不断创新升级阶段。

一、政策规划引领作用强

为促进服务型制造发展，我国东部地区在国家政策设计框架下，着力加强地区顶层设计，厘清发展思路，识别发展重难点，创新体制机制，通过连续发布相关政策举措引导激发服务型制造活力。如：

山东省 2016 年发布了《〈中国制造 2025〉山东省行动纲要》，明确服务型制造是八大专项工程之一，并提出要结合不同产业特点，推进制造延伸服务链条，大力发展工业设计、总集成总承包、个性化定制、全生命周期管理、产品远程故障诊断、远程在线运行维护等新型业态以及建设公共服务平台、发展专业化社会服务、选择基础条件较好的市县和企业开展制造业服务化试点工作。2018 年，《山东省实施新一轮高水平企业技术改造三年行动计划（2018—2020 年）》发布，要求积极推广个性化定制、网络化协同、服务型制造等智能化生产新模式，加快崛起一批战略性新兴产业，打造一批服务型制造示范企业和示范平台。

上海市 2016 年印发了《"中国制造 2025"上海行动纲要》，其中明确了 11 个重点领域，服务型制造和生产性服务业是其中之一，积极开展创新设计、定制化服务、供应链管理、网络化协同、服务外包、产品全生命周期管理、系统解决方案、信息增值服务等专项行动。2017 年，《关于加快制造业与互联网融合创新发展的实施意见》（沪府发〔2017〕3 号）中提出聚焦电子信息、装备制造与汽车、生物医药、航空航天、钢铁化工、都市产业等重点产业，引导企业针对研发设计、生产制造、营销、服务、企业管理等生产全流程，向智能化生产、网络化协同、个性化定制和服务化延伸等"新四化"模式转变；支持有能力的产品与服务提供商面向生产制造全过程、全产业链、产品全生命周期，大力开展综合性解决方案的研发、试点应用与推广，不断完善面向企业间互联协同综合解决方案。

福建省 2016 年为贯彻落实《发展服务型制造专项行动指南》（工信部联产业〔2016〕231 号），印发了《发展服务型制造实施方案（2017—2020年）》，以此来推动福建省制造业与服务业深度融合；印发《福建省工业设计发展行动方案（2016—2020 年）》（闽经信服务〔2016〕535 号），以提升本省工业设计发展水平和工业设计自主创新能力，推动工业设计与制造业融合发展。2017 年，福建省相关部门分别印发《关于加快推进主辅分离积极发展服务型制造的若干意见》（闽政办〔2017〕29 号）、《福建省加快推进主辅分离积极发展服务型制造资金扶持和奖励实施细则》（闽经信服务〔2017〕141号），大力促进闽制造业与服务业融合发展，推动产业转型升级。2018 年，《福建省新一轮促进工业和信息化龙头企业改造升级行动计划（2018—2020）》中明确支持龙头企业在总集成总承包、个性化定制、在线支持与诊断、全生命周期管理、信息增值等重点领域发展服务型制造新模式新业态，开展服务型制造示范企业创建工作。

浙江省于 2016 年印发《浙江省"互联网 +"行动计划》，鼓励有实力的互联网企业构建网络化协同制造公共服务平台，选择典型企业、重点行业、重点地区开展工业企业大数据应用项目试点，促进大数据、物联网、云计算和 3D 打印技术、个性化定制等运用。2017 年，《浙江省人民政府关于深化制造业与互联网融合发展的实施意见》（浙政发〔2017〕9 号）发布，要求培育一批网络化协同、个性化定制、服务型制造和工业电子商务等试点示范企业，支持有条件的企业由提供设备向提供系统集成总承包服务转变，由提供产品向提供整体解决方案转变，到 2018 年培育出 100 家服务型制造示范试点企业。

广东省 2016 年推出《广东省工业和信息化领域生产服务业发展"十三五"规划》，重点明确了服务型制造发展需要的环境支持、总体要求、主要目标和保障措施；针对相关重点领域，制定了《广东省"互联网 + 现代物流"专项实施方案（2016—2020 年)》，以此来烘托服务型制造发展所需的政策氛围和普及服务型制造相关概念。

海南省 2016 年发布了《海南省新型工业及信息产业"十三五"发展规划 (2016—2020 年)》，九项重点任务中第八项是针对服务型制造的，提出大力发展现代制造服务业，鼓励企业利用互联网、通信、计算机等信息化手段和现代管理思想与方法，开展个性化定制服务、全生命周期管理、网络精准营销、在线支持等服务，推进制造业向研发、设计、营销、售后服务等环节延伸，扩大服务范围，拓展服务群体，快速获得客户的反馈，不断优化服务内容，持续改进服务质量。

二、工业设计蓬勃发展

东部地区各省市积极响应国家号召，大力投入开展工业设计发展工作，建立各自的工业设计研究院、评选工业设计中心，其中山东、江苏、浙江、福建、广东呈现出朝气蓬勃的发展态势。如：

山东省 2014 年出台《山东省省级工业设计中心管理办法》，现已开展了五批申报认定工作，并复核了前四批省级工业设计中心，保证省级工业设计中心的数量质量双提高；另外，充分利用"省长杯"工业设计大赛的引导、激励和示范作用，以"设计引导，创新供给"为主题在全省具有优势的 10 个行业征集和评选优秀工业设计作品，迄今已举办了三届。这不仅有利于普及和提升工业设计理念、方法，还将设计创新赋能制造业、促进制造业转型升级转变为制造业企业的自觉行动。

浙江省 2017 年发布《浙江省人民政府办公厅关于进一步提升工业设计发展水平的意见》（浙政办发〔2017〕105 号)，提出坚持工业设计与服务型制造等相结合，从七大领域着手积极增加工业设计创新力量和产出效益。2017年，浙江省评选出58家制造业企业设计中心和9家工业设计企业；另外，通过每年举办浙江省"十佳工业设计奖"和浙江省"设计业十大杰出青年"评选活动，激发了工业设计事业的活力。

福建省从2013年发布《福建省省级工业设计中心管理暂行办法》开始已认定5批共54家省级工业设计中心，其中13家被认定为国家级工业设计中心，并于2018年修订了暂行办法，发布了新的《福建省省级工业设计中心认定管理办法》。另外，通过举办福建省"海峡杯"工业设计大赛，工业设计创新发展更加深入人心。

示范企业、项目、平台及城市全面开花，示范带动作用明显

国家工业和信息化部于2017年开始服务型制造示范遴选工作，现已发布了两批示范名单，东部地区各省市由于基础较好，符合国家标准的示范企业、项目、平台和城市都日益凸显出来，其中企业数量占比39.7%，项目数量占比50%，平台占比49.2%，城市占比83.3%，是我国四大区域中推进服务型制造的领头羊。下表是东部各省市2017年和2018年的示范具体情况。

表7-1 东部各省市示范企业、项目、平台、城市基本情况

省市	企业数		项目数		平台数		示范城市
	2017	2018	2017	2018	2017	2018	2018
北京	1	1	0	1	0	0	—
天津	2	2	5	1	1	1	—
河北	1	1	5	0	2	1	—
山东	3	2	6	6	1	2	—
江苏	1	2	1	4	1	2	苏州
浙江	1	0	4	8	3	2	嘉兴
上海	1	0	0	3	0	2	—
福建	2	3	3	5	3	3	厦门、泉州
广东	1	1	1	2	3	3	广州
海南	0	0	0	0	0	0	—
合计	13	12	25	30	14	16	5
全国	30	33	60	50	30	31	6

资料来源：赛迪智库整理，2018年11月。

三、东部地区更加注重服务型制造模式创新

东部地区在市场需求和政策推动下，行业龙头企业在发展服务型制造模式方面开展了富有成效的探索，更加注重提高价值链层次和服务化水平，逐步向中高端延伸。部分企业在提供基本的产品与售后服务之外，同时提供融资支持、信息咨询与整体方案设计等拓展服务，从单纯的产品供应商向提供全生命周期健康管理、工程总承包与系统解决方案等高端服务延伸；部分加快开展众包设计、个性化定制等服务，不断提升自身竞争；部分企业销售模式逐渐采用"线上线下"营销模式，业务范围涵盖设备制造、咨询服务、客户体验管理以及整体解决方案等全产业链条；部分智能装备领域企业逐步推出跨品牌、跨终端的智慧操作系统，提供产品无故障运转监测、智能化维保服务。表7-2、表7-3是我国四大区域示范所包含的模式统计，可以看出东部地区制造模式覆盖较为全面，模式创新活力较强。

表7-2 各地区2017年、2018年服务型制造示范企业所属模式情况

示范企业所属模式	东部		中部		西部		东北	
	2017	2018	2017	2018	2017	2018	2017	2018
供应链管理	8	3	4	2	3	2	0	1
全生命周期管理	10	8	4	4	5	0	2	1
信息增值服务	2	9	0	3	5	0	2	3
总集成总承包服务	8	10	1	1	3	2	3	3
总企业数	13	12	6	10	8	8	3	3

备注：一家企业的服务型制造模式不止一个。

资料来源：赛迪智库整理，2018年11月。

表7-3 各地区2017年、2018年服务型制造示范项目所属模式情况

示范项目所属模式	东部		中部		西部		东北	
	2017	2018	2017	2018	2017	2018	2017	2018
供应链管理	8	3	4	2	3	2	0	1
全生命周期管理	10	8	4	4	5	0	2	1
信息增值服务	2	9	0	3	5	0	2	3
总集成总承包服务	8	10	1	1	3	2	3	3
总项目数	28	30	9	9	16	4	7	7

备注：一个项目包含的服务型制造模式不止一个。

资料来源：赛迪智库整理，2018年11月。

四、东部地区大力发展服务型制造公共服务平台

东部地区在服务型制造和生产性服务业公共服务平台建设方面，主要依托制造业集聚区，着力推进研发设计、物流服务、质量检验检测认证、市场营销、供应链管理等服务公共平台建设，注重发挥发挥服务功能区与公共服务平台的创新载体和服务辐射功能。同时，东部各省市将创新设计作为战略引领，重点发展工业设计，建立工业设计平台，包括广东省、浙江省、福建省、山东省、江苏省等在内的省市效果显著。同时，东部地区企业信息化水平逐步提高，并积极提高园区信息化基础设施建设，以两化融合和打造工业互联网等为主要抓手，逐步推动服务型制造高质量发展。

五、两化融合进一步加深

一是进一步加深新一代网络信息技术在制造企业的应用，提升企业数字化、网络化、智能化水平。如：浙江省为贯彻落实《国务院关于深化制造业与互联网融合发展的指导意见》于2017年印发了《浙江省人民政府关于深化制造业与互联网融合发展的实施意见》，浙江省经信委开展了2018年省级制造业与互联网融合发展试点示范工作，有115家企业入选为"浙江省2018年省级制造业与互联网融合发展试点示范企业"，其中工业互联网平台解决方案42个，工业大数据应用服务49个，重点工业产品和设备上云8个，信息物理系统（CPS）6个，工业电子商务平台12个，两化融合管理体系贯标16个。

二是加快推进两化融合管理体系贯标及应用推广，提升传统制造企业信息化发展水平。如：福建省2017年有26家、2018年有16家企业被列入国家两化融合管理体系贯标试点名单。通过认真总结贯标工作经验、系统梳理信息化环境下新型能力建设的做法与成效、积极探索行业两化融合共性解决方案以及开展典型企业现场交流、贯标成果展示及咨询服务对接等活动，大力推广普及贯标评定成果，并鼓励有条件的地方在工业转型升级、智能制造、"互联网＋"等工作中对贯标示范企业和评定企业加大政策支持力度。

第二节 面临的主要问题与挑战

一是各省市出台相关政策的层级、密度、协调度不同。如：北京、江苏未出台专门的顶层行动规划，配套政策几乎没有，而上海、福建、山东、浙江、广东、海南等有明确的规划或行动指南和配套文件，并保证相关配套政策的连续发布。

二是试点示范中对不同模式关注的程度不尽相同。如：全生命周期、供应链管理、总集成总承包、信息增值服务等被重点关注，创新设计、个性化定制、服务外包、网络化协同、金融服务、智能服务等模式关注不多，见表7-2、表7-3。

三是缺乏服务型制造高端复合型人才。服务型制造专项行动实施两年以来，东部地区适应服务型制造的创新人才培养体制机制虽已建立起来，但尚不完善，领军人才（高端复合型）仍然是当前和今后一段时间比较匮乏的，制约着服务型制造的高端化、长远化发展。

四是公共服务水平仍有提升空间。一方面创新针对性财税金融服务方式方法需要东部地区先行先试，另一方面服务型制造的发展需要建立一套边界清晰、逻辑严谨、指标明确的统计方法和指标体系，对制造业企业服务化转型程度作出评估和判断，以分析和把握基本规律。

第三节 对策建议

一、深化数字技术融合应用

一是加速制造业与服务业融合发展，积极培育制造业数字化催生的新兴业态，加速我国制造业数字化进程。二是面向重点领域加快布局工业互联网平台，为传统产业平台化、生态化发展提供新型应用基础设施，着力培育一大批成本低、服务好、产品过硬的集成解决方案提供商。三是重点在工业、农业等产业领域实施数字化转型，进一步完善信息消费大环境，拓展融合应用市场空间。四是构建具有国际竞争力的"硬件＋软件＋平台＋服务"产业生态，重点突破关乎服务型制造长远发展的"卡脖子"技术，强化基础研究和前沿布局。

二、完善产业创新体系的政策建议

一是优化创新政策体系，加强需求侧创新政策供给力度，在技术研发、技术初步兴起、技术发展的低潮期等，以增加公共研发投入、专项计划、基础设施建设等供给侧政策为主。二是提高税收等间接优惠比例，加大对各领域创新普惠性支持，加强对需求侧创新政策和间接激励型政策手段的研究；在研发费用的加计扣除方面，探索研发费用的收益化或者资本化处理制度化和普及化，提高中小微企业的享受比例。三是营造公平竞争的市场环境，进一步完善反对垄断和反不正当竞争政策，促进各类市场主体公平竞争，使资源向着市场选择的最优方向配置，提高资源配置的效率。

三、强化信息技术和生产性服务业的支撑作用

信息技术广泛渗透于制造业和服务业领域，已成为全球各国制造企业服务化的重要驱动力量，对制造业和服务业融合起到"黏合"作用。《中国制造2025》提出大力发展面向制造业的信息技术服务，提高重点行业信息应用系统的方案设计、开发、综合集成能力。鼓励互联网等企业发展移动电子商务、在线定制、线上到线下等创新模式，积极发展对产品、市场的动态监控和预测预警等业务，实现与制造业企业的无缝对接，创新业务协作流程和价值创造模式。

四、强化人才保障

建议逐步健全多层次多结构人才培养布局，加强数字经济与先进制造业重点学科群建设。一方面，及时调整高等院校学科设计，建成覆盖基础教育、职业教育、高等教育、研究生教育的更为完整的多层次数字经济和创新发展

的人才培养体系，进一步健全从研发、转化、生产到管理的多类型人才培养体系。另一方面，加强重点领域跨学科、交叉方向选修课程建设，及时评估专业状态，注重基础学科、产业结构及国际需求的结合。

五、进一步加强公共服务平台建设

聚焦重点产业基地和园区建设一批制造业服务化示范功能区和公共服务平台，整合汇聚科技和服务资源，为园区内制造企业开展服务创新提供支撑。特别是面向广大中小企业产业集群，推动建设一批集基础研发、工业创新设计、试验检测、计量认证等于一体的综合性公共服务平台和服务功能区，从投入和产出两个方面推动制造业服务化转型。

第八章　中部地区

第一节　发展现状

自国家层面 2015 年 5 月《中国制造 2025》和 2016 年 7 月《服务型制造专项行动指南》发布以来，我国中部地区的服务型制造发展取得了一定的进展，主要表现为中部地区六省（晋豫皖鄂湘赣）政府出台相关政策措施引导发展，集中推动工业设计发展，开展试点示范培育，进一步促进两化融合等。但总体而言，中部地区的服务型制造仍处于初级摸索阶段。

一、顶层设计指导牵引

为促进服务型制造发展，我国中部各省人民政府在国家政策的基础上，着力加强顶层设计，厘清发展思路，识别发展重难点，创新体制机制，通过相关政策举措引导服务型制造事业起航。如：

2016 年 11 月，《山西省"十三五"工业和信息化发展规划》（晋政发〔2016〕56 号）印发，旨在推动互联网与制造业融合，推进基于互联网的智能制造、大规模个性化定制、协同制造和服务型制造等新模式，提升制造业数字化、网络化、智能化水平；2018 年 8 月，《山西省人民政府关于深化"互联网＋先进制造业"发展工业互联网的实施意见》（晋政发〔2018〕34 号）提出主要面向煤炭、装备制造、原材料等重点行业，开展服务型制造、网络化协同生产、个性化定制、智能化生产等融合发展新模式，打造一批示范工厂，形成一批特色鲜明、亮点突出、可复制可推广的行业应用标杆。

2016 年 12 月，《河南省发展服务型制造专项行动指南（2017—2020）》

包含推动产品全生命周期管理创新、推动供应链管理服务发展、培育网络个性化定制服务、推动网络化协同制造服务发展、发展多种制造业服务新模式等五项主要任务，以推动服务价值成为企业价值的有效来源，服务型制造发展格局基本形成。

2017 年 4 月，《安徽省发展服务型制造专项行动推进方案（2017—2020年)》（皖经信产业〔2017〕100 号）印发，聚焦发展环境、发展格局、发展绩效三方面目标，提出十大重点任务。2017 年 2 月，《湖北省发展服务型制造专项行动实施方案（2017—2020 年)》印发，主要包含设计服务提升、制造效能提升、客户价值提升、服务模式创新等四类行动，共分成十四小类。

2016 年 12 月，《湖南省"十三五"新型工业化发展规划》（湘经信投资〔2016〕587 号）发布，鼓励服务企业通过新技术、新设计、新平台建设，向掌控产品品牌和核心技术的服务型制造企业转型；引导和支持轨道交通、工程机械、电力、节能环保、太阳能光伏等领域优势企业延伸服务链条，从主要提供产品制造向提供产品和服务转变，由提供设备向提供系统集成总承包服务转变，由提供产品向提供整体解决方案转变；鼓励优势制造业企业通过业务流程再造，面向行业提供社会化、专业化服务。

2017 年 11 月，《江西省发展服务型制造专项行动实施方案》围绕十大任务积极调配服务型制造资源，以服务型制造示范激发创新驱动力，不断提升制造业与服务业协同融合水平；逐步实现与工业强省战略进程相适应的服务型制造发展格局。

二、工业设计引领制造升级

在我国经济发展进入新常态背景下，工业设计创新提升对促进服务型制造的发展，推动产业转型优化具有强力推动作用。中部六省积极推进工业设计的发展，坚持把工业设计作为产业链的前段和高端，积极打造以创意、创新、创业为先导的工业设计产业聚集区，将提升工业设计能力作为深入推进供给侧结构性改革的重要抓手。

大力培育国家和省级工业设计中心。根据工信部等 11 部门联合印发的《关于促进工业设计发展的若干指导意见》，中部地区各省制定了本省的省级工业设计中心和工业设计产业园区认定管理办法（试行），初步构筑了以国家级工业设计中心为龙头、省级工业设计中心为骨干、市级工业设计中心为基础的工业设计创新体系。如：河南省已经建成国家级工业设计中心3家，省级工业设计中心30家；江西省认定省级工业设计中心28家，其中江铃汽车工业设计中心成功晋升为国家级中心，并投资2.29亿元建设江西工业设计中心，意欲将其打造成工业设计产业基地、创意企业孵化基地和科技成果转化交易中心，同时具备工业设计成果和工艺美术作品展示功能等。

举办工业设计大赛，激发设计创新。如：河南省迄今已经举办了六届工业设计大赛，知名度在全国不断提升、参赛作品数量质量双飞跃；安徽省举办了第五届工业设计大赛，采取"1＋X"模式，即1个综合赛，X个专项赛，综合赛分为产品组和概念组2个组别，专项赛由企业、园区或高校申请承办并独立运作、评奖，最终有520件作品进入终评公示展示阶段；湖北省举办了第四届"楚天杯"工业设计大赛，评选出入围作品219件，其中产品组149件（智能装备类47件、交通工具类18件、电子信息类30件、轻工产品类29件、纺织服饰类25件），概念组70件；江西举办了第三届"天工杯"工业设计大赛，以"智能、创新、融合"为主题，分为产品组、概念组、企业命题组，面向智能制造类、日用消费品类和综合类三大类别征集设计作品，共有66件作品分别获得三个组别的奖项。

推动工业设计成果转化为工业生产力。如：湖南省在现有行业设计中心的基础上，继续支持高等院校和科研院所结合企业需求新创立一批行业设计中心，逐步形成以企业为主体、市场为导向、产学研相结合的工业设计创新体系，加快设计成果转化为现实生产力。

三、推进示范城市、企业、项目、平台建设

中部地区立足资源优势、产业优势、区位优势，积极响应国家号召，精心筛选、推荐、培育示范企业、项目、平台和城市，旨在以服务型功能示范区和示范企业为载体，提升企业服务型制造的发展水平，推动产业结构优化升级和经济发展方式转变。2018年10月，郑州入选为中部地区唯一的国家服务型制造示范城市，其他五个都位于东部地区。

如：根据《湖北省发展服务型制造专项行动实施方案（2016—2020）》要求，经企业申报、地方推荐、专家评审并向社会公示，湖北省2017年度评选出东风设计研究院有限公司等7家示范企业、烽火通信科技股份有限公司面向定制化生产的柔性供应链系统项目等6个示范项目、华工科技产业股份有限公司汽配产业链区域综合服务平台等7个示范平台；2018年度评选出示范企业12家、示范项目2个、示范平台6个。

四、促进两化深度融合

一是加强新一代信息技术在制造企业的深度应用，提升企业信息化水平。如：湖北省通过推动企业运用互联网开展在线增值服务，包括基于互联网的故障预警、质量诊断、预测性维护、远程智能管理等服务，支持发展产品全生命周期管理和服务，拓展产品价值空间，实现从制造向"制造＋服务"转型升级。

二是加快推进两化融合管理体系贯标及应用。如：《山西省信息化与工业化融合专项行动计划（2014—2018）》中提出加强试点示范工作，遴选出了省级两化融合管理体系贯标试点企业2016年15家、2017年20家，且2018年度有15家省级试点企业进入国家级试点名单。

第二节　面临的主要问题与挑战

我国中部地区的服务型制造的发展虽然取得了一定的成绩，但总体上来看，中部地区的工业化、信息化水平与东部地区存在一定差距，而且，中部地区服务型制造的发展仍处于缓慢发展阶段，服务型制造的带动、转换和辐射等作用还未充分发挥出来。总体上来看，服务型制造发展仍面临发展不充分不均衡，试点示范企业、项目、平台数量偏少且层次不高的问题。

一、产业结构总体合理，但地区发展不平衡

中部地区工业结构总体比较全面、传统资源型产业着力转型、新兴产业

发展动力日益增强，但服务型制造规模在一些地区偏小，地区、行业、企业发展不平衡，如：山西、江西地区工业结构基本以煤炭、钢铁、化工为主，以高端装备制造、生物医药为代表的战略性新兴产业力量还不够强，而郑州合肥武汉各有知名园区和名企；有些产业细分门类较多，发展方向较分散，关联度较小，规模效应不足，如山西、江西的电子信息产业。

部分企业的服务型制造具体实施路径仍处于探索阶段，发展水平层次较低，产品附加值不高，在全国的产业分工体系中处于中低端。企业在基于客户需求的市场研究及开拓、整体解决方案实施、产品跟踪反馈等方面体制机制可以进一步完善，总集成、总承包方面人力物力财力投入需持续增加、承揽能力也可着力增强。

二、企业自主创新能力逐渐增强，但仍缺乏某些技术积累

中部一些地区如武汉、郑州、合肥充分利用高校、科研院所、高新技术企业等形成了比较良好的创新机制和环境，但有些地区仍然缺乏勇于创新的环境，体制机制欠缺，尚未形成鼓励"双创"的针对性政策环境和社会氛围。中部一些地区的企业创新能力与东部强势地区相比，还存在一定的差距，自主创新多以外援性为主，内生性和竞争性创新能力相对较弱。如：2017年，山西R&D经费投入在全国居第20位，知识产权指数排名第21位，专利指数排名第31位，和毗邻京津的地理位置严重不匹配，是中部六省之末；大数据、云计算产业方面，目前只有百度（阳泉）云计算中心、吕梁云计算中心投入运营，主要依靠外援。

三、人才体系有待进一步充实完善

中部地区总体上看，从事科研技术的人员数量比较客观，专业基本能够覆盖传统和新兴行业、领域，但研究、推广服务型制造的高等院校和科研院所相对东部地区偏少，仍待持续性投入与加强。

除国家中心城市郑州、武汉以及中原城市群、长江经济带外，有些地方经济发展仍然滞后，人文环境、自然环境、工资待遇水平等条件与东部沿海地区相比基本没有什么优势，导致本地区人才流向发达地区，而且引进高端

人才存在一定的困难，尤其是山西、江西等地区。

四、企业资金周转总体流畅，部分地区融资较困难

服务型制造产业是高资金投入产业，企业新产品新模式的研发投入资金大，开发周期长。除豫皖鄂湘一些核心区域外，其他地区依然缺乏产业发展资金、融资成本较高，企业自有资金不足，申请固定资产贷款难，部分相关企业资产规模较小，一些贷款融资担保机构达不到相关贷款银行合作条件，这些问题导致新技术和产品研发投入乏力，制约了行业技术的升级和产品更新换代乃至地区的平衡发展。

五、公共服务总体还不完善，成果转化效率不高

服务型制造通常涉及跨行业、跨领域的融合创新，更需多领域资源合作，需要有一定的公共服务进行支撑。当前，我国中部地区虽然在技术和政策支撑体系、基础性的社会化服务体系上有了一定建树，但是在引导企业对接市场需求，深化产业链协作等方面的服务尚不能满足服务型制造的发展需要，尤其是中小企业发展服务型制造更需第三方公共服务平台的积极支撑。另外，公共服务的不完善是导致工业设计成果转化效率不高、产业增加值还未凸显出来的原因之一。

第三节　对策建议

针对当前中部地区发展服务型制造所面临的主要问题，应采取必要的措施，塑造良好发展环境，以促进我国中部地区服务型制造的发展，提升企业竞争力，促进产业结构的优化。

一、对标国家政策标准规范，加强本省配套政策支持

由于各地区工业企业的发展水平不同，政府政策引导也需个性化定制。落实各项财税政策，加大财政支持力度，完善金融政策，拓宽融资渠道，鼓

励金融机构开发适应服务型制造需要的产品和服务，探索建立投资基金。目前，服务型制造尚无统一的指标体系，工业和信息化部应牵头出台统一的认定标准或者提出部分关键指标，便于地方政府更有效地把握本地区服务型制造的发展节路径和节奏。

二、不断增强产学研用合力激发创新

对现有的研发中心、重点实验室、工业设计研究院（中心）提升改造，培育若干国内一流科研机构，建设一批高水平的研究基地和优势学科，逐步形成特色鲜明的知识创新体系，填补上游基础研究和下游产品应用之间的空白。

各省通过细化相关政策，不断完善相关服务体系，实质性支持企业加大研发创新投入，与高校、科研单位、行业协会优势互补，加速科研成果的转化和推广。

三、持续加强服务型制造重点企业和项目的培育

结合不同行业特点与实际，遴选出模式新颖完备、业内广泛认可的服务型制造企业开展试点示范，健全示范动态管理制度，鼓励示范企业开展业务交流，引导本行业制造企业加快转型升级步伐，实现以产品制造为核心向产品加服务、提供整体解决方案转变。

引导制造企业结合产品特点、企业实际和行业趋势，加大服务环节投入，在研发、设计、物流、营销、品牌推广、系统集成等方面形成一批重点项目，从中筛选出基础强、服务优、前景好的项目，优先给予政策资金支持。并积极总结和推广示范企业、示范项目、示范园区和创新模式案例和经验，扩大影响、带动整体。

四、坚持优化人才引进和培育体系

依托各省现有重点人才工程，聚焦本地区在产业链分工的重点环节，拓宽人才引进渠道，加快高端化、复合型人才的引进和培养，建设服务型制造"经营管理人才＋专业技术人才＋职业技能人才"的人才梯队和培育体系。

支持制造业企业与公共服务平台、高校、研究机构等加强合作，开展有针对性的培训交流，提高关键岗位相关人才的技能和带动效应。不断强化对人才的服务保障能力，完善人才的流动、激励等机制。

五、持续改革营造良好的产业发展环境

加快政府职能转变，规范市场秩序。完善研发设计、产业技术基础、协同制造、定制化服务、供应链管理、信息增值服务和融资租赁等领域的公共服务。学习浙江省"最多跑一次"改革，切实减轻企业和居民的办事成本。

依托政府部门、制造企业、科研单位力量，建立服务型制造专家库，为推进服务型制造发展提供智力支持。强化服务型制造联盟，统筹各类资源，通过主题论坛、座谈会、培训班等活动加强服务型制造思维、理念和行动的宣贯。

第九章　西部及东北地区

第一节　发展现状

一、西部地区积极承接东部产业转移，服务型制造发展尚在起步阶段

近年来，中西部地区加快产业转移承接地的服务配套设施和能力建设，虽然各省正积极发展具有特色和竞争力的生产性服务业，但是，从总体上看，西部地区各省发展服务型制造进展差异较大，尚属起步探索阶段。目前，西部地区重庆（《重庆市发展服务型制造专项行动计划（2016—2018 年）》）、四川（《四川省发展服务型制造专项行动实施方案》）、甘肃（《中国制造 2025 甘肃行动服务型制造专项实施方案》）等多个省市已制定了推进服务型制造和生产性服务业发展的政策文件，在西北地区率先行动和发展。

二、东北地区经济结构性问题突出，但具有发展服务型制造的良好空间和条件

辽宁省积极因引导制造业企业服务化转型。据统计，辽宁省约有 56% 的制造业企业通过开展服务业务增加了收入，企业服务收入逐年增长，占总业务收入比重不断提高，服务转型对辽宁省制造业发展的提升带动作用正在逐渐显现。从工信部发布第二批服务型制造示范企业和平台来看，2018 年，辽宁省沈鼓集团、鞍山森远路桥、中车大连电牵等 3 家辽宁企业入选第二批国家级服务型制造示范企业。

吉林省大力提高服务型制造能力。2016 年 6 月,省政府办公厅正式印发了《吉林省推进制造业与服务业融合发展行动实施方案》,加快推进两业融合发展、创新发展,推动商业模式创新和业态创新,促进生产型制造向服务型制造转变。从工信部发布第二批服务型制造示范企业和平台来看,2018 年,吉林省的通化建新科技镍铬合金总集成总承包核心系统解决方案、吉林瀚丰智慧电力物联平台、吉林华康药业慢病管理服务平台、吉林华正面向屠宰加工制造业的产品追溯信息增值服务 4 个项目被确定为服务型制造全国示范项目,东北袜业园互联网 + 工业服务平台被确定为服务型制造全国示范平台,服务型制造示范项目入选数量在全国名列前列。

第二节　面临的主要问题与挑战

一、缺乏对发展服务型制造的内涵和意义的认知

由于服务型制造概念有一定的前瞻性,西部和东北地区在发展服务型制造过程中,对内涵和本质还存在理解不深刻、不到位现象。主要表现为,一是不少企业都存在重硬件轻软件、重制造轻服务、重规模轻质量、重批量化生产轻个性化定制的观念;二是部分企业对服务型制造的本质也认识不清,误以为发展服务型制造就是发展服务业,担心自身会脱离主业,走"脱实向虚"的道路。

二、服务型制造企业的所占比例不高,对服务型制造的发展模式认识较为单一

当前,越来越多的制造业企业将服务作为一种差异化竞争的手段,有的企业设立专门的服务部门,提供与产品密切相关的服务,朝着"产品—服务包"的方向转型,积极发展服务型制造。但是总体来看,服务型制造企业在整个制造业企业中的占比较低,制造业企业服务化的产出水平较低,企业从差异化竞争到实现利润创造,服务型还需苦练内功。目前,真正意义上从客

户需求出发进行设计，通过将服务嵌入产品，开展商业模式创新，实现产品与服务融合或提供整体解决方案，进而获得持续服务收入的企业案例还不多。同时，企业对复杂或综合性强的服务模式的认识和规律的把握并不清晰，对服务型制造主要发展模式的发展路径尚在探索阶段，有的企业虽然制定了计划，但因经验不足等原因后期搁置。

三、对向服务型制造转型的路径和步骤不明晰

近年来，虽然西部地区和东北地区在积极发展服务型制造及生产性服务业，很多制造业企业已经对制造业服务化转型有所转变，但是具体到转型路径或者如何实现盈利，方向还不是太明确。主要表现为企业在由生产型制造向服务型制造转型的过程中，企业原本与产业链上下游供应商、客户成熟的关系和对应的配套都将发生变化，需要一定的转型成本。同时，对于制造业企业自身来说，为适应向服务型制造转型，需要对原有的业务流程、组织架构、管理模式进行调整和重构，企业不仅对调整思路存在困惑，对调整周期和效率存在实质性的困难，无法坚定发展服务型制造的方向。

四、发展服务型制造发展的政策和制度环境不完善

从西部地区和东北地区顶层设计和出台的政策措施来看，在推进服务型制造发展过程中，部分省市对服务型制造的认识程度不一，导致出台的相关政策文件不多。面对制造与服务融合发展的趋势，现有的一些政策和制度环境已经表现出了不适应，需要结合服务型制造的内涵和意义尽快做出调整。一是有些领域因服务业开放程度不高或者进入门槛偏高，使制造业企业跨界延伸服务业务遭遇障碍，这主要是制度环境需要进一步完善；二是制造业与服务业在管理机制上缺乏融合，制造业企业开展服务业务时还难以享受到与服务业企业同等的优惠政策；三是服务型制造的标准体系、知识产权管理和保护等外部环境也要进一步规范。

第三节　对策建议

一、西部地区和东北地区要进一步加强顶层设计

一是东北地区发展服务型制造，要充分认识到从生产型制造向服务型制造转型对于企业提质增效和转型升级的紧迫性和重要性，通过发展服务型制造提高企业核心竞争力。二是东北经济的结构性问题突出，重化工业比重过大、第三产业比重偏低，急需转方式、调结构、促转型，要把发展服务型制造当作重要抓手，特别是要结合自身特色优势产业，在商业模式创新方面可以积极探索和实践。三是认真贯彻落实好国家发布的相关政策，如《发展服务型制造专项行动指南》（工信部联产业〔2016〕231号），确定本地区服务型制造发展的目标任务、重点领域、发展方向和保障措施等，引导服务型制造的发展。

二、强化技术创新能力

依托研究机构、高校和大企业的研究开发能力和技术辐射能力，加快研发中心建设，开展产业应用技术的研发、转化和服务，填补上游基础研究和下游企业产品生产之间创新链的空白。对现有的重点实验室提升改造，培育若干国内一流科研机构，建设一批高水平的研究基地和优势学科，逐步形成特色鲜明的知识创新体系。加大研发投入，提高企业创新能力。继续发挥政府在"产学研合作"中的主导作用，通过完善相关政策，加强"产学研合作"的组织、协调、管理，不断完善相关服务体系，促进企业与高校科研单位加强合作、优势互补，加速科研成果的转化和推广。

三、加强服务型制造龙头企业培育

以制造为基础、服务为导向，引导制造业企业创新商业模式，延伸服务链条，提升服务的价值。结合不同行业特点与实际，遴选出较为成熟、服务

配套、高端高效的服务型制造企业开展试点示范，健全示范管理制度，鼓励示范企业广泛开展业务交流，引导制造业企业加快转型升级步伐，实现以产品制造为核心向产品加服务、提供整体解决方案转变。

四、营造良好的产业发展环境和氛围

西部地区要把加强服务型制造的环境建设摆在重要位置，积极加快政府职能转变，规范市场秩序。政府要统筹企业、研究机构等资源，进一步通过主题论坛、宣贯会、专家交流、企业座谈等活动加强对服务型制造的宣传。同时，要在西部和东北地区加大举办服务型制造培训班频率，与专业培训机构加强合作，加强对制造业企业发展服务型制造的相关培训，通过专家讲解、案例分析、现场观摩，逐步提高对服务型制造的认识和水平。另外，可充分利用服务型制造联盟的作用，围绕重点行业和领域，为推进服务型制造发展提供智力支持。

五、创新设计作为发展服务型制造的突破口

创新设计是将知识、技术等转化为产品、装备和服务的先导，应充分发挥创新设计的先导作用，综合运用新一代信息技术、先进制造技术、新材料技术、新能源技术等，对制造业产品、工艺和流程，以及制造和服务模式等进行集成创新设计，利用互联网整合资源，促进设计协同。西部地区和东北地区要以创新设计作为发展服务型制造的突破口，并逐渐从技术创新到模式创新，形成发展服务型制造层次分明的发展体系。

城 市 篇

第十章　广　　州

第一节　广州市服务型制造发展基础

近年来，广州经济保持较快发展势态。广州市地区生产总值由 2011 年 1.24 万亿元提高到 2017 年 2.15 万亿元，年均增长 9.6%。其中第二、三产业对广州经济增长贡献率最大，分别为 20.9% 和 79.3%。

服务业角度，高附加值的现代服务业保持较快增长。2017 年，现代服务业增加值为 10068 亿元，占全市服务业增加值比重为 66.0%，同比提升 1 个百分点，其中，生产性服务业增加值为 9038 亿元，占全市服务业比重为 59.2%。工业设计、文化创意、融资租赁和共享经济等新兴行业发展迅速。

工业角度，先进制造业对实体经济的支撑及带动作用明显增强。2017 年，先进制造业增加值 2663 亿元，占规模以上制造业增加值的比重为 65.6%，同比提升 1.8 个百分点；高新技术产品产值 8479 亿元，占全市规模以上工业总产值的 47%，比重同比提高 1 个百分点。新产业新动能成长快速，形成新一代移动通信、新型显示、软件、半导体照明、生物医药、智能制造装备、新材料等 7 个产值超千亿元产业群。

主要特点为：

（一）广州服务型制造综合实力居全国前列

2017 年，广州市服务业增加值规模居全国大城市第三位，仅次于北京（22569 亿元）和上海（20784 亿元），高于深圳（13153 亿元）。2017 全市服务业占 GDP 比重为 70.9%。广州是"中国软件名城"，2017 年软件和信息服务业营业收入达 3114 亿元，同比增长 19.8%；新增软件著作权 6.7 万多件，同比增长67.5%。广州市两化融合发展水平位居全国重点城市（不含直辖市）第一名，培育了395家国家和省两化融合贯标试点企业，其中74家通过国家评定，已有5个省级"互联网＋"创建小镇。建成了首批国家新型工业化示范基地（工业设计）——广州开发区，培育了国家级、省级、市级工业设计中心5家、21家、25家，数量居全省第一。

（二）信息经济驱动引领作用显现

以思科创新总部项目为引擎，推进集产、学、研、商、居于一体的千亿级思科智慧城建设，阿里巴巴、小米、科大讯飞等14家龙头企业先后在琶洲设立全国总部或区域型、功能型总部，并逐步导入旗下电子商务、科技研发等相关产业，将建设成为千亿级互联网产业集聚区。广州在全国"互联网＋"十大标杆城市中位居第三，网易、多益等6家企入选2017年"中国互联网企业100强"排行榜，总数位列第四。目前，全市互联网企业超过3000家，年产值超2000亿元，从业人员超过30万人，其中研发人员超过20万人。大力发展新一代信息技术，推动中国电子国家健康医疗大数据中心、广州国际人工智能产业研究院、南沙云从AI视觉图像创新研发中心等重大创新平台建设，广州开发区、增城开发区成功申报省级大数据产业园。

（三）产业高端化趋势日益明显

2017年，现代服务业增加值10068亿元，占服务业增加值的比重达66%；生产性服务业增加值9038亿元，占服务业增加值的比重达59.2%。体现产业高端化发展方向的信息服务业、金融业加快发展，占GDP的比重分别达9.3%、4.9%；规模以上服务业中互联网和相关服务企业营业收入增长54.9%；软件和信息技术服务业企业营业收入增长19.8%。国际航空枢纽、航运枢纽建设，特别是中远海运散货总部迁入拉动效应显著，交通运输业近三年年均增长超过10%。商务服务业、科技服务业增长20%左右。

第二节　广州市服务型制造发展
的主要领域、模式和路径

2017年，广州市服务业增加值为15254亿元，同比增加13.5%，占全市

GDP 比重为 70.9%。生产性服务业增加值为 9038 亿元，生产性服务业占全市服务业 GDP 的 68.7%。信息技术产业发展迅速，2017 年广州市软件和信息技术服务业企业营业收入 3114 亿元，同比增长 19.8%。先进制造业增加值 2663 亿元，占规模以上制造业增加值比重为 65.6%，先进制造业对实体经济带动作用显著增强。广州作为全国一线城市中首个获批"服务型制造"示范城市，发展新兴产业培育新动能具有良好的条件。

一、大力发展工业设计，积极打造全球"设计之都"

工业设计是引领制造业发展的先导企业，是产业链中最具增值潜力的环节之一。广州作为国内工业设计发源地之一，曾率先引进工业设计概念，创造了中国工业设计的"四个率先"：率先建立第一个工业设计实体机构、率先建成第一个工业设计新型工业化产业示范基地、率先培育第一大工业设计企业、率先打造目前全国唯一获得国际三大权威设计组织联合认证的大型国际综合性设计展览活动。

就发展工业设计而言，广州具有良好的基础条件。一是广州工业设计中心质量和数量领先于全省。目前，广州已培育国家级工业设计中心 5 家，省级工业设计中心 21 家，市级工业设计中心 25 家，认定设计类高新技术企业数量超过 125 家。市级工业中心的经济投入产出占比达到 1∶700。二是广州工业设计集聚区建设成效明显。国家新型工业化产业示范基地建设稳步推进，示范基地内已基本建成技术、信息、人才三大公共服务平台，并建设了以工业设计为核心的国家级企业技术中心。三是广州设计展览会的国际影响力逐年增强。广州国际设计周、LED 展览会、AC–JOY 动漫游戏嘉年华等设计相关展会的影响力逐年扩大。其中最为具有代表性的广州设计周自 2006 年举办以来，经过 12 年的发展已成为聚集开发商、制造商、承包商、品牌商、分销商等多领域互动营商平台。四是培育发展了一批设计新业态新模式。广州工业设计服务已逐渐从产品的服务外观等消费领域转向工程机械领域的产品研发、结构设计、功能整合等全方位设计策划服务领域。培育了一批设计新业态模式，具有代表性的企业有名创优品、来设计、百利文仪等。

二、发展智能服务，发展新空间

新一代智能制造系统的主题是以智能服务为核心引起的产业模式变革，实现以产品为中心向用户为中心的根本性概念转变。广州市大批新兴制造业企业高端智能化服务能力不断提升，逐渐成为产业创新中坚力量。

一是智能化服务方面，广州拥有一批整体解决方案提供商。瑞松科技主要为客户提供一整套柔性智能化系统解决方案，其控股子公司瑞松北斗汽车装备公司亦是国内最具规模汽车智能装备研发制造商。阿里云、中设智控、航天云网等一批工业互联网平台企业也纷纷落户广州，形成聚集发展良好态势。二是智能产品方面，广州广电通过区块链融合云、云计算、"AI + 金融"场景应用等技术实现国内第一家"无人银行"。利用 VR 技术创新体验模式的新兴企业也扎根广州飞速发展。玖的数码在全球首创的移动 VR 体验馆成立 3 年，已在全球 60 多个国家设有 3500 家 VR 体验店；成立于上世纪 90 年代初的华立科技已成为 VR 互动设备制造商龙头企业。广州作为中国排名第二的无人机生产基地，一大批无人机企业也快速崛起，2016 年亿航科技推出全球第一款低空全自动载人飞行器并在广州《财富》论坛上展示由 1180 架无人机组成的"科技舞蹈"；科创航天研制的小卫星 KS－1Q 由长征 11 号运载火箭成功送入预定轨道，成为国内首颗民营航天机构的科研卫星和首颗"创客卫星"。三是工业互联网方面，大批企业积极探索基于工业互联网的新型制造模式。2017 年，共 35 家企业入选省工业互联网产业生态供给资源池（第一批），占全省资源池企业数量的 60%，其中 8 家企业入选工业互联网平台服务商类，22 家企业入选工业互联网解决方案商类，6 家企业入选工业互联网咨询服务商类，数量均居全省第一位。

三、促进制造业与服务业融合发展，塑造新优势

作为制造业与服务业融合发展的新模式，服务型制造是培育新动能，加快制造业发展的重要举措，是广州产业转型升级的重点。广州主要从两方面推动制造业、服务业融合。一是制造业与互联网融合，广州共 395 家企业被列入国家和省两化融合贯标试点名单，74 家企业通过国家两化融合评定。积

极创建"互联网+"小镇，目前广州市已有5个省级"互联网+"小镇，数量居全省首位。广州市"互联网+家具定制"模式全国领先，欧派、索菲亚、尚品宅配、好莱客入围全国定制家具十大品牌，2017年，广州市规模以上家具制造业主营业务收入227亿元，同比增长18.4%，利润同比增长42.0%。二是制造业与服务融合。钢铁、汽车、塑料、化工等领域涌现出一批由大型企业通过与服务业融合发展向价值链两端的服务环节延伸，实现从生产型制造向服务型制造拓展，借助互联网和大数据等技术，向"产品+服务创新"的模式转变。

四、积极打造服务型制造载体，加快发展新业态新模式

企业转型升级中，需打破"大而全""小而全"的格局，聚焦产品研发设计和营销结算等微笑曲线两端，强化供应链管理，向价值链高端延伸。

广州市生产性服务业逐渐发展壮大，对制造业带动支撑作用逐步增强，主要体现在以下三个方面：一是软件和信息服务业，广州市信息化和软件服务企业总数近40万家，富士康、思科、腾讯、阿里巴巴、中电科华南电子信息产业园、航天信息等一批产业巨头纷纷落户。全市有2708家软件和信息技术服务业企业为国家高新技术企业，占全市高新技术企业总数超过30%。广州已基本形成了一核两翼多点的软件信息技术服务产业布局。二是电子商务与信息技术服务方面，广州工业电子商务服务平台近年来发展迅速。塑料、钢铁、化工等大宗原材料电子商务平台向综合服务平台发展，提供线上线下融合的一站式服务，广东塑料价格指数成为全国行业价格风向标；找塑料为塑化行业提供原材料采购、代销代购、物流、供应链金融等服务，连续三年入围"中国B2B企业前十强"。三是物流与供应链管理平台方面，嘉诚物流主推"嵌入式"联动服务，将物流服务嵌入到制造企业生产经营流程中，为松下电器、日立冷机、广州浪奇、万力轮胎等世界五百强企业或大型制造企业提供全程物流服务，成为广州市首个在主板上市的物流企业。志鸿物流为中国大型快运、电商及制造企业提供优质高效的公路整车运输解决方案，迅速成长为国内领先的"滴滴卡车"式运力集成商。

第三节 广州市促进服务型制造发展的主要政策

表 10 - 1　广州市促进服务型制造发展的政策

序号	政策文件名称	主要政策点	实施期限
		综合类	
1	广州市人民政府关于修订广州市建设"中国制造 2025"试点示范城市实施方案的通知（穗府〔2018〕7 号）	市发展改革委、科技创新委、商务委等部门的战略性新兴产业发展专项、科技创新企业专项、产学研协同创新重大专项、创新平台与科技服务专项、企业研发机构建设专项、科技创新人才专项等财政扶持专项，须优先支持先进制造业中的重点领域、重点产业、重点项目、重点企业等。	2018 年起
2	广州市人民政府办公厅关于印发《广州市信息化发展第十三个五年发展规划（2016—2020年）》的通知（穗府办〔2016〕4 号）	一是基本形成以"广州农业信息网""华南农产品交易网""海洋信息网"为核心的涉农信息化服务体系，农业信息化水平不断提升。二是两化融合加快转型升级步伐，国家级、省级两化融合管理体系贯标试点陆续开展。互联网、物联网、大数据等新业态推动传统产业改造升级步伐加快，培育一批互联网 + 制造业以及总集成总承包、整体解决方案等服务型制造示范企业。	2016 年起
3	广东省人民政府办公厅关于加快新能源汽车推广应用的实施意见（粤府办〔2016〕23 号）	完善新能源汽车推广补贴政策。根据财政部等部门《关于 2016—2020 年新能源汽车推广应用财政支持政策的通知》（财建〔2015〕134 号），对地市政府推广应用的纯电动汽车、插电式（含增程式）混合动力汽车、燃料电池汽车等各类新能源汽车实行差别化和分类扶持的补贴政策，按照减排量由高到低逐级递减确定补贴标准，分类安排补贴。	2016 年起
4	广东省人民政府关于深化制造业与互联网融合发展的实施意见（粤府〔2016〕107 号）	开展网络协同制造试点，引导制造企业基于工业云平台开展云设计、云仿真、云制造、云服务，提升产业链运行效率。推动个性化定制软件研发和柔性制造平台建设，发展设计定制、生产定制、方案定制、服务定制等个性化定制新模式。推动服务型制造发展，在汽车、家电、装备等制造行业，发展实时监测、故障预警、主动运维、质量诊断等增值服务。	2016 年起

续表

序号	政策文件名称	主要政策点	实施期限
5	广东省人民政府关于印发《广东省工业转型升级攻坚战三年行动计划（2015—2017 年）》的通知（粤府〔2015〕35 号）	支持智能制造装备企业积极向产品设计、工程承包、远程故障诊断、第三方维修维护、协同制造、再制造等多元化、服务化方向发展。推动智能制造装备企业开展一体化增值服务，由产品制造型向技术研发、生产制造、工程总包、全程服务型企业转变。推进智能家电家居、智能可穿戴设备等智能产品的研发与制造。	2015 年起
6	广东省人民政府关于印发《广东省智能制造发展规划（2015—2025 年）》的通知（粤府〔2015〕70 号）	促进服务型制造发展。鼓励制造企业积极发展精准化定制服务、全生命周期运维和在线支持服务，提供整体解决方案、个性化设计、多元化融资、便捷化电子商务等服务形式。引导有条件的企业从提供设备向提供设计、承接项目、实施工程、项目控制、设施维护和管理运营等一体化服务转变。	2015 年起
7	广东省人民政府关于印发《广东省深化"互联网＋先进制造业"发展工业互联网实施方案及配套政策措施》的通知（粤府〔2018〕23 号）	支持制造业龙头企业联合工业互联网平台商和服务商，打造工业互联网应用标杆示范项目。加强工业互联网在企业内外部的应用，强化设备联网与数据采集能力、数据集成应用能力，建设企业级平台和行业性平台，发展个性化定制、网络化协同和服务化转型等制造业新模式，形成具有示范和推广价值的典型经验和通用解决方案。	2018 年起
产业结构与行业发展政策			
1	2017 年广东省信息化发展工作要点（粤经信信息〔2017〕123 号）	大力发展智能制造。创建珠三角国家级智能制造示范区。推进 5 个国家级、30 省级智能制造试点示范项目建设，培育 20 家以上省级智能制造骨干企业，建设 20 个智能制造系统解决方案公共服务平台。实施机器人产业发展专项行动计划。	2017 年起
2	广东省人民政府关于印发《广东省信息化发展规划纲要（2013—2020 年）》的通知（粤府〔2013〕48 号）	深化信息技术在制造业的应用，突出发展智能装备和智能产品，推动生产过程智能化，加快传统制造向"现代智造"的转型升级。重点突破工业控制芯片、核心工业软件、数控装备和工业机器人核心技术，研制高端数控产品、工业机器人、数控精密注塑机、自动化生产线、流程工业成套装备等智能装备，发展汽车电子、船舶电子、智能家电等智能化工业产品，提高产品信息技术含量和附加值。	2013 年起

续表

序号	政策文件名称	主要政策点	实施期限
3	广东省发展改革委关于印发《广东省现代服务业发展"十三五"规划》的通知（粤发改服务函〔2017〕1873号）	深入实施智能制造发展规划，推动信息化技术与制造业的深入融合，提升制造业智能化发展水平，推进国家和省级智能制造试点示范，加快10个省级智能制造示范基地建设。推进"互联网＋"协同制造，加快建设13家国家级和100家省级互联网与工业融合创新试点企业建设。	2017年起
4	广州市人民政府办公厅关于促进大数据发展的实施意见（穗府办〔2017〕1号）	支持企业利用大数据进行虚拟仿真，优化生产工艺，降低成本和能耗。促进企业通过建设和完善研发设计知识库，实现设计数据在企业内部以及供应链上下游企业间的资源共享和创新协同，提升企业跨区域研发资源统筹管理和产业链协同设计能力。	2017年起
5	广东省经济和信息化委关于印发《中小企业公共服务示范平台管理办法》的通知（粤经信规字〔2017〕2号）	鼓励各地根据中小微企业发展需求举办中小企业服务推广活动，组织示范平台与中小微企业服务对接；支持示范平台到欠发达地区建立服务机构和开展服务活动。推动发放中小微企业服务券，对购买示范平台服务的给予补贴。优先推荐示范平台申报国家和省财政扶持中小企业发展相关专项资金。各市县要大力支持本地示范平台建设和服务对接活动。	2017年起
6	广东省人民政府办公厅关于促进跨境电子商务健康快速发展的实施意见（粤府办〔2016〕24号）	完善基于跨境电子商务交易、物流、支付等的电子数据获取、处理、流转和共享机制，实现企业"一次申报、一次查验、一次放行"。鼓励银行业金融机构等积极开发符合跨境电子商务需求的金融产品，支持符合条件的企业发行非金融企业债务融资工具，进一步拓宽跨境电子商务企业融资渠道。加强与中国进出口银行、中国出口信用保险公司等金融机构的战略合作，为跨境电子商务企业提供政策性金融和保险服务。	2016年起
7	广州市人民政府办公厅关于印发《加快广州跨境电子商务发展若干措施（试行）》的通知（穗府办〔2017〕36号）	支持电商、物流企业参与旧厂房、旧仓库改造，建设用于跨境电子商务的保税仓库、分拨中心等物流设施；鼓励属地政府、国有企业建设国有产权的保税仓库。对通过城市更新改造方案审批的跨境电子商务物流项目，按照市城市更新政策给予支持；支持各区制定出台政策，对租用仓库开展跨境电子商务业务的企业，予以租金定额扶持。	2017年起

续表

序号	政策文件名称	主要政策点	实施期限
8	广州市人民政府办公厅关于印发《广州市信息化发展第十三个五年发展规划（2016—2020年）》的通知（穗府办〔2016〕4号）	创新财政扶持方式，通过项目补助、优化中小企业融资环境等方式，着重解决中小企业信息化过程面临的资金制约问题。用好现有的领军人才专项、电子商务专项、科技经费等资金，为"双创"项目提供资助，引导社会资本支持互联网"双创"平台建设。加大对重点产业和新兴产业领域"种子型"企业的扶持力度，引导和支持本地龙头企业发展壮大。	2016年起
9	广州市人民政府办公厅关于印发《广州市商务发展第十三个五年规划（2016—2020年）》的通知（穗府办〔2016〕24号）	发展新型贸易方式。积极推进市场采购、国际中转、离岸贸易、融资租赁、跨境贸易电子商务、保税贸易、检测维修等新型贸易发展。培育和新引进一批外贸综合服务企业、大型供应链企业和贸易集成商，开展国际贸易服务、分拨、中转、销售、结算业务。加强行业跟踪研究，加大对外贸新业态代表企业政策扶持、政务服务和招商力度，研究制定外贸新业态企业的认定办法。	2016年起
10	广东省发展改革委关于印发《广东省加快战略性新兴产业发展实施方案》的通知（粤发改产业〔2017〕555号）	深入实施高新技术企业培育计划，建立培育后备库和数据库，完善高新技术企业培育的奖补政策，对纳入省高新技术企业培育库、未认定为国家高新技术企业的六大重点领域的企业，省市财政给予补助。探索实施高新技术企业分类认定和扶持制度，推动将认定范围扩展到信息服务、精准医疗等战略性新兴产业领域，着力提升六大重点领域高新技术企业的数量和质量。实施新兴产业创新企业百强工程，开展"一企一策"精准服务，培育形成一批有全球影响力的战略性新兴产业创新型骨干企业。	2017年起
11	广东省人民政府关于印发《促进粤东西北地区振兴发展2017年重点工作任务》的通知（粤府函〔2017〕122号）	突出培育高新技术企业。加快壮大高新技术企业数量和规模，粤东西北新增入库培育企业346家、新认定高新技术企业404家，总数1188家。全面落实高新技术企业所得税减免政策，支持企业运用首台（套）财政奖补及保险、采购政策，实施先进技术和产品应用奖补，鼓励企业参与创新产品与服务远期约定政府购买，推动企业产品研发升级。支持粤东西北培养引进科研人才，制定出台高新技术企业管理和技术人员积分入户、子女入学、租房补贴等优惠政策。	2017年起

续表

序号	政策文件名称	主要政策点	实施期限
12	广州市人民政府办公厅关于推进互联网金融产业发展的实施意见（穗府办〔2015〕3号）	对互联网金融企业给予一次性落户奖励。互联网金融属于金融新业态范畴，广州市互联网金融企业可享受《广州市人民政府关于支持广州区域金融中心建设的若干规定的通知》（穗府〔2013〕11号）的有关扶持政策。对法人机构在广州注册、规模大、经营规范、行业影响力强的互联网金融企业给予一次性落户奖励。企业年利润总额达1亿元（含）以上的，一次性奖励1000万元；企业年利润总额1亿元以下、5000万元（含）以上的，一次性奖励500万元；企业年利润总额5000万元以下、2000万元（含）以上的，一次性奖励200万元；企业年利润总额2000万元以下、1000万元（含）以上的，一次性奖励100万元。本实施意见有效期内互联网金融企业只能申请一次落户奖励。	2015年起
13	广东省人民政府办公厅关于印发《广东省"互联网＋"行动计划（2015—2020年）》的通知（粤府办〔2015〕53号）	到2017年底前，培育扶持新型互联网研发机构3家以上、重大互联网创新示范项目5个以上。到2020年底前，培育扶持新型互联网研发机构10家以上、重大互联网创新示范项目10个以上，互联网创业创新支撑体系基本健全。	2015年起
14	广东省人民政府办公厅关于印发《广东省促进"互联网＋医疗健康"发展行动计划（2018—2020年）》的通知（粤府办〔2018〕22号）	大力发展医疗健康人工智能技术。依托高等院校、研究院所、高水平医院、企业等，组建医疗健康大数据中心和研究院，推进大数据基础理论、共性技术和医疗健康大数据研究。加强医疗健康人工智能技术研究、转化和应用，全力推动医疗健康人工智能产业发展，抢占医疗健康人工智能制高点。推动全省医疗健康数据高标准汇聚、高质量共享、高水平挖掘、高层次应用。	2018年起
15	广东省人民政府办公厅关于印发《广东省信息基础设施建设三年行动计划（2018—2020年）》的通知（粤府办〔2018〕14号）	加大财政支持力度。省财政统筹现有专项资金渠道支持信息基础设施建设，选取市场配置难以解决、需政府提供公共服务的关键环节给予重点扶持，大力支持公共资源开放、智慧杆塔推广应用、信息基础设施规划修编等工作，扶持资金向粤东西北和农村等欠发达地区倾斜。各市要积极引导社会资本加大投资力度，加强对重点项目的融资支持，鼓励民间资本投资信息基础设施建设。	2018年起

续表

序号	政策文件名称	主要政策点	实施期限
		财政金融类	
1	广东省经济和信息化委关于印发《小型微型企业创业创新示范基地建设管理办法》的通知（粤经信规字〔2017〕1号）	各地级以上市（顺德区）中小企业行政主管部门（以下简称各地中小企业行政主管部门）协助省经济和信息化委对所辖示范基地进行管理。各地可结合本地实际建设一批市级（顺德区）小型微型企业创业创新示范基地。示范基地坚持自愿申报原则，各地要通过政策扶持、规范管理、提升水平等方式积极推进示范基地建设。	2017年起
2	广东省人民政府关于加快科技创新的若干政策意见（粤府〔2015〕1号）	鼓励各地根据实际情况开展创新券补助政策试点，引导中小微企业加强与高等学校、科研机构、科技中介服务机构及大型科学仪器设施共享服务平台的对接。以各地级以上市科技、财政部门为政策制定和执行主体，面向中小微企业发放创新券和落实后补助。省科技、财政部门根据上一年度各地市的补助额度，给予各地市一定比例的补助额度，并将财政补助资金划拨至各地市财政部门，由各地市统筹用于创新券补助。具体实施办法由省科技厅会同省财政厅另行制定。	2015年起
4	广东省人民政府关于创新重点领域投融资机制鼓励社会投资的实施意见（粤府〔2016〕12号）	加快构建更加开放的投融资体制。创新有利于深化对外合作的投融资机制，用好各类资金，为本市企业走出去和重点合作项目提供更多投融资支持。完善境外发债备案制，鼓励和支持本市资信状况好、偿债能力强的企业发行外债，募集资金优先用于"一带一路"建设等重大工程和重点领域。加强与境外企业、金融机构等之间的多层次投融资合作。	2016年起
5	广州市人民政府办公厅关于印发《广州市产业发展资金管理办法》的通知（穗府办规〔2018〕3号）	支持中小企业发展。体现国家宏观政策、产业政策和区域发展规划意图，扶持中、小、微型企业发展，改善企业服务环境和融资环境，激发企业创业创新活力，增强经济持续发展内生动力。	2018年起
6	广州市知识产权局广州市财政局关于印发《广州市专利工作专项资金管理办法》的通知（穗知规字〔2017〕4号）	（一）专利保护。主要用于国内外专利维权和维权援助机构建设，重点企业、重点市场、会展、行业协会和电商知识产权保护等工作。 （二）专利管理。主要用于推进区域、园区及企事业单位专利工作，开展重点企业和行业知识产权培育，贯彻企事业单位知识产权管理规范等工作。 （三）知识产权服务。主要用于促进知识产权服务业发展，支持知识产权服务平台建设和专利信息利用，开展重大科技经济活动知识产权评议，开展知识产权宣传培训及文化建设等公共服务。	2017年起

续表

序号	政策文件名称	主要政策点	实施期限
7	广州市人民政府办公厅关于印发《广州市政府投资管理条例实施细则（试行)》的通知（穗府办〔2014〕15号）	对于需要鼓励和引导社会资本以合资、合作、联营、项目融资、私募股权投资、风险投资等方式，参与经营性的公用事业、基础设施等项目，可以采用资本金注入方式进行投资。对于其他需要市本级财政资金扶持的项目，可以采用投资补助（含以奖代补）或贴息的方式，给予一定限额或比例的资金支持。	2014年起
		科技类	
1	广东省人民政府关于加快科技创新的若干政策意见（粤府〔2015〕1号）	运用财政补助机制激励引导企业普遍建立研发准备金制度。对已建立研发准备金制度的企业，省市县财政通过预算安排，根据经核实的企业研发投入情况对企业实行普惠性财政补助，引导企业有计划、持续地增加研发投入。具体实施办法由省财政厅会同省科技厅另行制定。	2015年起
2	广州市科技创新第十三个五年规划（2016—2020年）（穗府办〔2017〕11号）	实施科技创新小巨人企业和高新技术企业培育计划，建立培育后备库，对符合条件的入库企业和认定高新技术企业予以重点扶持，壮大高新技术企业集群规模。推动市属国有企业集团下放创新管理决策权，完善国有企业创新考核机制，推进国有企业加快创新发展步伐。	2017年起
		人才类	
1	中共广州市委广州市人民政府关于加快集聚产业领军人才的意见（穗字〔2016〕1号）	实施羊城创新创业领军人才支持计划，要做到支持创业领军团队、创新领军团队、创新领军人才和创新创业服务领军人才。这四者均需要具备良好的知识和专业背景；拥有国际发明专利或掌握核心技术，技术水准达到国际领先或国内一流。此外，这四者均能获得一定的人才经费和工作支持。创业领军团队和创新领军团队还能获得一定的项目经费资助。其中创业领军团队的项目经费支持，可选择股权资助（跟投）＋无偿资助、股权资助（直投）＋无偿资助和无偿资助任意一种方式。	2016年起

续表

序号	政策文件名称	主要政策点	实施期限
2	广州市人才绿卡制度（穗府办规〔2016〕5号）	外籍人员可凭人才绿卡直接办理外国人就业证或外国专家证，同时可持人才绿卡及外国人就业证或外国专家证，凭用人单位公函等直接到市公安局办理2—5年长期居留证件。不办理居留证件的，可凭人才绿卡及用人单位公函等换发入境有效期不超过5年，停留期限不超过180天的零次、一次、二次或者多次R字签证。	2016年起
3	关于印发《羊城创新创业领军人才支持计划实施办法》和《广州市产业领军人才奖励制度》的通知（穗组字〔2016〕16号）	紧围绕广州创新驱动发展战略目标，重点面向先进制造业、战略性新兴产业与生产性服务业，坚持企业主体、市场决定、人才为先，大力培养、引进并支持一批领军人才（团队）在穗创新创业，推动重大科技成果转移转化与产业化。"羊城人才计划"分为创业领军团队、创新领军团队、创新领军人才、创新创业服务领军人才4个专项，自2016年起，5年内支持约500名创新创业领军人才（含团队成员），包括50个创业领军团队、50个创新领军团队、100名创新领军人才和50名创新创业服务领军人才。	2016年起
4	关于印发《广州市高层次人才认定方案》《广州市高层次人才服务保障方案》和《广州市高层次人才培养资助方案》的通知（穗组字〔2017〕98号）	已在广州市市属单位（含非公有制单位，下同）工作、来穗自主创业或已与广州市市属单位达成工作意向的高层次人才，可申报"广州市杰出专家""广州市优秀专家""广州市青年后备才"。广州市市属单位柔性引进人员（与该单位签订3年以上协议，每年在广州市工作时间一般不少于6个月），可申报"广州市杰出专家""广州市优秀专家"。	2017年起
		就业创业类	
1	广州市关于实施鼓励海外人才来穗创业"红棉计划"的意见（穗府办规〔2017〕21号）	加大创业项目资助力度。从2018年起每年通过"海交会"平台的"春晖杯"创新创业项目大赛、"智创未来"海外创新创业大赛等平台评选出不超过30个创新创业项目。对评审后入选"红棉计划"的创业项目，分别给予200万元创业启动资金资助。对海外人才创办的科技型企业科技成果转化贷款给予风险补偿。建立完善供应链金融服务平台、应收账款融资服务平台等金融基础设施，推动供应链核心企业支持海外人才创办企业开展应收账款融资，为海外人才创办企业提供融资增信服务。对获得银行贷款的"红棉计划"创业项目，按银行同期贷款基准利率（1年）的标准在2年内给予1000万元以内50%的银行贷款贴息补助。	2017年起

续表

序号	政策文件名称	主要政策点	实施期限
2	广东省人民政府关于大力推进大众创业万众创新的实施意见（粤府〔2016〕20号）	对入驻政府主办的创业孵化基地（创业园区）的初创企业，按第一年不低于80%、第二年不低于50%、第三年不低于20%的比例减免租金。落实创业培训补贴、一次性创业资助、租金补贴、创业带动就业补贴等各项扶持政策。	2016年起
土地类			
1	广州市人民政府办公厅关于促进全市经济技术开发区转型升级创新发展的若干意见（穗府办〔2017〕39号）	支持经济开发区充分利用"三旧"改造政策盘活土地存量。加大对闲置用地、低效用地和批而未供用地的处置力度，推进存量用地二次开发。提高经济开发区单位土地地区生产总值产出强度、土地开发利用率。鼓励工业用地长期租赁，引导企业通过提高容积率等方式减少占地规模，防止长期大量圈占土地。建立经济开发区重大项目用地保障机制，确保高科技项目、先进制造业、战略性新兴产业项目供地，对超亿美元的战略性新兴产业重大项目，符合"布局集中、产业集聚、用地集约"要求的，用地计划予以重点保障。	2017年起

资料来源：赛迪智库整理，2018年11月。

第十一章 郑 州

第一节 郑州市服务型制造发展基础

2017年，郑州市经济保持平稳健康发展。全市地区生产总值完成9130.2亿元，同比占全省比重为20.3%，同比增长8.2%，位于全国27个省会城市中第七名。2017年郑州市规模以上工业完成增加值3191.3亿元。增加7.8%。全市规模以上工业总产值2015—2017年分别突破1.4万亿元、1.5万亿元和1.6万亿元，年均净增1000亿元。工业总产值位居中部六省省会城市首位，27个省会城市前列，成功跨入全国大中城市第一方阵，成为全国具有重要影响力的制造业基地。

主要特点为：

（一）规模总量持续壮大，位居全国城市前列

全市规模以上工业总产值2015—2017年分别突破1.4万亿元、1.5万亿元和1.6万亿元，年均净增1000亿元。工业总产值位居中部六省省会城市首位，27个省会城市前列，成功跨入全国大中城市第一方阵，成为全国具有重要影响力的制造业基地。

（二）产业结构不断优化，集群集聚效应凸显

以智能终端（手机）、信息安全为代表的电子信息产业和以新能源客车、高端装备为代表的汽车及装备制造业快速发展。2014年，全市战略性产业比重首次超过资源型产业比重，实现了产业结构调整的重大突破。2017年，战略性产业比重达到55.2%，超过资源型产业比重14.1个百分点，工业结构持续优化。全市拥有国家级新型工业化产业示范基地3个，产业集聚区规模以

上工业增加值占全市工业的比重超过60%。

（三）质量效益明显改善，创新能力快速提升

2017年，全市规模以上工业企业2907家，实现利税1447.7亿元，其中利润总额1050.7亿元，处于全国省会城市先进水平。制造业全员劳动生产率达到31.3万元/人·年，年均增长2.5%。全年工业研发投入完成150亿元，同比增长25%以上，工业研发投入占全社会研发投入的比重超过80%，规模以上企业研究与试验发展经费占地区生产总值的比重为1.64%，研发人员占制造业从业人数的12.6%。全年专利申请量达到50544件，居全国前列。

（四）招商引资成果丰硕，发展后劲显著增强

中国（郑州）产业转移系列对接活动连续在郑州成功举办五届，环渤海、珠三角、长三角产业加快向郑州转移，2015—2017年，成功引进了上汽集团、合晶科技、华为、新华三等一批重大项目，项目签约额突破5000亿元。2015—2017年，全市工业项目投资累计完成4100亿元，有力支撑了全市工业经济发展。

（五）智能制造加快推进，两化融合优势突出

宇通客车、汉威电子等4家企业的5个项目获批国家智能制造试点示范项目。海尔、格力、郑煤机等20家企业建成省级智能工厂（车间）。国家级两化融合试验区综合评价名列全国第五，保持全国先进水平，成功入选中国城市信息化15强，信息消费规模年均增长20%以上，成为拉动经济发展的新动能。

（六）绿色制造助推转型，工业能耗大幅下降

鸿富锦、明泰铝业等5家企业成为国家级"绿色工厂"，国家和省明确的落后产能全部淘汰，电解铝、煤炭等行业过剩产能得到有效化解，30%以上的资源型企业实现向节能环保、非晶、新能源等绿色产业发展的成功转型。2015—2017年，全市万元工业增加值能耗年均下降10%以上，其中：2015年，万元工业增加值能耗下降15.93%，2016年下降13.17%，2017年下降8.59%。

第二节　郑州市服务型制造发展
的主要领域、模式和路径

一、创新设计发展迅速，服务平台日臻完善

郑州市现聚集一批创意工业设计机构，服务于电子科技、汽车制造、医疗器械、服务外包等产业，形成涵盖研发设计、生产加工、代理销售的设计产业链。已入驻知识产权服务、创新设计、软件研发及文化创意企业 203 家，虚拟园区注册企业 56 家，服务企业 400 多家，引进了科技型专家 103 名和美国明尼苏达大学、英国剑桥大学与牛津大学等一批国际知名大学的科研项目，与国内 12 所院校、省内 16 个产业集聚区展开合作，建立起河南中国工业设计协会专家工作委员会。创新设计服务平台同步建成，推动了电子信息、汽车装备、纺织家居等行业建设行业性公共技术研发设计中心。以科研院所、科技园区、孵化器、创业基地等平台为依托积极发展创新设计服务体系，建成了开放共享、专业高效，聚合行业交流、设计研发、检验检测、标准制定、知识产权服务等功能的创新设计公共平台，为中小微企业设计创新提供服务支撑。

二、服务业与制造业融合发展，个性化定制服务广泛推广

郑州市积极在服装、家电、装修等行业推广个性化定制服务，利用互联网信息收集、电商服务平台等手段，按照用户个性化需求定制。开展基于个性化产品设计、生产、服务等商业模式的探索，建立专业的设计平台，使定制化服务能力大幅提升。

在服装行业，企业通过调动上下游产业打通了物流配送道，开拓了人工转机械、机械转自动、自动转智能迭代式发展路径，郑州市的服装企业依靠科技创意和"互联网＋制造"领跑全国，在服装产业的设计、供应、制造、电商分销、产业金融、共享经济等方面提供了良好的典型示范。

在家居行业，以大信橱柜、意利宝为代表的家具生产企业，从简单的板式家具、实木家具，通过产品创新，逐步向整体厨房家具和定制家具演变，有力提升了全市现代居产业的竞争力。大信橱柜建立了企业个性化定制云中心，云中心积累了 10 万个家庭数据，总结出 6000 多种国人喜欢的经典套型，开发了 392 个标准化产品功能模块，通过模块间的自由组合，满足了不同家庭的厨房尺寸和功能要求，实现整体厨房无限制个性化定制，通过云端指令发送到智能化柔性生产线上快速生产，材料利用率达到 90% 以上，交货周期控制到 4 天以内（国际平均水平为 30—45 天），每天可生产 1000 套橱柜，成为中国定制家居行业的龙头企业。

在家电行业，海尔郑州空调互联工厂开启了空调业的"个人定制"时代，消费者可以全流程参与产品设计研发、生产制造、物流配送、迭代升级等环节。在海尔的大规模定制平台上，消费者可以根据个人喜好和实际需求，选择产品的功能、材质、颜色、款式、图案、容积等，有定制需求的部件可以按照个人需求进行选择或自行设计，接到互联网订单后，工厂可以实现自动无人冲片、串片、涨管，效率的提升让订单交付周期减半，目前该工厂已经成为海尔标志性的智能互联示范工厂。

三、产品全生命周期管理深入企业，推动服务型制造发展

郑州市具有技术优势和系统集成能力的制造企业通过创新技术手段和营销模式，提升了在咨询设计、系统集成、项目承接等方面的系统解决能力，从单一的产品生产、销售模式发展为根据用户需求提供设施建设、检验检测、供应链管理、节能环保、专业维修、在线运维等系统服务，实现由设备制造商向系统解决方案服务提供商转变。

四、智能服务新态势，智能服务模式初步形成

郑州市大力推广全生命周期管理服务，通过提升研发设计、维护管理、产品再制造及回收处置能力，延伸产业链条，在汽车装备、数字医疗、智能电网等行业企业整合产业链上下游生产与服务资源，实现提供产品向提供"产品＋服务"转变，通过设备跟踪系统或网络服务平台进行远程监测与数据

采集，开展故障诊断、远程维修、趋势预测等在线支持服务，提供计量检测、协调管理、资源管理、数据管理等增值服务，实现产品的全生命周期管理，涌现出一批典型示范企业。

五、供应链管理体系不断优化，促进新兴产业蓬勃发展

郑州市围绕电子信息、汽车装备等重点产业，以企业业务单元为基础，以市场客户需求为纽带，以订单信息流为中心，实施了以"服务零距离、资金零占用、质量零缺陷"为目标的流程再造工程，实现了集中采购、优化库存、精准供应，产业供应链管理不断优化，形成了一批供应链管理创新示范企业。

在电子信息产业，依托郑州航空港经济综合实验区产业基础，整合现有各类智能终端（手机）产品及零组件交易市场，重点围绕终端产品、核心零组件、外围周边设备等供应链要素，打造智能终端（手机）全球采购交易平台。

在汽车产业，郑州市于2012年开始建设汽车零部件电子采购供应链服务平台，该平台集电子化采购、信息服务、金融服务、物流服务于一体，具有在线服务、线上线下服务能力，为汽车企业提供完善的信息化建设和企业网络化运营等服务。

第三节　郑州市促进服务型制造发展的政策

表 11 - 1　郑州市促进服务型制造发展的政策

序号	政策文件名称	主要政策点	实施期限
		综合类	
1	郑州市人民政府办公厅关于印发《郑州市建设中国制造强市若干政策实施细则》的通知（郑政办文〔2016〕96号）	加大对技术创新示范企业的扶持力度，对通过国家、省认定的技术创新示范企业，分别给予100万元、50万元奖励。健全食品药品安全体系，提高检测检验水平，对购买先进检测检验设备的企业，给予购置设备款的10%最高不超过300万元的一次性补贴。对获得国家生物制品1—14类（治疗和预防）、化学药1—2类、中药及天然药物1—6类新药证书、药品注册证并在郑州市进行生产销售的药品，给予100万元的一次性资金奖励。	2016年起

续表

序号	政策文件名称	主要政策点	实施期限
2	河南省人民政府关于印发《中国制造2025河南行动纲要》的通知（豫政〔2016〕12号）	鼓励大众创业、万众创新。培育市场化新型研发组织、研发中介和研发服务外包新业态，培育制造业众创空间，鼓励"众筹众包，众创众扶"的融资模式和生产方式，进一步加大对新业态创业项目的扶持力度。积极推进大中型企业资源平台化、员工创客化、产品个性化，创新管理机制和分配模式，通过建立工人创客群、技术创客群和社会创客群等，集聚员工智慧、培育创客文化，创出成果、效益和品牌。鼓励龙头企业和科研院所搭建众创空间，开展协同孵化，为小微企业提供装备使用、研发设计、工艺咨询等服务。充分利用产业集聚区、企业闲置场地、大学科技园、小微企业创业示范基地等现有条件，发展"创客"公共服务平台，为处于初创期和成长期的制造企业提供线上线下结合、低成本、便利化的创业载体，打造"互联网+创客+创投+产业"的创新生态圈。明确政府购买创业服务的项目和标准，大力发展创业服务业。	2016年起
3	郑州市人民政府关于印发《郑州市建设中国制造强市若干政策》的通知（郑政〔2016〕29号）	引导企业融入"一带一路"。鼓励企业在"一带一路"沿线及其他重点区域开展境外技术和品牌并购、建立国际营销网络和服务网络、在境外投资设立研发分支机构，对其境外设备购置、场地租赁等费用按不高于5%的比例给予最高100万元补助。对参与"一带一路"沿线国家项目招投标且中标项目使用《目录》中产品年累计在1000万元以上的，按采购金额的1%进行奖励，最高不超过300万元，奖励资金主要用于企业采购本地名优产品方面。对纳入"一带一路"国家重点建设项目的企业，给予重点支持。认真落实国家去产能相关政策，按照《郑州市人民政府关于印发〈郑州市财政支持稳增长调结构促双创增动力十六条实施意见〉的通知》（郑政文〔2015〕187号）支持企业开拓国际市场，并对企业销往国外的产品，按运费的20%给予补贴，单个企业每年最高不超过500万元。	2016年起
4	郑州市人民政府关于印发《郑州市国民经济和社会发展第十三个五年规划纲要》的通知（郑政〔2016〕19号）	一是基本形成以"广州农业信息网""华南农产品交易网""海洋信息网"为核心的涉农信息化服务体系，农业信息化水平不断提升。二是两化融合加快转型升级步伐，国家级、省级两化融合管理体系贯标试点陆续开展。互联网、物联网、大数据等新业态推动传统产业改造升级步伐加快，培育一批互联网+制造业以及总集成总承包、整体解决方案等服务型制造示范企业。	2016年起

续表

序号	政策文件名称	主要政策点	实施期限
5	郑州市人民政府关于印发《郑州市建设中国制造强市若干政策》的通知（郑政〔2016〕29号）	积极培育大企业大集团。鼓励"双百"企业壮大规模拓展实力，充分发挥大型企业支撑引领示范带动作用。实施大型龙头企业和跨国企业培育引进计划，新增一批有国际影响力、竞争力的大型企业（集团）。对首次入选中国500强或在中国500强位次排名较上年前移5位及以上的工业企业，一次性奖励100万元。对年销售收入首次超过1000亿元、500亿元和100亿元的工业企业，进行年度表彰，对支持企业发展专项措施实行"一事一议"。对年销售收入首次超过10亿元和50亿元的战略性新兴产业企业，分别一次性给予50万元和100万元的奖励。以上奖励资金主要用于企业技术改造、项目建设、科技进步等方面。	2016年起
6	河南省人民政府关于印发《河南省深化制造业与互联网融合发展实施方案》的通知（豫政〔2016〕74号）	开展网络协同制造试点，引导制造企业基于工业云平台开展云设计、云仿真、云制造、云服务，提升产业链运行效率。推动个性化定制软件研发和柔性制造平台建设，发展设计定制、生产定制、方案定制、服务定制等个性化定制新模式。推动服务型制造发展，在汽车、家电、装备等制造行业，发展实时监测、故障预警、主动运维、质量诊断等增值服务。	2016年起
7	河南省人民政府关于印发《河南省智能制造和工业互联网发展三年行动计划（2018—2020年）》的通知（豫政〔2018〕14号）	加快制造企业互联网"双创"平台建设。实施制造企业互联网"双创"平台建设工程，支持制造企业建设基于互联网的创业孵化、协同创新、网络众包、投融资等"双创"平台，促进"双创"资源要素整合集聚和开放共享，打造行业专家、技术人员、产业工人等多层次创客团队，建立完善市场化的创新方向选择机制和鼓励创新的风险分担、利益分享机制，营造鼓励员工开发新技术、新产品、新服务的创新创业环境，提升企业整体创新能力和水平。引导制造企业与高等院校、科研院所加强合作，构建产学研用相结合的"双创"体系，促进"双创"资源整合共享。鼓励大型制造企业面向行业和社会开放"双创"资源，发展各类专业化服务，探索从创意到技术、从技术到产品、从产品到产业的孵化模式，打造"双创"生态圈。到2020年，建成一批具有技术与数据资源优势、商业模式成熟的制造企业互联网"双创"平台。	2018年起

续表

序号	政策文件名称	主要政策点	实施期限
8	河南省人民政府办公厅关于印发《河南省国民经济和社会发展第十三个五年规划纲要重点任务及责任分工》的通知（豫政办〔2016〕127号）	深入推进"互联网＋"行动，构建现代互联网产业体系，突出产业提质增效、新业态新模式培育、公共服务模式创新技术支撑能力提升等行动重点，推动国家物联网应用重大示范工程试点省建设。 建设高效泛在的信息网络系统，深入推进"宽带中原"建设，实施信息基础设施投资倍增计划，打造网络强省。实施宽带网络优化升级、通信枢纽建设、三网融合加速、基础服务平台拓展等重点工程。	2016年起
		产业结构与行业发展政策	
1	中共郑州市委郑州市人民政府关于加快推进郑州国家自主创新示范区建设的若干政策意见（郑发〔2016〕12号）	实施科技型企业研发费用后补助政策，对上年主营业务收入不超过2000万元（含）的科技雏鹰企业，按其研发投入的30%进行奖补，最多不超过50万元；对上年主营业务收入在2000万元到1亿元（含）之间的科技小巨人企业，按其研发投入的20%进行奖补，最高不超过150万元；对上年主营业务收入在1亿元到10亿元（含）之间的科技瞪羚企业，按其研发投入的20%进行奖补，最高不超过300万元；对上年主营业务收入超过10亿元且研发投入达3000万元以上的科技创新龙头企业，补助600万元；科技雏鹰企业、科技小巨人企业、科技瞪羚企业和科技创新龙头企业的界定及奖补实施细则，由市科技局会同市财政局制定。	2016年起
2	郑州市激励引导企业加大研发投入实施方案（郑政办〔2017〕132号）	按照省财政厅、科技厅等6部门《河南省企业研究开发财政补助实施方案（试行）》（豫财科〔2017〕166号）规定，对于企业年度研发费用（企业研发费用依据上年度已经税务部门备案的税前加计扣除研发费用数额）500万元以下的部分，补助比例为10%；500万元以上部分，补助比例为5%。具体为： 1. 对一般企业，补助额最高100万元； 2. 对国家科技型中小企业、河南省科技小巨人（培育）企业、高新技术（后备）企业，企业类省新型研发机构，以及建有重点实验室、工程研究中心、企业技术中心等省级研发平台的企业，补助额最高200万元。	2017年起

续表

序号	政策文件名称	主要政策点	实施期限
3	郑州市人民政府关于贯彻落实《国家创新驱动发展战略纲要》的实施意见（郑发〔2016〕13号）	扩大科技对外开放。积极推进科技创新对外合作，以财政资金后补助的形式，鼓励支持郑州市企业设立海外研发中心，引进或共建国际研发机构，进行国际科技合作项目研发，建设国际技术转移机构，开展国际技术交易，创建国家级和省级国际创新园、国际联合研究中心、国际技术转移中心、国际科技合作示范基地，建立院士工作站。对新认定的新型研发机构（包括国内外500强企业在郑设立的研发机构），根据上一年度非财政经费支持的研发经费支出额度可给予不超过20%、最高1000万元的补助。对政府主导的大学、科研院所在郑设立分支机构，一事一议给予支持。	2016 年起
4	郑州市人民政府关于促进大数据产业发展的若干意见（郑政〔2017〕5号）	对大数据企业在郑东新区智慧岛、郑州高新区大数据产业园内自建、购买办公用房的由市财政按投资成本10%的比例给予资金补助，租用办公用房的由市财政给予办公用房租金补助，500平方米以内的租金全额补助，500平方米以上部分租金补助减半，补助期为3年。	2017 年起
5	郑州市人民政府加快建设现代国际物流中心的实施意见（郑政〔2017〕45号）	建设全国领先的郑欧班列多式联运综合服务信息平台、郑州机场航空物流信息平台、郑州国际物流园区物流公共信息服务平台、跨境电子商务通关服务平台、中铝有色金属交易信息平台等物流信息服务平台。在冷链、医药、有色金属、粮食、煤炭等行业，建设完善一批区域性、行业性的专业物流信息平台。构建"互联网+"高效物流体系，形成集物流、信息流、资金流于一体的智慧物流生态体系。围绕"互联网+"高效物流行动计划，推动移动互联网、云计算、大数据、物联网与物流业结合。	2017 年起
6	郑州市人民政府加快现代物流业转型发展的实施意见（郑政〔2017〕44号）	加大对物流总部企业支持。落户奖励：经郑州市认定的新设立总部企业，按照在郑州市实缴注册资本给予奖励，最高不超过1000万元。经营贡献奖：依据上一年度纳入本市统计核算的营业收入情况给予奖励，奖励金额以500万元为上限。办公用房补助：新购建的自用办公用房（不含配套用房和附属设施），按每平方米1000元的标准给予一次性补助，最高不超过500万元。租用总部自用办公用房，3年内按租金市场价（或实际发生额）的30%给予租房补助，每年最高不超过200万元。	2017 年起

续表

序号	政策文件名称	主要政策点	实施期限
7	郑州市人民政府关于促进服务外包产业快速发展的实施意见（郑政〔2017〕29号）	按照《国务院关于促进服务外包产业加快发展的意见》（国发〔2014〕67号）和商务部等九部委《关于新增中国服务外包示范城市的通知》（商服贸函〔2016〕208）文件精神，落实国家针对中国服务外包示范城市相关优惠税收政策，即经认定的技术先进型服务企业减按15%税率缴纳企业所得税；经认定的技术先进型服务企业职工教育经费不超过工资薪金总额8%的部分，准予在计算应纳税所得额时扣除，超过部分，准予在以后纳税年度结转扣除；国际服务外包增值税零税率和免税等政策，增强企业自身发展和创新动力。	2017年起
8	关于印发《河南省发展服务型制造专项行动指南（2017—2020）》的通知（豫工信产融〔2016〕279号）	由省工业和信息化委牵头，会同有关部门建立的部门协调机制，加大统筹协调，紧密跟踪产业发展态势，及时协调解决矛盾问题，全面推进本行动指南的各项任务。各省辖市、直管县（市）工业和信息化主管部门要高度重视服务型制造发展工作，统一思想，提高认识，结合当地产业发展实际，制订本地服务型制造推进方案。要积极发挥行业组织的桥梁纽带作用，推动成立"河南省服务型制造推进联盟"，开展关键共性技术攻关、标准制定和公共服务平台建设。	2016年起
9	郑州市人民政府关于大力推进郑州市国家电子商务示范城市创建的若干意见（郑政文〔2013〕237号）	持本地电子商务企业做大做强。经认定为国家、省级电子商务示范企业的，分别按照100万元、60万元的标准给予一次性奖励。支持引进知名电子商务企业。对行业国际排名前十名或行业国内排名前三名的知名电子商务企业在郑州设立总部，按照一事一议的政策进行支持。支持电子商务代运营企业。为传统企业提供咨询策划、技术支持、运营推广、营销策划、客服管理、销售数据分析等电子商务服务。市财政对本市注册且年服务费收入100万元以上的电子商务代运营企业，按年服务费的10%给予资金支持，同一企业每年支持资金最高不超过100万元，可连续支持3年。	2013年起
10	郑州市人民政府关于加快推进跨境电子商务发展的实施意见（郑政〔2018〕4号）	（一）推动跨境电商在线交易。对利用第三方电子商务平台或自营平台开展跨境电子商务、年进出口在线交易额达到100万美元以上的企业，给予在线交易额5%的资金扶持，每家企业资金扶持不超过300万元。 （二）鼓励传统外贸企业转型。对开展跨境电子商务、年进出口交易额达到200万美元以上的企业，给予用于跨境电子商务的网络广告、第三方电子商务平台、网站建设的支出费用30%的资金扶持，每家企业资金扶持不超过300万元。	2018年起

续表

序号	政策文件名称	主要政策点	实施期限
11	郑州市人民政府关于促进大数据产业发展的若干意见（郑政〔2017〕5号）	对于落户郑东新区智慧岛、郑州高新区大数据产业园内投资1亿元以上的大数据产业项目，市财政按总投资20%（不含房屋基础建设）的比例给予补贴。支持企业投资建设专业化研发技术平台、数据处理分析平台、数据运营和交易平台、咨询及信息服务平台、成果转化服务平台、大数据交易平台等大数据公共服务平台；支持面向农业、农村的综合信息服务平台和农产品溯源平台项目的建设。对在郑东新区智慧岛、郑州高新区大数据产业园内投资300万元以上的大数据公共服务平台，建成验收合格并投入运行后，市财政按项目设备投资额的20%予以资金支持，最高不超过200万元。	2015年起
财政金融类			
1	郑州市人民政府办公厅关于加快金融租赁行业发展的实施意见（郑政办〔2017〕44号）	壮大先进制造业集群。全面提升制造业创新能力和创新能力，在高端装备、电子信息、汽车及零部件等领域，培育一批国际知名创新型领军企业，打造若干具有国际竞争力的产业集群。发展壮大新一代智能终端、电子核心基础部件、智能制造装备、生物医药、高端合金材料等新兴产业。	2017年起
2	河南省人民政府关于创新重点领域投融资机制鼓励社会投资的实施意见（豫政〔2015〕14号）	积极推进企业资产证券化。支持省内企业与证券公司、基金管理公司子公司等金融机构合作，在重点领域选择流动性不强但可产生预期稳定现金流的企业应收款、信托收益权等财产权利，以及基础设施、商业物业等不动产或不动产收益权作为基础资产，授权通过打包、评级等手段，发行以基础资产产生的现金流为偿付支持的证券，回收现金，再投入重点领域。	2015年起
3	河南省人民政府关于印发《河南省专利奖励办法》的通知（豫政〔2017〕28号）	河南省专利奖每两年评审一次。每次评审特等奖不超过2项，一等奖不超过5项，二等奖不超过18项，三等奖不超过25项，其中授予发明专利的奖励均不少于70%。奖励金额为特等奖每项30万元，对特别重大的发明专利，根据其价值和影响可给予特殊奖励，金额不超过100万元；一等奖每项10万元，二等奖每项3万元，三等奖每项1万元。获得中国专利奖的河南省项目，采取以奖代补方式给予资金支持，标准参照省特等奖、一等奖。河南省专利奖奖金由省财政列支。	2017年起

续表

序号	政策文件名称	主要政策点	实施期限
		<div align="center">科技类</div>	
1	河南省人民政府关于创新机制全方位加大科技创新投入的若干意见（豫政〔2014〕64号）	支持科技创业投资发展壮大。建立科技创业投资风险补偿机制，完善科技创业投资政策环境。发挥河南省股权投资引导基金的作用，引导社会资本创办科技创业投资机构，支持境内外风险投资机构参股河南省科技创业投资机构，壮大河南省科技创业投资规模，重点投资处于成长期的科技型中小企业。外资参股河南省科技创业投资机构，实行出资承诺制，按项目投资进度实际出资，投资于省内科技型中小企业的，给予结汇便利。创业投资企业采取股权投资方式，投资于未上市的中小高新技术企业2年以上的，可以按照其投资额的70%，在股权持有满2年的当年抵扣该创业投资企业的应纳税所得额；当年不足抵扣的，可以在以后纳税年度结转抵扣。	2014年起
2	河南省科技创新"十三五"规划	充分发挥政府创新创业专项基金的引导作用，采用跟进投资、风险补偿、直接投资等方式，引导创投机构加大对创新的支持力度。创新科技金融产品和服务，综合运用业务补贴、绩效奖励、资本注入、政府购买服务等方式，鼓励银行业、金融机构开展知识产权质押贷款、股权质押贷款等业务。支持社会资金捐赠资助科技创新活动，积极鼓励个人、联合体以及各种组织以承包、租赁、合作等形式进入科技研领域，鼓励社会团体或个人在高校院所设立创新活动基金。推进省科技金融服务平台建设，提供全方位、专业化、定制化融资解决方案和"一站式"投融资服务，拓宽高新技术企业、科技型中小企业的融资渠道，提升社会资本投向科技创新的效率。	2016年起
		<div align="center">人才类</div>	
1	中共河南省委、河南省人民政府关于深化人才发展体制机制改革加快人才强省建设的实施意见（豫发〔2017〕13号）	实行更具吸引力的人才引进措施。对全职引进和河南省新当选的院士等顶尖人才，省政府给予500万元的奖励补贴，其中一次性奖励300万元，其余200万元分5年逐年拨付。对院士等顶尖人才，在岗期间用人单位可给予不低于每月3万元的生活补贴；对国家"千人计划""万人计划"入选者、国家杰出青年科学基金获得者、长江学者等高端人才，在岗期间用人单位可给予不低于每月2万元的生活补贴。省财政设立中原院士基金，用于对院士等顶尖人才和国家"千人计划""万人计划"入选者等高端人才的科研经费支持等，经评估根据实际需要确定资助额度，用人单位可给予一定比例配套支持。对产业领军人才和团队带项目、带技术、带成果来豫创新创业和转化成果的，经评估由省级政府引导基金给予不超过全部股权20%的基金支持，当地政府可在土地保障、平台建设、科研项目等方面给予重点支持。对能创造重大经济效益和社会效益或带动重大创新平台落户的创新创业团队，一事一议，特事特办。	2017年起

续表

序号	政策文件名称	主要政策点	实施期限
2	中共郑州市委、郑州市人民政府关于引进培育创新创业领军人才（团队）的意见（郑发〔2015〕9号）	专项资金来源主要通过整合财政涉及科技研发与技术提升、工业结构转型、促进现代服务业发展、引进人才等政策中相关的资金，重点从产业发展与科技引导资金中安排，并实行总量控制。	2015年起
3	中共河南省委办公厅河南省人民政府办公厅关于实行以增加知识价值为导向分配政策的实施意见（厅文〔2017〕36号）	完善哲学社会科学研究领域项目经费管理制度。探索对哲学社会科学研究成果实行后期资助和事后奖励制度，对符合条件的智库项目，探索采用政府购买服务制度，项目资金由项目承担单位按照服务合同约定管理使用。修订完善省级哲学社会科学项目管理办法，明确劳务费开支范围，加大对项目承担单位间接成本补偿和科研人员绩效激励力度。	2017年起
4	中共河南省委组织部河南省人力资源和社会保障厅关于印发《关于加强河南省高层次专业技术人才队伍建设的实施方案》的通知（豫人社〔2017〕85号）	对引进的高层次人才、急需紧缺人才及业绩特别突出的人才，可不受单位结构比例和岗位限制，通过特设岗位、动态调整岗位设置等多种方式评聘专业技术职务；对具有高级专业技术职务和博士学位的人员，可采取直接考核的办法招聘，其无档案的，经过组织查证核实程序后其工资档次可实行无档案身份认定；在外省、市已具有相应专业技术资格的人员，来河南省工作的，直接确认其资格；对符合条件的海外归国高层次人才，可直接考核认定其高级专业技术职务；对特殊人才实行"一人一策"。	2017年起
		就业创业类	
1	郑州市引进培育创新创业领军人才（团队）专项资金管理办法（暂行）（豫政办〔2011〕88号）	海外高层次留学人才随迁配偶需要就业的，由引进单位妥善安置。随海外高层次留学人才生活的未成年子女，无论是否具有中国国籍，可选择在当地公办学校就读，当地教育部门要为其协调办理入学手续。入选国家"千人计划"和河南省"百人计划"的海外高层次留学人才的中国籍子女参加普通高等学校招生入学考试，总分加20分；外国籍子女报考国内高等院校的，按照招收外国留学生的有关规定优先录取，报考河南省省属院校的，学费按本地学生标准收取。建立多渠道筹措扶持海外留学人才资金机制，鼓励海外留学人才来豫创业。建立健全包括政府资助、银行贷款、创业投资、技术产权交易等在内的投融资机制，帮助海外留学人才解决创业资金困难问题。对来豫创业、符合条件的海外高层次留学人才，省委、省政府给予一次性资金奖励，创业所在地3年内免费提供100平方米的办公用房、100平方米的生产用房和100平方米的居住用房。	2011年起

序号	政策文件名称	主要政策点	实施期限
2	河南省人民政府关于强化实施创新驱动发展战略进一步推进大众创业万众创新深入发展的实施意见（豫政〔2018〕8号）	支持留学人员、华侨华人来豫创新创业。实施留学人员来豫创新创业启动支持计划和产业集聚区企业创新人才引进项目扶持计划，吸引更多高素质留学人才来豫创新创业。建设海外人才离岸创新创业基地，搭建与国际规则接轨，具有引才引智、创业孵化、专业服务保障等功能的国际化综合性创业平台。建设侨商产业集聚区，打造华侨华人创新创业平台。在条件成熟的地方设立海外人才工作联络站，支持华侨华人在海内外建设高水平国际化科技创新创业基地。建设"海峡两岸青年创业基地"，支持台湾青年人才申报河南省创业创新领军人才。	2018年起
3	河南省人民政府关于大力推进大众创业万众创新的实施意见（豫政〔2016〕31号）	将小额担保贷款调整为创业担保贷款，个体创业担保贷款最高额度为10万元；对合伙经营和组织起来创业的，贷款最高限额50万元；对劳动密集型小企业，贷款最高限额200万元。对创业项目前景好，但自筹资金不足且不能提供反担保的，通过诚信度评估后，可采用联保或担保机构认可的其他反担保方式，符合条件的，可按规定给予创业担保贷款扶持。完善失业保险基金补充创业贷款担保基金操作办法，不断扩大创业贷款担保基金规模。在坚持财政筹集创业贷款担保基金主渠道、保证失业保险待遇正常支付的前提下，统筹地方每年可按需借用部分失业保险基金补充创业贷款担保基金。对符合条件的城镇登记失业人员、就业困难人员、复员转业退役军人、高校毕业生、返乡农民工、农村网商、刑释解教人员以及劳动密集型小微企业使用的创业担保贷款给予一定贴息补贴。	2016年起
土地类			
1	河南省人民政府办公厅关于促进产业集聚区和开发区改革创新发展的实施意见（豫政办〔2017〕159号）	积极争取并完善落实国家关于开发区发展的各项政策。加大产业集聚区投资发展等相关基金投放力度，支持产业集聚区提质转型创新发展。深入落实国家和省降成本各项政策措施，降低企业生产经营成本。省有关部门要根据职责，制定完善财政、金融、土地、人才、安全监管等方面的政策措施。各地要结合本地实际制定完善针对性配套政策。	2017年起

资料来源：赛迪智库整理，2018年11月。

第十二章　苏　　州

第一节　苏州市服务型制造发展基础

2017 年全市规上工业总产值达到 3.20 万亿元，工业增加值达 6900 亿元，同比增长 6.6%，工业对苏州地区生产总值贡献率近 43%。全市工业企业总数超 16 万家，规模以上企业超 1 万家，工业产值超百亿元企业达 30 家。拥有世界 500 强企业 2 家（恒力集团、沙钢集团）。

战略性新兴产业和高新技术产业快速发展，2017 年全市实现制造业新兴产业产值 1.63 万亿元，占全市规模以上工业的比重达 50.8%。高新技术产业产值 1.53 万亿元，占规上工业比重为 47.8%。具有高技术含量、高人才资本含量和低消耗、对资源依赖程度较低特征的成长型现代服务业快速发展。2017 年服务业增加值超 8700 亿元。全年完成工业技改投资 1400 亿元，占工业投资的比重达 70.5%；工业新兴产业投资 1308 亿元，高新技术产业投资 703 亿元，占工业投资比重分别达 65.9% 和 35.4%。

主要特点为：

（一）整体规模有所提高

苏州市生产性服务业稳步发展，促进了产业结构由"两头在外"向价值链两端转型，推进了全市国际竞争力先进制造业基地的建设。2017 年苏州市生产性服务业增加值近 5000 亿元，占 GDP 的比重约 29.2%，与上年基本持平。

（二）发展成效逐步显现。

全市围绕重点领域、重点行业，初步形成了覆盖软件、工业设计、电子商务等的政策体系，先后被列为全国服务外包、电子商务示范城市、创建中国软件名城试点城市。软件和信息服务业销售收入同比增长10.4%，电子商务交易额同比增长近20%，限额以上批发和零售业实现互联网零售额同比增长60.8%。

（三）集聚集约日益加强

昆山花桥国际商务城等3家集聚区获评省生产性服务业集聚示范区，累计共有8家省生产性服务业集聚示范区。其中，昆山在工业设计、软件产业，吴江在纺织品检测，吴中区在检验检测认证，工业园区在服务外包，高新区在科技服务、节能环保服务等领域已具有一定的产业规模和影响力。

（四）重点领军企业队伍进一步壮大

2017年全市共有5家企业获评2017年省级生产性服务业领军企业，累计共有9家企业，占全省总数的21%。领军企业在业内的示范引领作用日益显著。

第二节　苏州市服务型制造发展的主要领域、模式和路径

一、实现制造业与服务业双向融合，协同发展

苏州市启动服务型制造推进工作以来，累计获评国家级服务型制造示范平台1家；省级服务型制造项目14个，示范企业28家，培育企业7家；市级服务型制造示范企业68家，扶持资金共4518万元。鼓励传统制造型企业向模式创新、协同研发、系统集成、工程设计、检测服务、体验电商等服务化方向转型，推动自主品牌企业从单纯制造产品向提供"制造＋服务"转变，占领价值链微笑曲线高端环节，改善供给体系的质量和效益。

通过加快推进服务型制造，2017年，全市实现服务业增加值8861.65亿元，同比增长8.2%，高出GDP增速1.1个百分点，高出工业增加值增速2.2个百分点。服务业增加值占GDP的比重达51.2%。服务业对GDP的贡献率达

到 58.6%，成为支撑苏州经济增长的重要力量。规模以上服务业企业实现营业收入 2541.8 亿元，比上年增长 11.8%，其中规模以上信息传输、软件和信息技术服务业企业营业收入比上年增长 39.4%，全市前 100 强规上服务业企业营业收入占比达 59.3%。

二、传统产业转型速度加快，助推制造业高效提升

苏州市生产性服务业稳步发展，推动全市广大制造业企业更加专注核心业务，提升产品附加值，降低经营成本，进而提升企业竞争力，同时也促进了产业结构由"两头在外"向两端延伸，推进了苏州市国际竞争力先进制造业基地的建设。2017 年全市生产性服务业增加值达到 4962.52 亿元，占 GDP 的比重接近 30%。

苏州市生产性服务业重点发展领域中有代表性的：

一是现代物流业。全市社会物流总额为 50798.07 亿元，同比增长 5.11%；全市社会物流总费用 2371.58 亿元，同比增长 5.17%，社会物流总费用与 GDP 的比为 13.7%，比上年下降 0.9 个百分点，港口物流加快发展。苏州港港口货物吞吐量 6.05 亿吨，集装箱吞吐量 587.52 万标箱，分别比上年增长 4.4% 和 7.2%。快递行业持续快速增长，全年发送快递 10.45 亿件，增长 22.8%，实现快递业务收入 134.05 亿元，增长 17.4%。

二是信息和软件业。全年实现软件和信息服务业销售收入 2232.5 亿元，同比增长 10.4%，实现利润总额 209 亿元，同比增长 4.5%，继续保持国内第九、省内第二的位置。软件产业重点园区项目加快集聚。

三是工业设计。苏州工业设计产业增加值约 140 亿元；现有起步发展中的专业第三方工业设计企业 100 余家，年营业收入已近 5 亿元；在建工业设计项目 33 个，总投资 3.2 亿元。

四是电子商务。2017 年电子商务交易额达到 1.1 万亿元，同比增长近 20%，全年限额以上批发和零售业实现互联网零售额 440.91 亿元，比上年增长 60.8%。持续推进跨境电商综试区建设。截至 2017 年底，在苏州跨境电商综试区线上综合服务平台登记备案企业近 300 家，备案商品 17036 种，累计实现跨境电商 B2B 出口额超 70 亿元人民币。

第三节　苏州市促进服务型制造发展的政策

表 12-1　苏州市促进服务型制造发展的政策

序号	政策文件名称	主要政策点	实施期限
		综合类	
1	中共江苏省委江苏省人民政府关于印发《中国制造 2025 江苏行动纲要》的通知（苏发〔2015〕16 号）	创新创造能力增强。拥有一批战略性核心关键技术和有国际影响力的知名自主品牌，产品附加值明显提高。高新技术企业达到 10000 家。规模以上工业企业研发经费内部支出占主营业务收入比重达到 1.3%，企业每万名职工中科技人员数提高到 90 人，工业企业每百亿元产值发明专利授权量 87 件。品牌附加值和品牌经济比重不断提高。 两化融合水平提升。新一代信息技术在制造业重点领域应用取得明显进展，两化融合发展水平总指数达到 98。企业普遍依托互联网开展协同创新、智能制造、融合服务，建成 1000 个智能工厂（车间）。产业结构持续优化。战略性新兴产业产值占制造业比重达到 33%，传统产业改造提升成效显著，制造业服务化新业态新模式不断涌现，生产性服务业增加值占服务业比重达到 58%。培育一批世界级的行业龙头骨干企业和跨国企业集团，营业收入超百亿元工业企业（集团）达到 150 家，超千亿元 6 家。	2015 年起
2	关于印发《苏州市经济和信息化委员会 2017 年工作要点》的通知（苏经信综法〔2017〕5 号）	引导和支持制造企业由主要提供产品制造向提供产品和服务转变，鼓励优势制造业企业业务流程再造，培育具有整合全球资源能力的大型集成商，面向行业提供专业化服务。培育壮大数字经济、创意经济、分享经济等新业态，推广集成总承包、全生命周期管理、在线支持服务、融资租赁服务等新模式。全年争创省级以上服务型制造示范企业 5 家，省级以上服务型制造示范项目 5 项，培育和评选一批市级示范企业和示范项目。	2017 年起
3	江苏省政府办公厅关于印发《江苏省"十三五"智能制造发展规划》的通知（苏政办发〔2017〕83 号）	统筹规划，分类施策。加强顶层设计，总体谋划部署，构建以企业为主体、政府为引导、服务平台为支撑的智能制造推进机制，统筹协同推进。注重点面结合，引导重点企业制定智能制造总体实施方案，加快智能化改造。根据行业特点，结合企业发展基础，分类引导、并行推进，加快智能制造发展。	2017 年起

续表

序号	政策文件名称	主要政策点	实施期限
		产业结构与行业发展政策	
1	苏州市政府关于印发《苏州市开放型经济"十三五"发展规划》的通知（苏府〔2017〕59号）	培育服务贸易市场主体，推动各类资源向服务贸易企业倾斜，扶持一批服务贸易重点企业加速发展，扩大服务贸易出口。创新服务贸易发展模式，开展"互联网＋服务贸易"的探索，促进技术、金融等服务贸易领域加快发展。提升服务贸易便利化水平。针对服务贸易相关货物产品特色，创新通关管理模式，依托苏州海关特殊监管区规模大、种类多的优势，发展海关特殊监管区特色服务贸易。以企业信用平台为依托，创新事中事后监管。营造接轨国际的服务贸易发展良好环境，提高苏州服务的国际竞争力。"十三五"期间，力争服务贸易年均增长15%左右，实现总量翻番目标。	2017年起
2	江苏省政府办公厅关于印发《江苏省"十三五"现代产业体系发展规划》的通知（苏政办发〔2016〕141号）	推进互联网平台经济建设。推进"互联网＋"模式建设，加快发展B2C、B2B等电商、平台运营商，构建互联网平台生态圈。重点支持行业龙头企业建设面向行业生产要素配置及供应链管理的综合交易平台。支持智能装备制造企业面向行业装备、制造管理的服务平台。	2016年起
3	江苏省政府关于印发《进一步加快发展现代服务业若干政策》的通知（苏政发〔2010〕117号）	对符合《目录》、列入年度省服务业重点项目投资计划的现代物流、电子商务、三网融合、增值电信、工业设计、品牌会展、科技服务、人力资源服务项目给予重点支持，符合条件的由省级现代服务业发展引导资金给予一次性奖励。	2010年起
4	关于印发《江苏省"十三五"节能规划》的通知（苏经信节能〔2016〕503号）	结构节能初见成效。"十二五"以来，服务业稳步发展，2015年，全省服务业增加值达3.4万亿元，第三产业增加值占地区生产总值比重达48.6%，比2010年提高7.2个百分点，实现产业结构"三二一"标志性转变。实施十大战略性新兴产业推进方案，多措并举促进节能环保产业等新兴产业发展，新兴产业销售收入年均增长超20%。大力实施创新驱动发展战略，扎实开展创新型省份建设试点，高新技术产业产值6.1万亿元，占规上工业总值比重达40.1%，比2010年提升7.1个百分点。提前两年完成国家下达的"十二五"淘汰落后产能目标任务，累计压减或化解过剩行业产能：钢铁产能852万吨、水泥3248万吨、平板玻璃689万重量箱、电解铝10万吨、船舶670万载重吨。	2016年起

续表

序号	政策文件名称	主要政策点	实施期限
5	江苏省政府办公厅关于加快电子商务发展的意见（苏政办发〔2014〕60号）	鼓励电子商务及相关服务企业参加各类资格条件、企业类别认定，符合条件的同等享受相关税收优惠政策。对电子商务企业发生的符合规定的研发费用，未形成无形资产计入当期损益的，在按规定据实扣除的基础上，按研发费用的50%加计扣除；形成无形资产的，按照无形资产成本的150%摊销。对缴纳房产税、城镇土地使用税确有困难的电子商务企业，经有关部门批准后，可按规定减免相关税收。	2014年起
6	江苏省政府办公厅关于印发《江苏省"十三五"现代产业体系发展规划》的通知（苏政办发号〔2016〕141号）	顺应文化产业与相关产业融合发展的趋势，文化产业与制造业、信息产业、建筑业、现代农业、服务业等产业的跨界融合日趋深入，产业边界日趋模糊；文化元素日益融入相关产业，文化越来越成为产业创新的源泉和转型升级的动力。江苏是制造业大省，文化产业的蓬勃发展，将为"江苏制造"向"江苏创造"和"江苏智造"转型提供强力引擎。	2016年起
7	江苏省政府办公厅关于推进制造业与互联网融合发展的实施意见（苏政办发〔2016〕161号）	落实增值税优惠政策，支持制造企业基于互联网独立开展或与互联网企业合资合作开展新业务。落实研发费用加计扣除、高新技术企业等所得税优惠政策，积极研究完善科技企业孵化器税收政策。选择一批重点城市和重点企业开展产融合作试点，支持开展信用贷款、融资租赁、质押担保等金融产品和服务创新。鼓励金融机构利用"双创"平台提供结算、融资、理财、咨询等一站式系统化金融服务，进一步推广知识产权质押，创新担保方式，积极探索多样化的信贷风险分担机制。	2016年起
8	苏州省政府关于加快培育先进制造业集群的指导意见（苏政发〔2018〕86号）	重点培育行业龙头骨干企业。聚焦集群骨干企业培育，实施"百企引航、千企升级"计划，分类制定培育政策措施，开放省内市场支持企业成长壮大，形成一批具有国际影响力的名企、名品、名牌。	2018年起
9	江苏省政府办公厅关于印发《智慧江苏建设三年行动计划（2018—2020年）》的通知（苏政办发〔2018〕70号）	制定并发布工业互联网平台建设指南，组织开展国家和省级工业互联网平台培育和认定工作，力争建成2—3个国内领先的跨行业跨领域工业互联网平台、10个在国内有较大影响力的行业工业互联网平台、20个省工业互联网示范平台。组织制定和发布工业互联网标杆工厂、星级上云企业、"互联网＋先进制造业"特色基地建设标准和认定办法，重点建设10家工业互联网建设与应用创新中心，打造100家工业互联网标杆工厂，新增10万家企业上云，重点打造星级上云企业，在全省重点产业园区中创建30家"互联网＋先进制造业"特色基地。	2018年起

续表

序号	政策文件名称	主要政策点	实施期限
10	江苏省政府关于加快培育先进制造业集群的指导意见（苏政发〔2018〕86号）	建设高水平新型企业创新载体。梳理集群产业链的关键环节、薄弱环节，确定一批重点骨干企业建设高水平的企业技术中心、工程（技术）研究中心、重点实验室、工程实验室等研发机构，推进以企业为主导的制造业创新中心、技术创新中心、产业创新中心、协同创新中心等新型研发机构建设。重点支持产业链龙头企业，联合上下游，整合创新资源要素，组建"企业＋联盟"协同创新的制造业创新中心，采取政府支持、股权合作、成果共享的市场化运作机制模式，突破关键环节核心技术短板，实现产业链水平整体跃升。力争到2020年，每个集群建成1家以上省级制造业创新中心。到2025年，集群共创建3—5家国家级制造业创新中心。	2016年起
11	江苏省政府印发《关于进一步降低企业负担促进实体经济高质量发展若干政策措施》的通知（苏政发〔2018〕136号）	调整印花税核定征收标准。自2018年12月1日起，印花税的核定标准调整为：工业企业按产品销售收入70%，商业企业、外贸企业按商品销售收入40%核定征收，其他行业按应税金额的80%核定征收。允许符合条件的财政性资金准予作为企业所得税不征税收入。企业从县级以上财政部门及其他部门取得的应计入收入总额的财政性资金，凡符合条件的，可以作为不征税收入，在计算应纳税所得额时从收入总额中减除。	2018年起
财政金融类			
1	关于印发《江苏省小型微型企业创业创新示范基地建设管理办法》的通知（苏中小综合〔2016〕778号）	各市、县（市、区）中小企业主管部门要加大对小型微型企业创业创新示范基地建设的推进力度，进一步完善政策措施，加强管理，建立基地培育信息库，及时掌握基地的建设和运营情况，并给予引导和扶持，符合条件的基地推荐申报省级示范基地。	2016年起
2	苏州市政府关于印发《苏州市市级政府投资项目资金管理暂行办法》的通知（苏府〔2017〕16号）	项目建设涉及的策划、勘查、设计、咨询、评价、评估、监理等服务性收费，应按政府采购或招投标有关制度要求确定实施单位和费用；涉及的各类行政事业性收费，应按行政事业性收费标准确定相关费用。项目发生的土地征用及迁移补偿费，应按土地征用和房屋征收补偿有关办法确定相关费用。项目建设管理费，应按建设管理费有关办法确定相关费用。建设管理费的拨付需经项目主管部门和财政部门审批，在项目竣工决算前一般拨付不超过初步设计概算控制额度的70%。	2017年起

续表

序号	政策文件名称	主要政策点	实施期限
3	苏州市政府关于印发《苏州市政府投资项目管理暂行办法》的通知（苏府〔2015〕112号）	政府投资项目类别主要包括： （一）农业、水利、能源、交通、城乡公用设施等基础设施项目； （二）教育、文化、卫生、体育、社会保障、生态建设、环境保护、资源节约等涉及民生的公益性项目； （三）科技进步、高新技术、信息化工程、现代服务业等国家和省重点扶持的产业发展项目； （四）政府公共服务设施项目； （五）政府投资建设的其他项目。	2015年起
4	江苏省政府印发《关于进一步降低企业负担促进实体经济高质量发展若干政策措施》的通知（苏政发〔2018〕136号）	实国务院进口关税税率调整政策。自2018年11月1日起，降低1585个税目工业品等商品进口关税税率，将部分国内市场需求大的工程机械、仪器仪表等机电设备平均税率由12.2%降至8.8%，纺织品、建材等商品平均税率由11.5%降至8.4%，纸制品等部分资源性商品及初级加工品平均税率由6.6%降至5.4%，并对同类或相似商品减并税级。	2018年起
科技类			
1	江苏省政府关于印发《江苏省大数据发展行动计划》的通知（苏政发〔2016〕113号）	完善大数据产业生态。在数据采集、整理、分析、发掘、展现、应用等领域突破关键技术，制定发布一批大数据技术标准和应用规范。建立政、产、学、研、金、用联动，大中小企业协调发展的大数据产业体系和公共服务支撑体系，带动相关产业产值超过1万亿元。到2020年，全省大数据产品和服务广泛应用，企业集聚度和创新研发能力显著提高，形成较为完善的大数据生态产业链。建成10个省级大数据产业园，建成一批大数据产业（交易）中心，引进培养100名大数据领军人才，60%的软件企业实现服务化转型，培育5家业务收入超100亿元、50家业务收入超10亿元的大数据龙头企业。	2016年起
2	中共江苏省委江苏省人民政府关于加快建设知识产权强省的意见（苏发〔2015〕6号）	加强知识产权法制建设，研究制定《江苏省知识产权促进条例》《江苏省商业秘密保护条例》等地方性法规。强化知识产权行政执法机构和队伍建设，优化行政执法资源配置，加快建立集中统一的知识产权执法机制。进一步推进知识产权民事、行政和刑事司法审判"三合一"改革，争取设立知识产权法院，规范和完善知识产权司法鉴定工作，提高知识产权审判质量。推进行政执法与司法保护的衔接，加强信息共享平台建设，完善案件移送、案情通报、信息共享、委托调解、沟通协调等制度，努力形成知识产权保护合力。	2015年起

序号	政策文件名称	主要政策点	实施期限
人才类			
1	江苏省创业大学培训辅导管理暂行办法	为加强中小企业培训工作，规范创业大学管理，进一步提升创业大学培训质量和效果，切实维护好创业大学品牌，使创业大学成为政府联系中小企业的桥梁纽带、服务中小企业的主要抓手。	2016 年起
2	中共苏州市委苏州市人民政府印发《关于进一步推进人才优先发展的若干措施》的通知（苏委发〔2016〕28 号）	顶尖人才"引领工程"。未来五年，重点培养一批具有成长为两院院士潜力的人才，并争取入选 2—3 名，给予入选人才 200 万元奖励，并给予培养单位 500 万元奖励。引进中国或发达国家院士、国家最高科技奖获得者等顶尖人才的，按"一事一议"给予支持，并给予引才单位最高 500 万元奖励。围绕重大产业发展的核心技术需求，引进 5—10 个重大创新团队，给予 1000 万—5000 万元项目资助，并给予引才单位 100 万元奖励。	2016 年起
3	关于印发《苏州市高技能人才专业技术职称评审办法（试行）》的通知（苏人保〔2013〕12 号）	具备以下条件之一者，可申报助理工程师资格：1. 取得大专学历后从事本职业技能工作 3 年以上，并取得高级工证书满 4 年或取得技师证书；2. 取得中专（职高、技校）学历后从事本职业技能工作 5 年以上，并取得高级工证书满 4 年或取得技师证书；3. 不具备规定的学历，高中毕业后，从事本职业技能工作 10 年以上（或高中以下学历，从事本职业技能工作 15 年以上），并取得高级工证书满 4 年或取得技师证书。	2013 年起
4	关于印发《苏州市高层次人才享受住房公积金支持政策管理办法》的通知（苏房金〔2018〕79 号）	根据高层次人才及其共同借款人有两人（含）以上共同参与计算可贷额度或仅高层人才本人参与计算可贷额度的不同情形，按月公积金缴存额（还款能力）或按公积金个人账户余额倍数两种方法之一计算可贷额度。	2018 年起
就业创业类			
1	省政府关于深入推进大众创业万众创新发展的实施意见（苏政发〔2018〕112 号）	全面落实《省政府关于加快推进"互联网＋"行动的实施意见》，在制造业、普惠金融、现代农业、电子商务、现代物流、智慧能源、绿色生态和政务服务等领域，加快打造"互联网＋"融合发展新模式，鼓励发展基于互联网的新技术、新产品、新服务和新业态创新，增强各行业竞争力。实施"互联网＋小微企业"行动计划，推动小微企业利用互联网技术和资源提升创新力和生产力。	2018 年起

续表

序号	政策文件名称	主要政策点	实施期限
2	江苏省人民政府关于做好当前和今后一段时期就业创业工作的实施意见（苏政发〔2017〕131号）	以新一代信息和网络技术为支撑，加强技术集成和商业模式创新，推动平台经济、众包经济、分享经济等创新发展。改进新兴业态准入管理，加强事中事后监管，健全包容审慎的监管机制。将鼓励创业创新发展的优惠政策向新兴业态企业全面开放，符合条件的新兴业态企业均可享受相关财政、信贷等优惠政策。鼓励银行机构创新金融产品和服务，满足新兴业态企业的金融需求。完善政府定点采购制度，推动政府部门带头购买新兴业态企业的产品和服务。在符合相关规划的前提下，经市、县人民政府批准，利用现有房屋和土地兴办文化创意、科技研发、健康养老、工业旅游、众创空间、生产性服务业、"互联网＋"等新业态的，可实行继续按原用途和土地权利类型使用土地的过渡期政策，过渡期为5年；过渡期满后需按新用途办理用地手续，符合划拨用地目录的，可以划拨方式供地。	2017年起
土地类			
1	关于加快发展苏州高新区总部经济的若干意见（试行）（苏高新管〔2018〕123号）	经认定的总部企业高管人才，可享受高新区租（购）房补贴，对与企业签订5年以上长期工作合同，在高新区租房的，按照每人每月2000元，享受补贴最长不超过两年，优先租住高新区人才公寓，2年内给予全额租房补贴；在高新区购买住房的，给予购房款3%的一次性补贴，最高不超过30万元；租房和购房政策不得重复享受，每家企业申报人数原则上不超过5人。以上奖励总额最高不超过个人所得税地方留成的100%。	2018年起

资料来源：赛迪智库整理，2018年11月。

第十三章 嘉 兴

第一节 嘉兴市服务型制造发展基础

2017 年，嘉兴全市服务业实现增加值 1911.27 亿元，同比增长 7.3%，服务业对 GDP 增长贡献率为 40.9%。服务业投资完成 1644.6 亿元，同比增长 11.1%，占全社会投资的 54.6%。服务业内部结构不断优化，生产性服务业增加值占服务业增加值比重为 54.1%，比 2016 年增长 1.2 个百分点。服务业五大重点领域增加值为 902.9 亿元，占服务业增加值的 47.2%，比 2016 年提升 1.4 个百分点。

2017 年，12 个省级服务业集聚示范区实现营业收入 1088.58 亿元，同比增长 16.7%，实现营业利润 52.68 亿元，同比增长 48.2%；入区单位数达到 5.09 万，同比增长 3.6%；完成投资 174.51 亿元。3 个集聚区进入省级综合排名前 10 位。实施服务业"百项千亿"工程计划，147 个重点项目总投资为 1884.2 亿元，2017 年完成 288.2 亿元。阿里巴巴菜鸟城三期项目、浙江中科院应用技术研究院三期南区项目、省级金融创新示范区启动区产业配套项目、湘家荡湘湖八景、嘉兴全民体育健身中心等一批新建项目顺利开工。嘉兴国际创意文化产业园、圆通速递浙江（嘉兴）区域总部、核电科技馆项目、南湖基金小镇一期启动区工程、嘉兴世合田园小镇等一批项目顺利完工。

2017 年，服务型制造企业增加值 332.8 亿元，同比增长约 12.8%，实现营业收入 2627.6 亿元，同比增长 16.9%，从业人员平均人数达到 23.5 万人，同比增长 17.5%。其中，高技术服务业、软件和信息服务业企业增加值分别为 55.4 亿元、40.2 亿元，同比增长为 12.7%、0.4%。全市服务业百强企业中生产性服务业企业占到 38 家。全市十佳服务业创新企业中，生产性服务业企业占到 9 家。浙江名牌服务业企业总数达 39 家，同比增长 12.8%。

第二节　嘉兴市服务型制造发展的主要领域、模式和路径

以服务型制造十大典型模式为指引，鼓励各行业、各重点企业自主探索、有机结合，打造具有嘉兴特色的服务型制造方阵，形成若干行业引领的特色模式。

一、推动创新设计发展，营造具有国际影响力的创意发源地

依托行业领军企业，巩固提升服装设计、家装和家居设计等领域优势。大力培育和吸引设计名家，逐步从传统的外观图案设计向风格设计、概念设计等引领型设计升级，提升品牌价值，增强流行趋势话语权。注重材料设计和功能设计，强调节能环保、安全无毒、长期耐用、可回收可降解等绿色属性，引领全球低碳生活理念。借鉴装备制造业研发设计软件、建筑设计软件，开发一批适用于轻工业的仿真模拟测试体验系统、智能化设计软件等技术工具，拓展设计空间，提高设计效率。

在代工制造中逐步发展电子信息产品设计。学习借鉴先进企业经验，积累市场信息，探索由代工制造转型升级为自主品牌引领下的生产制造。体现目标市场特点，在工业设计中融入相应的经济和文化元素，形成成本节约、功能强劲、外观多元、风格新潮的智能终端产品线。

增强面向高端装备及汽车的关键零部件设计能力。面向全球市场需求、主机厂商反馈，加大自主研发投入，增强关键零部件设计能力，加快设计流程和制造工艺的升级换代。

二、推广定制化服务，扩大面向制造商和消费者的产品库

提升柔性制造能力，培育全能型代工、加工企业。在高端装备及汽车零部件、手机制造等领域，积极运用智能制造技术，形成广域制造能力，培育

企业兼顾大批量标准化生产、小批量高附加值快速定制化能力。通过 B2B 电商平台，推出面向多行业的代加工业务，优化利用闲置产能，为长三角地区企业提供快捷制造服务。

促进轻工业企业与文化传媒企业合作，发展壮大文化衍生产品制造业。鼓励企业发展以游戏、动漫、体育运动为主题的服装、家居产品，通过线上线下一体化销售的方式，拓展销售渠道，打造"爆款"。加大对智能缝纫、数字化喷涂印染、3D 打印等技术的投入，增强定制化生产能力，降低定制化成本，巩固核心竞争力。积极发展相关知识产权服务，帮助企业适时进行 IP 买断，保护文化衍生产品知识产权。

积极发展用户自主定制箱包皮具、功能纺织、家居装饰用品。开发出界面友好、易学易用的开放式自主定制平台，邀请用户通过网络渠道，进行箱包皮具个性化设计。进一步丰富木门、吊顶、装饰板、布艺等家装设计式样库，形成可供用户自主选配的产品体系。逐步将各类定制平台打造成为面向全球的线上文化展示、美术教学基地。

三、优化供应链管理，建成长三角地区物流保障核心基地

扩建大型综合仓储基地，发展工业供应链服务。面向制造业积极发展现代供应链服务，在基础原材料、通用零部件、半成品等领域，发展第三方承担的供应商管理库存服务，形成长三角地区最大的制造业零部件库存基地，提高定制化的协同配送能力。

优化服装供应链，畅通销售渠道，减少无效库存。增强与纺织原料企业的合作关系，保障上游供应。进一步做优做强皮革交易中心、毛衫交易中心，增强对国内各分中心的辐射带动力，加快库存周转，强化定价权。发挥规模优势，加强与国际物流企业战略合作，提升国际物流能力，确保新款服装快速投递欧美市场。

加大冷链物流基础设施投入力度，发展食品供应链服务。建设面向企业提供服务的公共冷库，依托港口和本地食品加工企业，建立生鲜食品、半成品熟食生产供应及智能化配送体系，形成覆盖沪杭苏甬等城市的"半日达"服务网络。

四、探索网络化协同制造服务，打造可视化"云制造"中心

增强信息战略管理意识，持续提高企业信息化水平。对标国内外先进制造业企业，加快工业企业信息化进程。特别是借助 SaaS 等模式，实现中小企业生产制造及运营管理的全面信息化。根据装备制造业的需要，促进配套制造企业与主体厂商平台兼容、信息对接、资源共享，实现战略协同、研发协同、管理协同。

鼓励企业向上下游企业适度开放制造过程，实现协同制造、同步制造。针对汽车零部件制造业，根据所服务的整车厂商对质量稳定性、交货周期等需要，高标准设计和建设生产制造体系，逐步实现整个制造流程的可视化；面向上游供应商，建立"云制造"平台，在线下协作的基础上，运用工业互联网、在线合作平台等技术手段，增进彼此间的相互了解和信任，达到高度同步的效果。

五、引入服务外包模式，帮助企业突出主营业务核心竞争力

吸引国际一流的战略咨询、信息技术服务等企业服务公司，向本地中小企业提供专业化服务。帮助非相关多元化企业适度分离部分业务，防止落入"大而全""小而全"的经营模式误区。积极实施业务流程再造，加快辅助管理职能的分离外包，将更多的资金、人力资源及管理能力倾斜到企业主营业务领域、核心研发制造环节。

鼓励行业龙头企业建立面向区域、行业的公共服务平台，增强对中小企业的带动力。重点在研发设计辅助、人才培养、资质认证、市场调查等方面提供增值服务。对接长三角地区的云计算、大数据服务平台，为中小企业提供必要的信息技术支撑，帮助企业掌握需求变化趋势、最新市场动向。

六、实施产品全生命周期管理，建设面向全球的服务网络

建立专用设备全生命周期管理体系。在园林机械、压缩机等优势特色领域，提升产品智能化水平，赋予状态监测、远程运维修复功能。在主要市场建立维修站点，对标国际先进水平，完善售后维修保障体系。加快食品加工

行业的可追溯体系建设。依托物联网等先进技术，完善农产品原产地记录追溯体系，全面提升食品加工供应链的信息化水平。学习借鉴国内外食品加工龙头企业经验，通过战略联盟等方式整合区域内优势企业，建立"从田园到餐桌"的完整产业链，打造知名品牌。

大力发展检验检测服务体系。鼓励服饰、家居等领域领军企业，建立面向行业的检验检测机构，在绿色制造、安全生产、产品质量等方面强化行业自律，及时警示违规企业，加快淘汰落后产能，防止低端同质化竞争。

七、提供系统解决方案，增强对全产业链掌控力

引导行业龙头企业建立工程咨询公司。引导企业整合技术团队、服务团队，成立面向区域、行业的工程咨询公司，提供完整的解决方案。在完成工程承包的同时，注重培育行业人才、留住稀缺人才，进一步激活本地区的产业生态，增添创新动能。

鼓励轻工业企业进军本行业生产制造装备领域。在服饰皮革、家居建材等领域，鼓励有条件的企业延伸产业链，建设本行业高端装备生产能力或系统集成能力，发展系统解决方案提供商。鼓励企业通过合作研发、海外并购等不同方式，获得整条生产线自主设计建造所需的核心技术，逐步具备在海外进行工厂建设总承包总集成的能力。

八、依托信息增值服务，开辟精准营销服务新渠道

探索运用先进信息技术，加强用户分析，实现产品信息精准推送。建立客户关系管理系统，围绕中高档次女装、高级箱包皮具等高品质高附加值产品，投入所需的技术力量，深入分析市场数据，刻画重点客户的属性、分类，形成需求预判，指引设计制造。完善在线营销渠道，收集客户反馈信息，精准推送新款新品。

以智能家居切入智能终端、互联网及智能服务产业。在集成吊顶、木门、装饰板等家装部件中嵌入物联网终端，形成流量入口，建成信息推送、收集、反馈体系。加强与食品、电器等相关领域电商合作，推送生活服务类广告，打造"客厅经济""厨房经济"等增值服务模式。依托电动床、电动沙发等

智能家具，内置健康监测等系统应用，形成与保健品、制药企业、医疗养老服务机构的合作模式，有机融入"大健康"产业。

九、探索智能服务模式，创建全球瞩目的展示体验中心

依托乌镇全球互联网大会永久会址等重要展示平台，开设具有全球影响力的新技术评测展示和体验中心。积极开展工业云平台、智能驾驶、智能停车、智能家居、智能服务机器人、远程医疗服务等智能化应用项目的评测展示，吸引国内外创业团队入驻，带动风险投资企业前来洽谈合作。发挥本地城乡一体化优势，建成模范型智慧城镇、智慧村居、分布式能源、绿色生活体系，向全球宣介中国特色的可持续发展理念、人类命运共同体重要思想。促进互联网、人工智能与传统文化融合，发展国医诊疗、中药保健品调配、国画数字化创作、智能书法机器人和围棋智能对弈等新型传统文化应用。

第三节　嘉兴市促进服务型制造发展的政策

表 13−1　嘉兴市促进服务型制造发展的政策

序号	政策文件名称	主要政策点	实施期限
		综合类	
1	浙江省人民政府办公厅关于印发《工业和信息化部浙江省人民政府共同推进"中国制造2025"浙江行动战略合作协议实施方案》的通知（浙政办发〔2018〕10号）	加快推进杭州、嘉兴等地智能网联汽车应用示范，构建综合测试基础设施和应用场景，建设智能网联汽车创新中心。大力推进小微企业提质转型和"专精特新"发展。深入推动产融合作，抓好桐乡市、义乌市国家产融合作试点工作。开展全球产业合作精准对接，支持嘉兴深化中德中小企业合作区建设。推进国家小微企业创业创新基地城市示范建设。到2020年，全省实现新增"小升规"企业8000家，培育"专精特新"入库企业5万家。	2018年起
2	浙江省人民政府关于印发《浙江省加快传统制造业改造提升行动计划（2018—2022年）》的通知（浙政发〔2018〕21号）	深入实施企业两化融合登高计划，推动研发设计、生产、管理、营销等环节数字化，大力发展网络化协同制造、个性化定制、服务型制造，拓展产品价值空间，实现从制造向"制造+服务"转型升级。支持传统制造业龙头企业、互联网企业建设基于互联网的"双创"平台，培育新型众创空间。到2020年，培育服务型制造示范企业200家、个性化定制示范试点企业300家。	2018年起

续表

序号	政策文件名称	主要政策点	实施期限
3	浙江省人民政府关于印发《浙江省全面改造提升传统制造业行动计划（2017—2020 年）》的通知（浙政发〔2017〕23 号）	把创新作为传统制造业改造提升的第一动力，精准对标国际先进水平，全面推进技术创新、产品创新、组织创新和商业模式创新，大力发展智能制造、协同制造、服务型制造、绿色制造，加快创新驱动发展。推动服装制造业向时尚化、个性化、精品化方向发展。提升创新设计、智能制造水平，加强自主品牌建设，加快服装企业由大规模标准化生产向柔性化、个性化定制等服务型制造转变，培育形成以品牌、质量、设计为核心的竞争新优势。	2017 年起
4	浙江省人民政府办公厅关于加快电动汽车充电基础设施建设的实施意见（浙政办发〔2016〕127 号）	认真贯彻国务院的决策部署，将电动汽车充电基础设施建设放在更加重要的位置，按照"桩站先行、适度超前"的总要求，加强统筹规划，完善政策措施，创新发展模式，推动技术进步，分类有序推进，努力构建满足需求、布局合理、功能完善、智能高效、使用便捷的充电基础设施体系，保障和促进电动汽车产业健康快速发展。	2016 年起
5	浙江省人民政府关于印发《中国制造2025 浙江行动纲要》的通知（浙政发〔2015〕51 号）	融合发展步伐加快。信息化和工业化深度融合国家示范区建设取得明显成效，两化融合发展水平总指数全国领先，装备数控化率和机器联网率显著提高，智能制造模式广泛推行；产业融合持续深化，"互联网＋"制造业催生大量新业态、新模式，生产型制造加快向服务型制造转变，生产性服务业规模较快扩张；制造业产城融合加快发展。	2016 年起
6	浙江省人民政府关于深化制造业与互联网融合发展的实施意见（浙政发〔2017〕9 号）	推动制造企业与互联网企业跨界融合，促进互联网资源与制造资源合资合作培育新的经营主体，发展供应链金融，发展服务型制造，开展关键共性技术攻关和公共服务平台建设，大力发展制造业领域的分享经济。	2016 年起
7	关于印发《"浙江制造"品牌建设三年行动计划（2016—2018 年）》的通知（省质监局）	《浙江省国民经济和社会发展第十三个五年规划纲要》作出了在新时期构建浙江标准体系，提高浙江制造产品品质，打响浙江制造品牌的重要部署。为推动"浙江制造"品牌培育持续深入开展，提升"浙江制造"品牌形象和竞争力，制定本行动计划。	2016 年起

续表

序号	政策文件名称	主要政策点	实施期限
8	浙江省人民政府关于大力推进大众创业万众创新的实施意见（浙政发〔2015〕37号）	全面深化改革和扩大开放为抓手，不断加快简政放权步伐、加大创业服务力度、加强创新支撑能力，推动新技术、新业态、新模式、新产业发展，力争经过三到五年努力，建成以民营经济和"互联网＋"为特色的创业创新生态体系，以大众创业培育经济新动力，用万众创新撑起发展新未来，奋力开创浙江转型升级新局面。	2015年起
9	关于印发《2017年浙江省信息化工作要点》的通知（浙信办发〔2017〕2号）	1. 加强全省信息化顶层设计。2. 加强全省信息化工作部署。3. 加快推进国家信息经济示范区建设。4. 深化两化深度融合国家示范区建设。5. 大力培育基于互联网的制造业新模式。6. 加快构建制造业互联网"双创"平台。7. 加快推进企业上云行动计划。8. 加强两化深度融合能力建设。9. 提升工业企业信息化发展水平。10. 全面推行"互联网＋政务服务"	2017年起
产业结构与行业发展政策			
1	2017年度嘉兴市服务业发展白皮书（嘉发改〔2017〕177号）	2017年，全市坚持"服务业兴市"战略，在持续推进供给侧结构性改革，积极培育经济发展新动能等一系列宏观政策的作用下，全市以政策引导、企业扶持、载体建设、改革创新等为抓手，服务业呈现总体规模稳步扩大，重点领域发展加速，载体建设成效明显，楼宇经济势头强劲，企业效益显著提升的良好态势。	2017年起
2	关于印发《嘉兴市楼宇经济发展"十三五"规划》的通知（嘉发改〔2017〕205号）	为进一步优化发展空间、盘活存量资源，提高楼宇产出效益，推动全市经济迈上新台阶，根据《嘉兴市国民经济和社会发展第十三个五年规划纲要》和《嘉兴市服务业发展"十三五"规划》，制定本规划。规划范围涵盖嘉兴全市域，且以市本级为主。规划期限为2016—2020年。	2015年起
3	关于印发《嘉兴市级支持楼宇经济发展财政资金补助操作细则（试行）》的通知（嘉楼办〔2015〕37号）	加快装备制造产业发展，推进工业转型升级，促进工业经济效益和产业结构双提升，汽车和工程机械配件、零部件、钢铁产品精深加工、优势终端产品和光电信息产业装备、工业机器人和智能制造装备未来重点发展方向。	2016年起
4	关于印发《嘉兴市服务业发展"十三五"规划》的通知（嘉发改〔2017〕119号）	"十三五"时期是嘉兴市服务业发展的关键时期，按照干好"十三五"、奋勇当"标尖"的要求，以及"服务业兴市"发展导向，根据《浙江省服务业发展"十三五"规划》《嘉兴市国民经济和社会发展第十三个五年规划纲要》，制定本规划。规划期限为2016—2020年。	2016年起

续表

序号	政策文件名称	主要政策点	实施期限
5	关于印发《嘉兴市级服务业发展资金补助操作细则》的通知（嘉发改〔2016〕334号）	对纳入市服务业企业上市培育计划的服务业企业，按上市相关政策给予扶持。	2016年起
6	关于印发《嘉兴市级旅游业发展专项资金补助操作细则》的通知（嘉旅〔2015〕57号）	对符合市旅游业中长期发展规划、经市有关部门核准或备案、投资额在500万元以上（其中新建旅游饭店项目投资额在3000万元以上）、项目已完工验收交付使用并经审计的旅游项目，按其实际投资额（不含土地投资和可对外出售的投资额），一次性给予3%补助，单个项目最高补助100万元。对列入省级以上重点旅游项目，单个项目最高补助200万元。对投资额在5000万元以上且工程过半的旅游项目，经确认，可预下达50%的补助资金，剩余资金待项目完工经审计后再予补足。	2016年起
7	关于印发《〈嘉兴市人民政府关于加快发展体育产业促进体育消费的若干政策意见〉实施细则》的通知（嘉市体〔2017〕10号）	扶持体育产业基地、特色小镇等服务业重大项目建设按照《嘉兴市级服务业发展资金补助操作细则》（嘉发改〔2016〕334号）予以支持。	2016年起
8	《嘉兴市人民政府关于加快发展体育产业促进体育消费的若干政策意见》实施细则（余府发〔2014〕23号）	支持符合条件的体育企业上市，对纳入上市培育计划的体育企业，按上市相关政策给予扶持。	2016年起
9	嘉兴市人民政府办公室关于印发《嘉兴市加快发展现代服务业行动计划（2016—2020年）》的通知（嘉政办发〔2016〕13号）	进一步优化发展环境，促进经济和社会事业不断发展，各级财政安排有关专项资金，用于促进经济发展，落实促进经济发展的政策，实行行政首长负责制和分级财政奖励制。	2016年起

续表

序号	政策文件名称	主要政策点	实施期限
10	嘉兴市人民政府关于印发《嘉兴市加快发展现代服务业若干政策意见》的通知（嘉政发〔2016〕28号）	对现代物流、科技信息、金融、文化旅游、健康服务五大重点领域的重大项目，符合相应投资额度和产业规划等条件的，按项目建成后固定资产投资的3%—5%给予一次性补助。对投资大、前景好、示范效应强的重大项目可采用"一事一议"方式予以支持。鼓励企业申报国家级、省级各类重点项目计划，积极向上争取要素资源。	2016年起
11	嘉兴市人民政府关于印发《嘉兴市企业股改、上市（挂牌）新政二十条》的通知（嘉政发〔2017〕47号）	为进一步做大经济总量，调优经济结构，提升工业发展整体素质和核心竞争力，加快推进新型工业化进程各项工作，设置企业纳税贡献奖、企业进步奖、中小企业特别奖、企业诚信经营奖等奖项。	2013年起
12	关于印发《嘉兴市物流业发展"十三五"规划》的通知（嘉发改〔2017〕211号）	为促进本市工业经济持续、健康、快速发展，对本市工业项目规费地方留成部分予以减免。涉及的规费，包括市政公用设施配套费、散装水泥专项基金、墙体材料专项基金、水土保持补偿费、人防易地建设费和城市道路挖掘修复（排水管网）费。	2015年起
13	嘉兴市人民政府关于加快推进军民融合产业发展的若干意见（嘉政发〔2017〕43号）	抓住军民深度融合国家战略实施机遇，发挥嘉兴民营经济优势，以"军转民""民参军"为突破口，强化与央企、军工集团交流合作，加快推进军民两用技术协同创新和军民融合产业集聚提升，为推动嘉兴经济转型升级、建设制造业强市提供有力支撑。	2016年起
14	嘉兴市人民政府办公室关于支持科技保险发展的实施意见（嘉政办发〔2015〕33号）	大力实施创新驱动发展战略，切实发挥现代保险工具对科学技术创新、科技成果转化和高新技术产业发展的支持作用，紧紧围绕省科技金融改革创新试验区建设目标，坚持市场主导、政府引导，进一步加大对科技保险事业的政策支持力度，积极引进培育专业科技保险机构，加快完善科技金融服务体系，大力推动科技金融改革创新。	2015年起
15	嘉兴市人民政府关于印发《深化制造业与互联网融合发展的实施方案（2017—2019年）》的通知（嘉政发〔2017〕21号）	大力推进"中国制造2025"和"互联网+"行动，积极营造制造业与互联网融合发展的新生态，培育融合发展的新模式，激发制造业的创新活力、发展潜力和转型动力，推进制造业的数字化、网络化和智能化发展，实现制造业提质增效，加快建设制造业强市和互联网经济强市。	2017年起

序号	政策文件名称	主要政策点	实施期限
16	浙江省人民政府办公厅关于印发《浙江省文化产业发展"十三五"规划》的通知（浙政办发〔2016〕122号）	顺应文化产业与相关产业融合发展的趋势，文化产业与制造业、信息产业、建筑业、现代农业、服务业等产业的跨界融合日趋深入，产业边界日趋模糊；文化元素日益融入相关产业，文化越来越成为产业创新的源泉和转型升级的动力。浙江是制造业大省，文化产业的蓬勃发展，将为"浙江制造"向"浙江创造"和"浙江智造"转型提供强力引擎。	2016年起
17	浙江省中小企业局关于印发《浙江省中小企业公共服务示范平台认定管理办法（试行）》的通知（浙企创发〔2013〕5号）	加大对示范平台的资金支持力度。原则上只推荐示范平台参加国家中小企业公共服务示范平台评定。在国家中小企业发展专项资金、国家中小企业服务体系专项资金和省级中小企业发展专项资金中小企业服务体系项目安排中，将优先考虑示范平台。	2013年起
18	嘉兴市人民政府办公室关于促进跨境电子商务创新发展的实施意见（嘉政办发〔2016〕25号）	实施"互联网+外贸"行动，按照"企业主体、市场运作、政府推动、机制创新"的总体要求，大力发展跨境电子商务园区、企业、服务商和境外服务网点，创新进出口综合管理方式，健全完善跨境电子商务服务体系和管理机制，全面提升我市产品国际市场核心竞争力，实现"优质优价""优进优出"，推进外贸转型升级。	2016年起
19	关于印发《嘉兴市省级电子商务创新发展试点项目补助办法》的通知（嘉商务联发〔2018〕5号）	有序推进试点工作开展，强化项目管理，确保试点工作取得积极成效。经项目主体申报，区商务部门审核上报，市商务局联合市财政局会商，现确定11个项目拟列入嘉兴市2018年度省级电子商务创新发展试点项目。	2018年起
20	嘉兴市电子商务发展"十三五"规划（2016—2020）	为加快电子商务的应用与创新，全面提升本市电子商务发展水平和构建具有全国竞争力的电子商务产业体系，根据《国务院关于大力发展电子商务加快培育经济新动力的意见》《嘉兴市国民经济和社会发展第十三个五年规划纲要》等文件精神，结合本市实际，特制订本规划。规划确立了本市"十三五"期间电子商务发展的指导思想、制定了发展目标、明确了主要任务，用于指导全市2016—2020年电子商务发展。	2016年起

序号	政策文件名称	主要政策点	实施期限
21	嘉兴市人民政府办公室关于印发《嘉兴市开放型经济发展"十三五"规划》的通知（嘉政办发〔2017〕9号）	为进一步明确"十三五"期间本市开放型经济发展的基本理念和思路，提出发展目标、总体要求和对策举措，根据《浙江省人民政府办公厅关于印发浙江省开放型经济发展"十三五"规划的通知》制定本规划。	2017年起
22	嘉兴市商业网点"十三五"发展规划（嘉兴市商务局）	加快电子商务的应用与创新，全面提升本市电子商务发展水平和构建具有全国竞争力的电子商务产业体系，根据《国务院关于大力发展电子商务加快培育经济新动力的意见》《嘉兴市国民经济和社会发展第十三个五年规划纲要》等文件精神，结合本市实际，特制订本规划。	2017年起
23	浙江省商务厅浙江省财政厅关于开展服务贸易发展试点工作的通知（浙商务联发〔2014〕101号）	发展新兴市场。推动大宗商品交易中心建设，完善市场交易、储运、加工、配送等配套流通设施和实现交易、结算、统计、监测等功能的互联网平台，提升大宗商品全球配置能力。发展区域平台型市场，支持区位优势明显、特色鲜明的产业集群区域或特色消费市场，通过供应链创新整合并运用新兴流通方式，完善市场服务功能，提高市场品牌影响力，打造流通平台型经济，促进产业转型升级，服务品质消费提升。	2014年起
24	浙江省商务厅浙江省财政厅关于开展浙江省电子商务创新发展试点工作的通知（浙商务联发〔2017〕57号）	把握电子商务发展特点和趋势，围绕当前浙江电子商务发展中存在的迫切需要解决的问题，结合各市县在某领域电商发展优势，以点带面促进全省电子商务发展水平的提升。争取通过3年（2018—2020年）时间的试点带动，全省电商产业规模、经营模式、服务质量及配套支撑等方面实现新突破，区域发展日趋平衡，切实把浙江建成具有全球影响力的"国际电子商务中心"。	2017年起
25	关于加快推进重点产业链建设的实施意见（嘉工业强市领〔2016〕2号）	本市形成了较为齐全的产业门类体系，涌现出了多个特色优势产品，但总体来看，仍存在高知名度的产业链条较少、大部分产品处于产业链中低端、上下游协调配套仍不完善等问题，亟待解决。推进产业链建设，有利于通过整合资源实现要素的优化配置，促进产业链上、下游产业协同发展，实现产业从低端环节向高端环节的延伸，提高产业附加值，提升产业整体竞争力。	2016年起

序号	政策文件名称	主要政策点	实施期限
26	关于公布2016年嘉兴市"互联网＋工业"示范、试点企业名单的通知（嘉经信信息化〔2016〕104号）	为进一步推进互联网经济强市建设，推动互联网与制造业融合发展，促进嘉兴市工业经济转型升级。市经信委组织开展了全市"互联网＋工业"示范试点培育工作，希望通过示范引领、典型带动，全面促进本市互联网与制造业的融合创新发展。	2016年起
27	中共嘉兴市委嘉兴市人民政府关于建设互联网经济强市的实施意见（嘉委发〔2016〕14号）	顺应互联网发展趋势，践行新发展理念，将互联网经济作为"首位经济"，将互联网产业作为"一号产业"，以改革创新为动力，发挥政府的引导作用、市场的带动作用和企业的主体作用，强产业、强应用、强基础、强保障，形成以互联网经济为鲜明特征形态的产业结构，推进互联网与经济社会融合发展，加快乌镇互联网创新发展试验区建设并积极创建国家级"嘉兴互联网创新发展试验区"，促进嘉兴经济社会转型升级。	2016年起
28	嘉兴市人民政府办公室关于印发《嘉兴市"互联网＋"行动（2016—2018年）实施意见》的通知（嘉政办发〔2016〕1号）	到2018年，互联网与经济社会各领域的融合发展格局基本形成，产业网络化水平显著提升，"互联网＋"新兴产业成为经济增长新引擎，基于互联网的大众创业、万众创新成为引领经济发展方式变革的重要力量，公共领域"互联网＋"应用成效突出，建成全国"互联网＋""三市一地"。	2016年起
29	嘉兴市人民政府办公室关于印发《推进五大传统行业转型升级专项服务方案》的通知（嘉政办发〔2016〕32号）	随着经济发展进入新常态，传统行业长期积累的结构性、素质性矛盾全面暴露，迫切需要转型升级。为推进传统行业转型升级，市政府决定分年度、分行业、有重点地开展传统行业转型升级专项服务工作。	2016年起
30	关于印发2017年全市互联网经济重点投资项目计划的通知（嘉经信信息产业〔2017〕55号）	为贯彻落实市委、市政府"建设互联网经济强市"重大决策部署，加快推进本市互联网经济发展，由各县（市、区）经信部门上报，经市经信委研究，确定今年互联网经济重点投资项目共351项，项目当年投资额为106亿元，其中互联网＋工业投资项目189项，当年投资17.7亿元；信息产业项目162项，当年投资88.3亿元，现予以印发。	2017年起

续表

序号	政策文件名称	主要政策点	实施期限
31	关于印发《嘉兴市工艺美术产业发展三年行动方案（2018—2020年)》的通知（嘉经信行业办〔2018〕30号）	深入贯彻党的十九大、省十四次党代会和市第八次党代会精神，以保护和发展并举为基本思路，坚持保护和发展并举，着力推进本市工艺美术产业特色化、集聚化、品牌化发展，进一步丰富文化内涵，提升产业层次，增强行业的创新能力和技术水平，形成健康发展的新格局。	2018年起
32	关于加强我市传统工艺美术保护发展工作的若干意见（嘉经信行业办〔2016〕129号）	为传承工匠精神和民族文化，加强传统工艺美术保护，推进本市工艺美术事业的繁荣发展，现提出如下意见。 一、提高对传统工艺美术保护工作的认识； 二、明确部门工作职责； 三、促进精品创作交流； 四、推进传统工艺美术产业发展； 五、抓好人才培养引进； 六、鼓励创办大师工作室。	2016年起
财政金融类			
1	关于印发《浙江省小微企业创业创新园（基地）管理和评价办法》的通知（浙经信企创〔2016〕121号）	为了贯彻落实省委、省政府关于推进"大众创业、万众创新"工作部署，加快推进小微企业创业创新园（基地）（简称"小微企业园"）建设步伐，努力营造良好的创业创新发展环境，省经信委研究制定了《浙江省小微企业创业创新园（基地）管理和评价办法》。	2016年起
2	浙江省人民政府关于促进中小企业加快创业创新发展的若干意见（浙政发〔2010〕4号）	进一步建立健全省、市、县（市、区）三级中小企业创业辅导服务网络，积极组织和整合行业专家、职业咨询师、优秀企业家等各类人才资源，不断扩大创业指导师队伍，为中小企业开展多种形式的创业辅导，努力构建创业辅导培育机制。	2010年起
3	浙江省中小企业局关于印发《浙江省中小企业公共服务示范平台认定管理办法（试行)》的通知（浙企创发〔2013〕5号）	落实工业和信息化部等七部门《关于促进中小企业公共服务平台建设的指导意见》（工信部联企业〔2010〕175号），推动浙江省中小企业公共服务平台建设，创造促进中小微企业健康发展的良好环境，根据《国家中小企业公共服务示范平台认定的管理办法》（工信部企业〔2012〕197号），结合浙江实际，制订了《浙江省中小企业公共服务示范平台认定管理办法（试行)》。	2013年起

续表

序号	政策文件名称	主要政策点	实施期限
4	中共浙江省委浙江省人民政府关于深化投融资体制改革的实施意见	一、强化企业投资主体地位，充分激发社会投资动力和活力；二、完善政府投资体制，有效发挥政府投资的引导和带动作用；三、创新融资机制，畅通投资项目融资渠道；四、切实转变政府职能，提高综合服务管理水平。	2016 年起
5	关于印发《嘉兴市级工业发展资金（信息经济）操作细则》的通知（嘉经信〔2016〕53号）	为加强和规范嘉兴市级工业发展资金和战略性新兴产业发展资金的使用和管理，提高资金使用绩效，充分发挥其扶持和引导作用，根据《嘉兴市人民政府办公室关于印发〈嘉兴市级政府专项资金管理办法〉的通知》制定本细则。	2016 年起
6	嘉兴市人民政府关于印发《嘉兴市（市级）政府投资项目资金管理办法》的通知（嘉政发〔2016〕25号）	为加强市级政府投资项目预算管理，健全政府投资项目决策机制，规范政府投资项目资金管理，保障资金安全、合理、有效使用，提高政府投资绩效，根据有关法律、法规的规定，结合本市实际，制定本办法。	2016 年起
7	关于印发《嘉兴市专利项目补助资金管理办法》的通知	为深入实施知识产权战略，有效发挥财政资金杠杆作用，引导和鼓励发明创造和自主创新，根据嘉兴市人民政府《关于加强知识产权工作促进经济转型发展的若干意见》（嘉政发〔2012〕98号）精神，为规范资金管理，我们将各类专利项目补助资金进行了整合，并联合制定了《嘉兴市专利项目补助资金管理办法》。	2015 年起
8	浙江省人民政府办公厅关于推广运用政府和社会资本合作模式的指导意见（浙政办发〔2015〕9号）	政府和社会资本合作模式是指政府和社会资本为建设基础设施及提供公共服务而建立的长期合作关系和制度安排。推广运用政府和社会资本合作模式，有利于创新投融资机制，拓宽社会资本投资渠道；有利于发展混合所有制经济，增强经济增长内生动力；有利于加快政府职能转变，提高社会治理能力。	2015 年起
9	嘉兴市人民政府关于做好2015年招商工作的意见（嘉政发〔2015〕2号）	进一步营造招商引资氛围，用市场经济的办法调动一切招商资源，发挥市场的决定性作用，推进招商引资工作。所指奖励对象是为本市招商引资项目落户作出贡献的单位、企业、商协会或个人。招商引资信息奖与固定资产投资奖可叠加奖励。	2015 年起

续表

序号	政策文件名称	主要政策点	实施期限
10	嘉兴市人民政府办公室关于印发《2016年全市重点建设项目计划》的通知（嘉政办发〔2016〕16号）	进一步强化重点项目的组织领导和统筹推进，严格按照基本建设程序，全面落实项目法人制、招投标制、监理制、合同制、竣工验收制，精心组织实施，确保工程质量和安全，按时全面完成项目建设任务。	2016年起
11	浙江省财政厅浙江省经济和信息化委员会关于印发《浙江省工业与信息化发展财政专项资金使用管理暂行办法》的通知（浙财企〔2014〕189号）	根据省政府办公厅《关于进一步加强省级财政专项资金管理工作的通知》（浙政办函〔2014〕66号）精神，为进一步推进财政专项资金整合，从2014年开始，将工业转型升级等专项资金统一整合为工业与信息化发展财政专项资金。	2014年起
12	嘉兴市国家信息经济试点城市·乌镇互联网创新发展试验区实施方案（2017—2019年）（嘉互联网办〔2017〕2号）	充分发挥世界互联网大会效应，以推进互联网产业发展为支撑，以推进互联网广泛应用为根本，在安全可控的前提下，推进互联网新技术、新产品、新业态、新机制和新模式的探索和试验，形成可复制、可推广的嘉兴经验，建设互联网经济强市。	2017年起
科技类			
1	嘉兴市人民政府关于进一步推动科技创新的若干政策意见（嘉政发〔2017〕3号）	对本市新认定的国家工程实验室、国家重点实验室、国家工程（技术）研究中心、国家企业技术中心、国家地方联合工程研究中心（工程实验室）、国家制造业创新中心等，予以最高不超过3000万元的支持。	2017年起
2	浙江省人民政府关于印发《浙江省促进大数据发展实施计划》的通知（浙政发〔2016〕6号）	实现大数据为支撑的"四张清单一张网"智慧政府体系基本形成，政府数据共享交换体系和共享机制基本建立，公共数据统一开放平台实现省市县三级全覆盖。	2016年起

序号	政策文件名称	主要政策点	实施期限
3	浙江省人民政府办公厅关于印发《浙江省碳排放权交易市场建设实施方案》的通知（浙政办发〔2016〕70号）	建立健全配额管理机制。依据国家确定的配额分配方法和标准，制定碳排放权配额分配方案，建立配额预发、预留和调整机制。加强对配额登记、流转、变更、履约等环节的管理，引导企业建立碳资产管理制度。建立健全交易监管体系。建立健全监测、报告和核查体系。	2016年起
4	嘉兴市人民政府办公室关于印发《嘉兴市科技创新"十三五"规划》的通知（嘉政办发〔2016〕63号）	"十三五"时期，嘉兴要紧密对接"一带一路"、长江经济带、"互联网＋"和"中国制造2025"等国家战略，科技创新工作必须发挥更大作用。	2016年起
人才类			
1	关于印发《"创新嘉兴·精英引领计划"实施办法》的通知（嘉人社〔2017〕130号）	为更大力度推进"创新嘉兴·精英引领计划"（以下简称"精英计划"），加速引进和集聚一批能够突破关键技术、发展高新产业、带动新兴学科的创业创新领军人才和具有国际视野、通晓国际规则、能够参与国际事务和国际竞争的国际化人才，提升本市区域自主创新能力和核心竞争力，着力发挥创业创新领军人才在推动全市经济社会发展中的引领作用。	2017年起
2	关于印发《嘉兴市人才载体建设支持办法（试行）》的通知（嘉人社〔2017〕133号）	推进院士专家工作站、博士后科研"两站一基地"和外国专家工作站建设，遵循"政府引导、市场主体"的原则。院士专家工作站由市科协负责组织实施和日常管理；博士后科研"两站一基地"和外国专家工作站由市人力社保局负责组织实施和日常管理。	2017年起
3	中共嘉兴市委嘉兴市人民政府关于打造最优人才生态、促进人才优先发展的若干意见（嘉委发〔2017〕4号）	对新入选的A类、B类、C类创新人才项目，分别按引进人才年薪的70%、60%、50%给予企业引才薪酬补助，属于长期项目的每年最高补助不超过100万元、60万元、40万元，补助时间不超过5年；属于短期项目的每年最高补助不超过50万元、30万元、15万元，补助时间不超过3年。新引进国家级、省级高端人才，到嘉兴全职创业的，经认定直接享受"创新嘉兴·精英引领计划"B类、C类创业人才项目政策；新引进国家级、省级高端人才到嘉兴创新的，经认定按长期、短期直接享受"创新嘉兴·精英引领计划"B类、C类创新人才项目政策。	2017年起

续表

序号	政策文件名称	主要政策点	实施期限
4	浙江省人民政府关于全面实施"三名"工程的若干意见（浙政发〔2013〕58号）	力争到2017年底，基本建立起较为完善的"三名"培育、发展和保护机制，"三名"实现融合互促、良性发展，成为全省经济社会发展的重要支撑。——培育200家左右具有较大影响力、综合竞争力进入国内同行前三位的知名企业。其中，主营业务收入超百亿的龙头骨干企业100家左右，包括工业企业60家、服务业企业40家。培育10000家左右高新技术企业。	2013年起
		就业创业类	
1	关于印发《嘉兴市创业创新领军人才队伍和重点创新团队建设专项资金管理暂行办法》的通知（嘉创〔2010〕8号）	强化企业主体地位。引导企业完善发展战略，依托企业技术中心、研发中心、工程中心、博士后科研工作站等创新载体，组建各层次、多领域的创新团队，进一步优化企业创新体系。加强企业间纵向、横向合作与交流，组建紧密型、松散型等多种形式的企业创新联合体。积极推进企业开展对外人才交流与合作，大力培养和引进紧缺急需的各类创新人才。支持和鼓励企业加大创新投入，发挥企业在创新投入上的主体作用。落实企业各项技术创新和人才引进政策，鼓励和规范创新成果的合法有序流动，为团队创新创造条件。	2010年起
2	省发展改革委关于印发浙江省支持浙商创业创新促进浙江发展"十三五"规划的通知（浙发改规划〔2016〕441号）	紧扣浙江经济转型发展大局和"4+6"国家重大战略发展需求，围绕"去产能、去库存、去杠杆、降成本、补短板"五大任务，充分依托现有省级产业集聚区、国家级和省级高新园区、开发区（园区）、创新基地等浙商回归承接平台，着力将"创新、协调、绿色、开放、共享"五大发展理念深度融入浙商回归工作，更高水平实施产业、资本、总部、人才科技、商贸市场、社会公益等六方面浙商回归行动计划。	2016年起
3	嘉兴市人民政府办公室关于印发《嘉兴市大学生就业促进和创业引领计划实施方案（2015—2017年）》的通知（嘉政办发〔2015〕82号）	人力社保部门要对现有的就业创业政策进行全面梳理，针对大学生就业创业遇到的问题，加大政策扶持力度，形成促进大学生就业创业的综合性政策体系。要加强政策宣传，多形式开展政策解读和政策咨询，做好政策信息公开，优化政策申报审核程序，帮助符合条件的大学生获得相应的政策扶持。财政部门要加强资金保障，发挥就业创业专项资金等作用。	2015年起

序号	政策文件名称	主要政策点	实施期限
		土地类	
1	关于进一步加快嘉兴秀洲高新技术产业开发区发展的若干意见（嘉委发〔2016〕7号）	重点培育以智能制造为核心的高端装备制造业。着力发展节能装备、智能感知和检测产品、生物医药及高性能医疗器械等产业。大力推动工业控制系统集成化，培育工业控制集成、自动化工程服务产业。培育发展机器人产业，依托上海交大（嘉兴）科技园建设机器人产业园。继续加快智能家居、集成装饰等产业发展，开发智能产品、功能模块和系统集成。 加快发展以高技术服务业为重点的现代服务业。着力发展科技服务业，加快推进无形资产、知识产权评估服务，推动新兴商务服务业发展。依托省级服务外包示范园区，提升发展服务外包产业。培育发展工业设计、现代传媒、动漫游戏等文化创意产业。依托嘉兴现代物流园，加快建设智慧物流小镇。	2016年起

资料来源：赛迪智库整理，2018年11月。

第十四章 泉　　州

第一节　泉州市服务型制造发展基础

2017年度规上工业累计完成主营业务收入13029.31亿元，同比增长12.8%。生产性服务业增加值2952.19亿元，同比增长10.6%，2017年工业增加值3926亿元，占地区生产总值比重超过52%，占本省工业增加值的30%，显著高于GDP占全省25%的比例。全市完成工业投资1621亿元，其中技改投资1052亿元。泉州有根植于民间的制造文化，自从1998年工业增加值超过GDP的50%之后，20年来不论国内外经济形势如何变换，工业始终占50%以上。

主要特点为：

（一）服务型制造对制造业支撑能力明显提升

大力发展服务型制造，稳步推进制造业主辅分离。全市确定110家市级服务型制造和生产性服务业示范重点培育对象，培育环球鞋网、迪特工业设计两家国家级服务型制造示范平台，恒安、安踏、特步、九牧厨卫等龙头企业供应链平台对传统产业转型升级的支撑带动作用逐步显现，有力助推传统制造业企业向服务型制造转变，获评国家级服务型制造示范平台2个、项目1个，国家级工业设计中心5个，省级服务型制造示范企业23个、省级服务型制造示范平台5个、省级服务型制造项目31个、省级工业设计中心16个。

（二）工业设计与制造业创新融合

连续举办4届福建省"海峡杯"工业设计（晋江）大赛，结合县域经济特色，每年定期举办"何朝宗杯"陶瓷、"我的最美校服"、"伞都杯"伞具、"金食杯"食品包装等行业性工业设计大赛；积极开展海峡两岸大学生工业设计工作坊（设计营）、海峡两岸大学生毕业设计巡展、"泉州市工业设计名师讲堂"等活动超过200场，在全市营造良好的服务型制造发展生态环境。工业设计推动制造业企业向价值链中高端延伸，向用户需求贴近，有力促进制造业的高质量发展。

（三）供应链管理促进制造业流程再造

制造业企业主动适应消费升级需求新常态，运用信息技术和互联网应用改造生产流程，推动原有大规模生产的B2C模式向个性化定制的C2B模式转变。制造业龙头企业主动适应新常态，通过改造生产供应链条，倒逼生产供应链管理精益化，响应敏捷化。传统上游企业、互联网龙头企业基于互联网，立足供给侧，打破原有商业模式，重构基于互联网的产业上下游新链条，由原来赚取产品差价模式向以提供服务盈利模式转型。

（四）跨界融合加快发展

加强行业间和产业上下游之间的跨界联手，将石墨烯、可穿戴设备、智能家居、大数据等新技术应用集成到纺织、鞋服等产业，促进装备制造产业与云计算、物联网、移动互联网相结合，加快发展众包设计、云制造、远程诊断、智慧管理等新业态、新模式，推动企业由单一产品制造，向成套设备集成、生产线设计、供应链服务转型，让传统产业"老树发新芽"。

第二节 泉州市服务型制造发展
的主要领域、模式和路径

一、大力发展工业设计，积极促进服务业制造业融合

泉州市积极营造良好工业设计发展氛围，出台各类工业设计扶持政策，充分发挥工业设计推动制造业企业向价值链中高端延伸的作用，促进制造业工业品向用户需求贴近，有力提升工业品销售提升。如九牧卫浴充分发挥

"国家级工业设计中心""国家认定企业技术中心"优势，已拥有超过1600项产品专利，仅一款工业设计获奖作品的花洒单品2016去年"双十一"大促中，以10万套的成交量成为全网花洒单品销量和销售额双项冠军。如安踏集团参加2013年福建省"海峡杯"工业设计（晋江）大赛获得银奖的"能量环"跑鞋，当年转化量产并投放市场。四年来，年均销售量都超过100万双，2017年这款产品仍旧在网上热销，实现了"量价"齐升，企业效益提高。

二、着力发展柔性供应链，促进规模化个性化定制发展

一是积极引导制造业企业主动适应消费升级需求新常态。运用信息技术和互联网应用改造生产流程，鼓励和支持制造业企业积极与互联网融合发展，通过改造生产供应链条，倒逼生产供应链管理精益化，响应敏捷化。推动原有大规模生产的B2C模式向个性化定制的C2B模式转变。

二是推动传统上游企业、互联网龙头企业基于互联网，立足供给侧，打破原有商业模式，重构基于互联网的产业上下游新链条。由原来赚取产品差价模式向以提供服务盈利模式转型。

三是支持企业塔尖可信平台拓展服务链条。互联网企业围绕"产业要素交易""互联网金融""征信"三个方面，建立面向服装产业链领域的"产业要素交易＋互联网金融＋征信"三位一体金融创新服务模式，有效降低金融风险，深化平台服务链条。

三、"生产基地＋物流＋互联网"融合创新，积极构建制造业物流生态圈

泉州市近年来坚持制造业立市不动摇，紧抓服务业兴市不动摇，充分发挥制造业集群优势，大力推动"生产基地＋物流＋互联网"融合创新，积极构建现代物流生态圈为抓手，通过各个职能部门、市县两级合力推动，在全市打造良好的现代物流生态链条，着力发展制造业仓配一体化、培育发展一批现代化物流园区，促进第三方、第四方物流与制造业融合的发展。

重点以纺织鞋服、建材家居等制造业龙头企业仓配管理为突破口，鼓励企业向仓储管理信息平台和配送环节精细化管理要效益。以重点项目建设为

抓手，加快推进恒安、安踏一体化产业园、乔丹、卡宾服饰等龙头企业智能仓配一体化项目建设，着力加快鞋服企业物流配送由批发模式向直配模式转变。

第三节　泉州市促进服务型制造发展的政策

表 14-1　泉州市促进服务型制造发展的政策

序号	政策文件名称	主要政策点	实施期限
		综合类	
1	泉州市人民政府关于印发《泉州市创建"中国制造2025"城市试点示范实施方案》的通知（泉政文〔2017〕39号）	市发展改革委、科技创新委、商务委等部门的战略性新兴产业发展专项、科技创新企业专项、产学研协同创新重大专项、创新平台与科技服务专项、企业研发机构建设专项、科技创新人才专项等财政扶持专项，须优先支持先进制造业中的重点领域、重点产业、重点项目、重点企业等。	2018年起
2	福建省人民政府办公厅关于印发《福建省"十三五"现代服务业发展专项规划》的通知（闽政办〔2016〕82号）	要与推动主辅分离结合起来，突出信用和质量两个关键环节，大力培育和引进服务外包企业。发挥厦门国家服务外包示范城市的辐射和带动作用，积极推动福州等城市成为"中国服务外包示范城市"，享受服务外包示范城市的相关政策措施。加快培育省级服务外包示范园区，建设一批主导产业突出、创新能力强的服务外包产业聚集区，壮大一批服务外包龙头骨干企业，扶持一批"专、精、特、新"中小微服务外包企业。	2016年起
3	福建省人民政府办公厅关于加快推进主辅分离积极发展服务型制造的若干意见（闽政办〔2017〕29号）	省级服务业发展引导资金2017年至2018年每年划出2000万元专项用于制造业主辅分离企业进行扶持和奖励；省工业和信息化发展资金2017年至2018年每年安排4000万元专项用于发展服务型制造的扶持和奖励。具体资金安排由省经信委会同省发改委、财政厅制定实施细则。对制造业企业分离设立的服务业企业，或制造业企业整体转型为服务业企业，各地可根据财力情况和企业对当地的税收贡献给予奖补。对制造业企业分离设立的服务业企业，在水、电、气方面实行与工业同价政策。对企业的奖励金额不超过企业缴纳的地方级税收收入。	2017年起

续表

序号	政策文件名称	主要政策点	实施期限
4	福建省人民政府关于加快发展智能制造九条措施的通知（闽政〔2015〕36号）	引进和培育行业龙头企业。加大"三维"项目对接力度，大力引进国内外知名智能装备企业与工业软件企业。对新引进实际到位资本金达到5000万元以上、位居智能制造整机装备、核心功能部件、工业软件等细分领域国内行业前五强、具有核心技术的龙头企业给予总部政策扶持，依据产业水平和贡献程度，由企业所在地财政一次性给予不超过500万元奖励，对引进全球前五强的，给予不超过1000万元奖励。对智能装备企业产值首次超过2亿元、4亿元、10亿元的，由企业所在地财政给予100万元奖励。对总部或子公司在省内的智能制造骨干企业，成功并购海外或省外科技型企业的，省经信委分别按核定后并购金额的10%、5%给予补助，单项补助金额不超过1000万元。支持企业投资生产自动化（智能化）成套装备，省级财政按建设项目的固定资产投资额10%给予补助，最高不超过1000万元。	2015年起
5	福建省人民政府办公厅关于印发《新一轮促进工业和信息化龙头企业改造升级行动计划（2018—2020年）》的通知（闽政办〔2018〕50号）	完善龙头企业上市培育、储备和激励机制，支持龙头企业在上交所、深交所、全国股转系统等境内外多层次资本市场上市、挂牌，促进上市龙头企业再融资、并购重组。推动龙头企业发行中期票据、短期融资券、企业债券、公司债券等各类债券融资工具，拓宽直接融资渠道。充分发挥好福建省龙头产业基金作用，福建省各级地方产业股权投资基金、企业技术改造基金等加大对龙头企业的并购扩张、技术改造等投资支持力度。	2018年起
6	福建省人民政府关于深化"互联网+先进制造业"发展工业互联网的实施意见（闽政〔2018〕7号）	极争取国家工业转型升级（中国制造2025）资金、新兴产业创业投资引导基金等扶持。发挥省、市、县（区）各级工业和信息化、互联网经济（或数字经济）、科技项目经费等专项资金作用，支持网络、平台、安全体系建设。各地应当统筹省级切块下达的资金支持工业互联网示范平台、重点项目、应用标杆企业建设与发展，对工业互联网示范工程最高给予200万元补助。建立全省工业互联网项目库，加强重点项目与企业的跟踪协调与服务。鼓励社会资本设立创新投资基金，加大对工业互联网创新创业、互联网与先进制造业融合发展项目的投资。鼓励保险公司根据工业互联网需求开发相应的保险产品，拓展针对性保险服务。鼓励各市、县（区）人民政府设立工业互联网发展专项资金，加大政策扶持力度。	2018年起

续表

序号	政策文件名称	主要政策点	实施期限
7	福建省人民政府办公厅关于加快全省工业数字经济创新发展的意见（闽政办〔2018〕9号）	鼓励各类市场主体建设工业公共云服务平台，为中小企业提供企业管理软件、工业设计软件、工具库、零部件库等资源。鼓励大型企业建设工业数字经济创新中心、企业云服务平台，开放共享研发设计、生产制造、检验检测、工程服务等资源，推动企业资源在线发布与交易，服务中小企业发展。扶持中小企业"上云"，提升信息化能力。推动行业组织、龙头企业、互联网企业建设电子商务平台，促进互联网企业与实体经济深度融合，打造新型商业生态，重点面向工业品提供在线交易、支付结算、加工配送、质押担保等服务。	2018年起
8	福建省人民政府关于促进2017年全省工业稳增长调结构若干措施的通知（闽政〔2017〕13号）	电力直接交易总量扩大至380亿千瓦时左右。放宽大用户电力直接交易准入条件，符合产业和环保政策、年用电量2000万千瓦时以上的带动性强、成长性好、行业领先、技术含量高的工业企业直接与发电企业开展交易，部分用电结构与全省平均差异较大地区可适当放宽至1000万千瓦时。扩大交易电源种类，推动符合条件的火电、核电、水电机组参与直接交易。培育售电主体参与，除大用户直接交易外，积极培育售电主体参与电力市场，代理中小用户开展直接交易。电力直接交易与调峰生产用电奖励不叠加执行。	2017年起
9	福建省人民政府办公厅关于印发《福建省"十三五"工业转型升级专项规划》的通知（闽政办〔2016〕46号）	加强质量安全监管，加强对重要工业产品质量监管，加大政府监督抽查和检测服务力度，建立完善质量安全风险监控和信息通报机制，避免发生系统性、区域性、行业性重大质量安全问题。加大福建品牌培育。引导企业增强品牌意识，扶持一批品牌培育和运营专业服务机构，加大品牌培育和市场拓展力度，树立"福建制造"品牌良好形象。以省市政府质量奖、福建名牌产品、地理标志产品、驰（著）名商标、老字号、知名商号等为重点，加快形成一批拥有自主知识产权和核心竞争力的产品品牌、企业品牌，指导有条件的地方和园区申报全国质量强市示范城市、全国知名品牌示范区和全国出口质量安全示范区，打造一批特色鲜明、竞争力强、市场信誉好的区域品牌。	2016年起

续表

序号	政策文件名称	主要政策点	实施期限
		产业结构与行业发展政策	
1	福建省人民政府办公厅关于印发《2017年数字福建工作要点》的通知（闽政办〔2017〕34号）	全面实施"互联网＋流通"行动计划，继续推进福州、厦门、泉州、莆田电子商务示范城市建设。推进跨境电商创新发展，加快建设海峡两岸电子商务经济合作实验区，将福建省打造成为经台跨境电商主通道。大力发展行业电商，打造农村电商升级版。	2017年起
2	福建省人民政府办公厅关于印发《福建省"十三五"能源发展专项规划》的通知（闽政办〔2016〕165号）	加强电动汽车充换电基础设施优化布局和建设，满足2020年推广10万辆以上新能源汽车的需求。至2020年，规划建设近200座城际快充站，全面覆盖福建境内的高速公路干支线、地区环线服务区，并配套电动公交、出租、环卫物流等专用车辆的全面推广，建设150座左右的专用车辆集中式充换电站及约4500个分散式直流桩，在各设区市、县布局建设42~55座城市公共充电站，引导和推进社区、企业、社会停车场所配建9万—12万个充电桩。至2020年基本建成适度超前、车桩相随、智能高效的电动汽车充电基础设施体系。	2016年起
3	泉州市人民政府办公室关于印发《稳步推进主辅分离积极发展服务型制造实施意见及配套措施》的通知（泉政办〔2018〕67号）	深入实施智能制造发展规划，推动信息化技术与制造业的深入融合，提升制造业智能化发展水平，推进国家和省级智能制造试点示范，加快10个省级智能制造示范基地建设。推进"互联网＋"协同制造，加快建设13家国家级和100家互联网与工业融合创新试点企业建设。	2018年起
4	泉州市人民政府关于发展智能制造专项行动计划的实施意见（泉政文〔2015〕96号）	开展智能制造专利、标准与品牌建设。引导智能制造企业开发具有自主知识产权的技术和产品，重视专利申请和保护，对获得泉州市重大发明专利奖、泉州市专利一等奖、二等奖、三等奖的专利，分别给予30万元、15万元、10万元、5万元的奖励；对成为国际标准、国家标准、行业标准、地方标准制修订主导单位或第一起草单位的，分别给予每项一次性100万元、20万元和10万元、5万元的补助；整合相关财政专项资金，加大财政对本市智能装备企业品牌培育和保护力度。	2015年起

续表

序号	政策文件名称	主要政策点	实施期限
5	泉州市人民政府关于印发促进全市工业设计产业发展九条措施的通知（泉政文〔2014〕28号）	鼓励本市纺织服装、鞋业、水暖、机械、包袋包装、陶瓷、工艺品等行业制造业企业与境内外特别是中国台湾、中国香港及德国、日本等地工业设计机构深化合作，提高产品开发的资源整合运用和集成创新水平。对与设计机构达成1年以上深度合作合同，且每年实际业务发生额在50万元以上、带动产品销售1000万元以上的，按设计服务费的20%给予制造企业补助，每家企业年补助额不超过30万元。对与设计机构达成的单项超5万元的设计外包，且带动产品销售100万元以上的，按每个成交合同实际发生额的10%给予制造企业补助，单项奖励最高不超过5万元，每家企业年度奖励总额不超过20万元。	2014年起
6	泉州市人民政府办公室关于印发《2017年泉州市进一步推动电子商务发展若干措施》的通知（泉政办〔2017〕91号）	鼓励各县（市、区）依托本市产业优势，重点打造纺织服装、鞋业、建材家居、食品饮料、水暖卫浴、陶瓷树脂工艺品等领域的行业垂直电商平台，推动"生产基地＋电商"生态圈发展。对与产业结合紧密、发展潜力大、对产业转型升级推动作用明显的行业垂直电商平台及泉州购全渠道供货平台进行补助，补助资金不超过平台建设投资的50%，单个平台最高不超过100万元。	2017年起
7	泉州市人民政府关于印发《泉州市国民经济和社会发展第十三个五年规划纲要》的通知（泉政文〔2016〕41号）	优化建筑业产业结构。扶持骨干企业从施工总承包向工程总承包发展，由单一建筑施工向关联度较高的上下游产业延伸，培育一批企业向公路、铁路、港口航道、电力、石油化工、通信、隧道工程等科技含量高的专业发展。壮大建筑业总部经济，鼓励建筑企业通过兼并重组实行资源整合，引导企业向品牌化、专业化发展，鼓励创建品牌优质工程和品牌建筑企业。	2016年起
8	福建省人民政府关于印发《福建省加快战略性新兴产业发展实施方案》的通知（闽政〔2011〕104号）	加大财政支持。省级财政统筹安排不低于5亿元的专项资金，设立战略性新兴产业引导资金，重点用于重大项目的跟进投资、重大科技开发专项、科技创新服务平台、产业化培植计划项目和应用示范项目资金补助等。同时，设立不低于10亿元的战略性新兴产业创业投资基金（其中省级财政出资3.5亿元），重点培育发展一批处于初创期和成长期的创新型新兴产业企业。鼓励和引导各类产业投资基金投资本省新兴产业，支持中央财政参股的创投基金发展，鼓励有条件的地方设立地方财政参股的创投基金，引导各类资本通过竞争性谈判，实施战略合作等方式在本省设立创投基金，鼓励通过股权投资方式壮大新兴产业成熟期企业。	2011年起

续表

序号	政策文件名称	主要政策点	实施期限
9	泉州市人民政府办公室关于印发《泉州市2017年金融服务实体经济工作要点》的通知（泉政办〔2017〕24号）	加大对各类财富管理机构的招引扶持力度，积极引进财富管理总部、第三方理财机构、金融顾问公司、私募基金机构等机构。支持金融机构开展财富管理业务，鼓励产品研发、创新，完善产品线和覆盖面。推动财富管理机构开展私募理财、资产管理、兼并重组等业务，提升财富管理能力和资产管理规模。积极引导私人财富通过股票、债券市场等渠道进入实体经济，提高居民运用金融市场增加财产性收入的能力。	2017年起
10	福建省人民政府关于印发《实施畅通城市三年行动计划（2016—2018年）》的通知（闽政〔2016〕18号）	加大财政支持力度。省财政统筹现有专项资金渠道支持信息基础设施建设，选取市场配置难以解决、需政府提供公共服务的关键环节给予重点扶持，大力支持公共资源开放、智慧杆塔推广应用、信息基础设施规划修编等工作，扶持资金向粤东西北和农村等欠发达地区倾斜。各市要积极引导社会资本加大投资力度，加强对重点项目的融资支持，鼓励民间资本投资信息基础设施建设。	2016年起
11	泉州市人民政府关于印发《泉州市推进智慧城市建设三年行动方案（2016—2018年）》的通知（泉政文〔2016〕79号）	坚持政府引导、市场主导的原则，与资金雄厚、技术领先的央企、国企、民企、外企共同搭建智慧城市建设投资运营平台，探索代建代维、政府购买服务等模式；探索PPP建设模式，即政府和企业间合作，鼓励民营资本与政府合作建设、运营信息化建设，参与项目建设。	2016年起
财政金融类			
1	福建省人民政府关于促进高校科技创新能力提升的若干意见（闽政〔2016〕37号）	支持高校建设创业基地、创客中心、创客天地、创业咖啡、创新工场、创业大本营等众创空间和网络众创平台。对于设立不少于2000平方米、吸纳创业主体超过20户以上的公益性大学生创业创新场所，省就业专项资金给予每个不超过100万元的资金补助。	2017年起
2	福建省人民政府办公厅关于推广政府和社会资本合作（PPP）试点扶持政策的意见（闽政办〔2015〕69号）	积极利用国际金融组织贷款和外国政府贷款；对接财政部PPP融资支持资金、各类保险投资基金和全国社保基金等多渠道资金；鼓励省属企业、各类产业投资基金等参与各地PPP项目合作，扩大PPP项目资金来源渠道。PPP项目公司上市，享受本省公司上市奖励政策。在全国中小企业股份转让系统和海峡股权交易中心挂牌交易的PPP项目公司，省经信委在挂牌当年给予不超过30万元的补贴。	2015年起

续表

序号	政策文件名称	主要政策点	实施期限
3	福建省经济贸易委员会福建省财政厅转发工业和信息化部、财政部关于做好中小企业发展专项资金项目监督和管理工作的通知（闽经贸中小〔2011〕280号）	符合《专项资金管理办法》和专项资金支持重点的项目，由项目申报单位在"项目管理系统"中填报相关材料，同时向市级经贸和财政部门提出书面申请，经市级经贸和财政部门在网上共同审核后，作为"项目管理系统"项目储备阶段的待入库项目，随后按照不少于省级经贸和财政部门下发的年度项目申报工作通知中限定的项目申报数量的两倍，由市级经贸和财政部门择优确定进入"项目管理系统"项目储备阶段的已入库项目。	2011年起
4	泉州市人民政府关于印发《泉州市金融服务实体经济工作意见》的通知（泉政办〔2012〕265号）	修改完善和进一步落实推进企业改制上市政策，加大企业改制上市扶持力度。 支持企业在境内外资本市场首发融资和再融资。2012年至2015年全市新增上市企业50家以上，首发上市和再融资募集资金500亿元以上。 积极培育上市资源，挖掘和培育一批具有行业竞争优势的龙头企业作为重点上市后备企业，引导企业规范改制、规范运作，2012年至2015年培育150家以上重点上市后备企业。	2012年起
5	泉州市人民政府办公室关于印发《泉州市2015年金融服务实体经济工作要点》的通知（泉政办〔2015〕16号）	构建金融支持"数控一代"等重点产业发展新模式，引导信贷资金向重点行业、重点项目、重点企业倾斜。加大对纺织鞋服等传统优势产业及"三农"、小微企业等薄弱环节的信贷扶持力度，确保全年涉农、小微企业两项贷款增幅高于全部贷款平均增幅。探索金融支持新型城镇化建设、石结构房屋改造的新途径，争取人民银行总行将泉州石结构房屋改造列为国开行棚户区改造贷款的重点支持范围，加大金融机构与石改办的合作力度，为零星石结构房屋改造提供融资支持。	2015年起
	科技类		
1	福建省人民政府关于2017年度福建省科学技术奖励和专利奖励的决定（闽政文〔2018〕293号）	授予"用于检测人类EGFR基因突变的引物、探针及其使用方法"等3项专利福建省专利奖一等奖；授予"一种信号检测装置"等10项专利福建省专利奖二等奖；授予"一种西氏鲍与皱纹盘鲍种间杂交制种方法"等30项专利福建省专利奖三等奖，并对获奖专利的专利权人和发明人颁发奖牌、证书和奖金。 同时，对在福建省境内实施的本省获第十八届、十九届中国专利优秀奖的"烧结烟气干法脱除方法及装置"等32项专利按省专利奖一等奖标准给予奖励；对获第十八届、十九届中国外观设计优秀奖的"手表（E1）"等5项外观设计专利按省专利奖二等奖标准给予奖励。	2018年起

续表

序号	政策文件名称	主要政策点	实施期限
2	福建省人民政府关于进一步推进创新驱动发展七条措施的通知（闽政〔2018〕19号）	激励企业加大研发投入。建立与企业产值、研发投入等生产经营情况相挂钩的创新激励机制。对企业年产值在5000万元以上、税收1000万元以上且研发经费内部支出占主营业务收入比重超过5%的高研发投入企业，在享受已有研发经费分段补助政策基础上，按其研发经费内部支出超出上一年度的增量部分，再给予10%比例的绩效奖励，最高可达500万元，所需经费由省市县三级按原有政策比例分担。	2018年起
3	中共福建省委福建省人民政府关于深化科技体制改革加快创新体系建设的若干意（闽委发〔2012〕7号）	支撑战略性新兴产业发展和传统产业转型升级。围绕新一代信息技术、生物与新医药、新材料、新能源、节能环保、高端装备制造、海洋高新产业等七大战略性新兴产业和新型平板显示、新一代网络和高端通信、生物医药、LED和光伏、节能环保技术和装备等五大领域需求部署创新链，突破一批核心关键共性技术，增创经济新优势；推动高新技术产业集聚发展，做大做强一批高新技术产业化基地，形成一批高技术产品和高端装备的生产基地。对属于战略性新兴产业的企业在享受现有研发经费税前加计扣除优惠政策的基础上由地方政府再给予一定奖励；实施制造业信息化、节能减排、清洁生产、科技惠民等科技示范工程，结合"百项千亿"重点技术改造项目、重点产业链技术改造工程。	2012起
		人才类	
1	福建省人力资源和社会保障厅省财政厅关于进一步规范就业补助资金转移支付管理的通知（闽人社文〔2016〕328号）	中期财政规划按照三年滚动方式编制，第一年规划约束下一年度预算，后两年规划指引相应年度预算。人力资源和社会保障事业发展专项规划、本地就业创业工作实际工作，涉及财政政策和资金支持的，要与中期财政投入规划相衔接。各设区市应对未来三年资金收支情况进行分析预测，对规划期内一些重要政策、重大项目，研究政策目标、运行机制和评价办法。年末资金预算实际执行情况对照资金决算情况列入就业补助资金绩效考评。要强化结果应用，将评价结果进行公示、公开，健全绩效评价结果反馈整改制度。	2016年起

续表

序号	政策文件名称	主要政策点	实施期限
2	关于印发《福建省"海纳百川"高端人才聚集计划（2013—2017年）》的通知（闽委办发〔2013〕3号）	分别给予入选省引才"百人计划"的团队300万元、海外人才200万元、国内人才100万元补助。引进中国科学院院士、中国工程院院士及发达国家院士按一人一议原则，给予不低于300万元补助。按照《福建省关于奖励高层次人才引进的暂行办法》兑现引才奖励。实施留学人员来闽创业启动支持计划，对经评审确定的重点创业项目和优秀项目，分别给予一次性创业支持资金50万元和20万元，各设区的市给予配套支持。	2013年起
3	中共福建省委办公厅省人民政府办公厅关于印发《福建省引进高层次创业创新人才暂行办法》等三个文件的通知（闽委办〔2010〕2号）	持产业人才高地建设单位申报设立国家级重点（工程）实验室、工程技术（研究）中心、企业技术中心，获批准设立国家级重点（工程）实验室等研发机构的，按本省有关规定予以资金和政策扶持。产业人才高地新设立的博士后科研工作站，当地财政给予建站补助，并给予进站博士后人员一定的科研和生活补助。从产业人才高地博士后站点出站并留闽工作或创业的省外、海外博士，享受本省引进高层次人才相关待遇。到本省企业工作满5年（含从事博士后研究时间）的，由当地财政给予一定的住房补助。	2010年起
4	关于开展2018年创新人才推进计划农业农村领域科技创新创业人才推荐工作的通知（闽科函〔2018〕103号）	申报人所属企业需拥有核心技术和自主知识产权，至少拥有1项主营业务相关的发明专利（或动植物新品种、著作权等），创业项目符合我国乡村振兴的发展需要和农业高新技术产业、农业战略新兴产业发展方向，具有特色产品或创新性商业模式，技术水平在行业中处于先进地位。	2018年起
就业创业类			
1	福建省人民政府关于做好2018年普通高等学校毕业生就业创业工作的通知（闽政〔2018〕11号）	鼓励各地积极投资开发公益性岗位，吸纳符合条件的高校毕业生就业，按规定给予社保补贴和岗位补贴。加大基层特别是街道（乡镇）、社区（村）购买服务的力度，创造更多公共管理和社会服务等适合高校毕业生的岗位。各地要围绕打赢脱贫攻坚战和实施乡村振兴战略，积极落实各项扶持政策，促进高校毕业生到基层公共管理和社会服务岗位就业。	2018年起

序号	政策文件名称	主要政策点	实施期限
2	泉州市人民政府关于做好 2018 年普通高等学校毕业生就业创业工作的通知（泉政文〔2018〕84 号）	发挥中小微企业吸纳高校毕业生就业主渠道作用，鼓励中小微企业在适应供给侧结构性改革、推进产业优化升级以及发展新经济、培育新动能过程中，进一步开发有利于发挥高校毕业生专长的管理型、技术型岗位。落实小微企业吸纳高校毕业生的社保补贴、培训补贴、创业带动就业补贴、降税减负等优惠政策。离校未就业高校毕业生灵活就业后，向公共就业人才服务机构申报就业并以个人身份缴纳社会保险费的，按不超过其实际缴费 2/3 的基本养老保险费、基本医疗保险费给予补贴，补贴期限不超过 3 年。鼓励高校毕业生到国际组织实习任职。	2018 年起
3	福建省人民政府关于进一步做好新形势下就业创业工作十五条措施的通知（闽政〔2015〕44 号）	对小微企业亟须获得授权的核心专利申请优先审查。对在全国中小企业股份转让系统和海峡股权交易中心挂牌交易的小微企业，省级财政在挂牌当年给予不超过 30 万元的补助。创新政府采购支持方式，各地各部门在编制政府采购计划时，预算总额的 30% 以上应预留面向本省中小企业。对小微企业吸纳符合条件人员就业并缴纳社会保险费的，可申请社会保险补贴。初创三年内的小微企业（不含个体工商户）吸纳就业（签订 1 年以上期限劳动合同并缴纳社会保险费）的，可按人数给予每人不超过 1000 元、总额不超过 3 万元的创业带动就业补贴。	2015 年起
		土地类	
1	福建省人民政府关于同意修改漳州市常山华侨经济开发区土地利用总体规划（2006—2020 年）的批复（闽政文〔2016〕83 号）	同意你市上报的常山华侨经济开发区土地利用总体规划局部修改方案，在耕地保有量、基本农田面积、城乡建设用地规模、新增建设占用耕地规模等主要约束性指标保持不变基础上，将 6.2291 公顷原规划限制建设区（未占用耕地）调整为允许建设区，并相应修改常山华侨经济开发区土地利用总体规划。	2016 年起

资料来源：赛迪智库整理，2018 年 11 月。

案例篇

第十五章　推广定制化服务

第一节　如意集团

一、企业服务型制造发展情况

山东如意集团（以下简称"如意"）是一家纺织企业，前身为成立于 1972 年的济宁毛纺织厂；1993 年 12 月改制为股份有限公司。目前，如意成为集精纺呢绒面料及服装的设计、生产、销售于一体的大型纺织服装集团，拥有全球规模最大、最齐全的毛纺织服装产业链。积极打造"互联网 + 个性化定制 + 智能制造"新模式。当前，如意已经跻身于中国纺织 500 强首位，中国跨国企业百强。

如意实现了对全球资源的集聚。拥有日本 RENOWN 株式会社、法国 SMCP 等国际知名品牌；在澳大利亚卡比棉田、罗伦杜牧场等智能化国际化园区拥有原料提供源；在巴黎、米兰、伦敦、东京等地区，建立了国际领先的设计研发平台。

纺织行业是传统行业，定制化服务是该行业转型升级、走向中高端的重要途径。如意作为全球化的科技创新型纺织服装产业集团，通过整合全球资源，利用信息化、智能化的手段，打造定制化的服务型制造模式，实现线上个性化设计、智能化下单、线下体验服务，由制造不断向服务、向品牌转变。如意建立了基于"互联网 +"的纺织全产业链智能制造工程，通过与互联网、嵌入式工业控制、企业云平台和工业大数据等的融合，对各生产环节进行升级，打造出智能化的生产工厂，实现了转型升级。

二、主要做法、模式

（一）聚焦设计服务

个性化定制服务是服装企业发展的大趋势，个性化需求也越来越凸显供应链的重要性，经前期市场实践证明，传统单体设计模式难以适应这种需求趋势，而基于产业链的一体化设计能够对消费需求达到最大化满足。如意集团开展了集成化设计，建立起集原料、纱线、面料、服装、品牌于一体的集成设计模式，打破了传统的服装产业的设计格局。如意依据用户的需求，从原料选择、服装版型、风格、品牌、生产地等方面为用户提供一站式的、一体化的柔性设计解决方案。如意不断加强设计载体建设，设立了时尚纺织品工业设计中心，被认定为国家级工业设计中心，而且在巴黎、东京、伦敦、米兰等地建立了设计创新分中心，通过联动创新的方式，利用全球设计资源，增强设计服务能力。

（二）积极发展智能制造

对产业链的各个环节进行智能化改造，在染色、纺纱、面料、成衣等方面，建设了以自动化硬件为基础、数字化软件为辅助的全球最大最全的智能化生产制造基地，形成智能制造模式。如意将不同类型的生产设备之间关联起来，各工序之间实现了集成，组成智能化的生产线，可满足不同的生产需求。制造过程采用了智能化染色、粗细络联、单锭检测、数码印花、智慧吊挂等智能装备。企业在生产过程中，通过整合云平台、资源管理系统、MES系统等实现了对生产进度、物流等环节的在线监控，形成了数字化、可视化、集成化、自动化等优势。而且用户可以及时查看订单情况。其"纺织智能工厂试点示范项目"成功入围工信部 2018 年智能制造试点示范项目。

（三）打造个性化定制平台

如意积极运用互联网技术，构建个性化定制平台，将制造商和顾客置于同一平台，不但可以快速搜集顾客的需求数据，还可以解决中间流通环节信息不对称问题。个性化定制平台以三维信息化模型为基础，以订单信息流为线索，在组织节点对工艺和任务进行分解，以指令推送的方式将分解任务推向各部门（工位），依赖物联网技术的数据传感器，持续不断地收集任务完成状况，反馈至中央决策系统及电子商务系统，透明、高效地弹性化实现商务流程和生产流程的基础信息架构。[①]

如意通过对搜集道德个性化需求的各类数据的分析，判断服装的流行趋势，用户根据其推荐的这些趋势，可以随心所欲地定制服装，在线自行选择原料、颜色、印花、款式等并可以看到成衣的效果图，之后通过互联网定制。

三、主要成效

如意的服务型制造转型，取得了较好的成效，入选 2017 年工信部的服务型制造示范企业（项目、平台）名单。如意建设了世界上先进的智能工厂和产业链建设解决方案，生产体系在世界上处于领先水平，在国内形成了从原料—纱线—面料—服装全产业链个性化定制的模式，为纺织行业的转型升级提供了一定的经验借鉴。

通过发展服务型制造，降低了成本。如意的开发周期缩减了 35% 以上；产品质量得到了一定的提高，高端纺织品的国际市场占有率达到 30% 以上；成本有所降低，纺纱劳动用工由原来的万锭 200 人减少到 15 人，达到国际领先水平；资金占用量减少了 30%。

销售收入实现了增长。个性化设计和生产促进了如意的销售额和产销率的持续增长，近几年，如意的年收入增速达到 10% 以上。其中，日本的子公司单次产销率达到 80%，法国子公司的单次产销率达到 83%。

四、启示及建议

（一）注重客户需求，实施个性化定制

当前，随着生活水平的提高，消费者购买的主动性和选择性不断提高，消费者对于服装的需求不仅在于款式新颖、时尚百搭，而且希望穿着合体，甚至可以根据自己的爱好量身定制。高端消费者更是希望能够使用特殊的、高档的面料，能够出席各种场合。所以，服装制造企业在确定转型方向到转

---

① http://www.sohu.com/a/15042351_114800.

型发展的每一个阶段，其产品设计、品牌定位和企业管理理念都需要以消费者需求为核心，将消费者的需求放在首位，精准把握消费者需求，流程节点要围绕着消费者的需求，消费者不仅可以选择符合自己需求的服装，而且能够参与到产品设计的过程中去。

（二）加强与电商平台的合作

使消费者更好地表达自己的个性化需求，实现个性化定制，是服装企业需要解决的一个重要问题。为了解决这一问题，企业可以打造个性化定制平台，让消费者直接面对制造企业。在这个平台上，企业可以将产品的研发设计、制造生产、交付使用、物流配送直至客户满意度评价等方面全部与平台打通，实现企业与消费者之间的信息共享。利用这一平台，消费者可以实现自主设计款式，选择面料、尺码、版型等，并可以参与服装从设计、生产、出厂配送等全过程，极大地提高了消费者的用户体验。

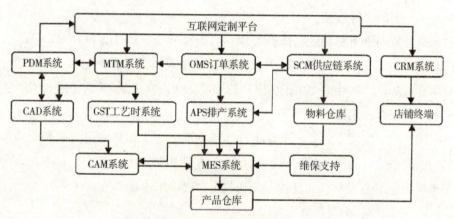

图 15-1 服装企业服务型制造系统①

（三）加强信息技术的运用

传统企业转型的关键就在于智能化的改造。企业如果要发展定制化服务，需要利用射频识别、无线网络、智能感知等技术构建智能互联的物联网架构，这样就可以集中处理客户个性化定制信息、生产制造信息、工序指令化信息、物流配送信息等。利用信息技术，积极打造定制平台、APP 等，对用户需求

---

① 贺宪亭：《数字技术驱动服装产业定制化转型》，《纺织高校基础科学学报》2018 年第 1 期。

进行快速响应，并及时推送产品和服务。在生产制造过程中，企业应着力打造智能制造系统，实现横向集成、纵向集成、端到端集成。

（四）系统打造服装行业智能制造的生态环境

创新企业发展观念，打造服装行业的良性发展生态环境，积极建立信息资源平台、研究开发平台和成果推广平台，促进服装行业形成创新生态系统和柔性生产系统。强化服务功能区与公共服务平台建设，加大公共服务的提供力度。促进公平竞争，为服装行业发展营造良好的市场环境。

第二节　海　　尔

一、企业服务型制造发展情况

海尔集团（以下简称"海尔"）成立于 1984 年，是全球大型家电企业，目前已从传统制造家电产品的企业转型为面向全社会孵化创客的平台。海尔拥有海尔、斐雪派克、卡萨帝、统帅等智能家电品牌。目前，海尔在全球拥有 10 大研发中心、24 个工业园、108 个制造工厂、66 个营销中心。2017 年，海尔集团实现全球营业额 2419 亿元，全球利税总额首次突破 300 亿元。

海尔的发展战略经历了五个阶段，即名牌战略、多元化战略、国际化战略、全球化品牌战略。从 2012 年开始，海尔开始探索全面互联网化。在互联网时代，海尔打破传统企业的封闭系统，向互联网企业转变，变成网络互联中的节点，促进各种资源互联互通。围绕"智家定制"，构建食联生态、衣联生态、住居生态、互娱生态等物联网生态圈，满足用户的个性化家居服务方案需求。

随着信息技术的飞速发展以及用户日益增长的"个性化"消费需求，大规模定制成为重要发展趋势。海尔是我国最早探索大规模定制模式的企业之一。2017 年 3 月，海尔发布了行业首个拥有自主知识产权的工业互联网平台 COSMOplat。该平台建立在互联工厂模式基础上，企业可以复制海尔互联工厂的现有成果。海尔通过定制平台，以用户需求为中心，实现了从大规模制造向大规模定制的转型，在平台系统能力的支撑上，打造了 Mind to Deliver（MTD，从创意到交付）的众创模式，依托智能互联工厂，创新了生产方式，实现了从"交互需求"到"产品众创"再到"规模定制"转变。

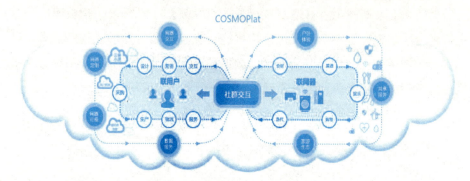

图 15 – 2　海尔的 COSMOplat①

截至 2017 年底，在平台上注册的企业 390 万家，用户 3.2 亿个，② 已成为全球最大的大规模定制解决方案平台。平台覆盖家居、服装等 12 个行业，在天津、广州、上海等区域进行了模式复制。

海尔实现了从"卖产品"到"卖方案"的转变，为用户提供全场景定制化智慧成套方案，积极构建涵盖用户、企业等各方资源的生态圈。

二、主要做法、模式

（一）以用户为核心，注重信息整合

建立良好的双向沟通平台，建立高效的信息沟通渠道是实现定制化模式的前提。海尔根据自身特色建立了收集信息的网络平台和数据挖掘系统。通过前台的 CRM 系统实现与消费者的快速沟通，收集消费者的信息和个性化需求。通过后台 ERP 系统把收集到的消费者需求信息迅速传送到企业的各部门中，如配送系统、供应链系统、消费者服务系统、财务结算系统等，实现与消费者的联通。通过这一平台的搭建，海尔完善了对消费者需求信息的收集和数据挖掘，提高了对消费者个性化需求变化的反应速度。用户还可以通过

---

① 图片来源于海尔官网。
② https：//www.sohu.com/a/224602052_505782.

定制平台产跟踪订单、生产、物流等过程,数据基本都是透明的。海尔还建立了线下分销网点,为用户提供咨询和售后服务,对线上平台是一个必要的补充。

(二) 积极进行机制创新

海尔积极对运行机制进行创新,包括用户交互、产品设计、创意实现、创意变现、产品迭代等的诸多机制,创造了新的产品定义方式和新的产品交付方式。从创意到交付的流程包括用户交互、方案设计、模块研发、样机制造、交付体验等环节。用户不但可以参与产品的设计和研发过程,还可以通过预约定制来预先定制喜欢的产品。用户对这种模式认可度和参与度不断提高。海尔定制平台形成了一套协同研发机制,将海尔内部诸如超前研发、企划、模块供应商等相关平台紧密联系在一起。海尔的产品研发模式转变为以用户需求为核心的迭代式产品研发,针对用户的需求来设计产品,让用户参与产品开发的全过程。

(三) 建设柔性化生产系统

定制化模式的一个重要条件就是需要利用互联网技术和信息技术建立完备的柔性生产系统。柔性生产系统由数控机床、多功能加工中心及机器人组成,通过改变控制软件来满足生产不同产品的不同要求,企业可以随时调整生产装配线。海尔电器定制化服务为全球消费者提供了各种不同的配置选择,消费者可以利用海尔网上商城定制专属家电,用户可以根据个人偏好选择产品的颜色、尺寸、材质等,海尔就可以根据用户传递的信息安排生产。在自动化产线上,产品的颜色、型号和样式可能完全不同,实现了智能化柔性生产。海尔的劳动生产率得到了提高,降低了库存。

三、主要成效

海尔的定制化服务取得了一系列的成效,主要表现为以下几个方面。

品牌影响力进一步提升。经过数年的研发,已经形成了海尔、卡萨帝、美国 GE Appliances、新西兰 Fisher&Paykel、日本 AQUA、统帅等六大家电品牌。海尔系列品牌遍布全球 160 多个国家和地区,基本上都是自主品牌。海尔冰箱连续十年在全球占有率居第一位。卡萨帝成为中国高端家电品牌第一名,在产品单价、市场份额以及口碑上，连续两年在中国市场居第一位。

为全球化难题的解决提供样本。在智慧家庭方面，存在着难互通、不主动、不成套的三大全球化难题，而海尔打造跨场景、全流程的成套智慧生活体验，以开放的生态平台为基础，以物联网为联结，将空气、用水、美食等7大生态圈并联起来，打造出一站式智慧成套解决方案。COSMOplat 从建立开始，就始终强调用户全流程参与、零距离互联互通、打造开放共赢的新生态等，形成了用户、企业、资源三位一体、开放共赢的有机全生态，为全球制造的大规模定制提供了良好样本。

企业竞争力不断提升。海尔在国内属于最早探索智能家居、物联网的企业，实力雄厚，海尔参与了两项有关国家智能家居国家标准的编写。2018年，海尔集团旗下子公司之一青岛海尔股份有限公司入选美国《财富》的世界500强榜单。海尔的互联工厂的生产效率不断提高。如：在沈阳互联工厂，一条生产线可以支持500多个型号产品的大规模定制，10秒可以生产一台产品，订单周期从15天压缩至7天。在佛山互联工厂，从下单开始，一台洗衣机最快可以在2个小时完成生产。2017年，海尔在美洲、欧洲、大洋洲以及南亚等地区的增速分别为3倍、5倍、3倍、4倍。

四、启示及建议

（一）信息技术是实现定制化服务的基础

个性化定制需要以先进的信息基础设施作为基础，企业在生产过程中离不开信息技术的应用。所以，应加强新一代信息基础设施的建设，促进大数据、云计算、物联网等技术的进一步发展，为信息技术的应用和普及提供支持。积极引导企业加强对先进信息技术的应用，促进企业加强智能化改造。

（二）构建场景生态，实现多方共赢

海尔的智能定制平台集合了多方的资源，将用户、供应商、企业等资源有效整合在一起，打造出较为强大的平台资源，形成生态圈，这些合作方共同为用户服务。用户通过采用线上交互与线下体验相结合的方式，可以体检到真实的场景。各合作方均可实现自身的利益。此外，该模式具有可复制性，企业可以借鉴其经验，从自身的产品入手，为用户提供定制化服务，增加产

品的附加值。

（三）创新企业组织形式

个性化定制不能仅依靠信息技术的应用，企业还需要创新管理理念，深化创新和变革思想，从管理理念上进行深层次的转变，从以生产为中心转变为以消费者为中心，企业一切活动围绕消费者需求，要形成快速响应机制，应形成去组织、去层级、去审批的扁平化组织流程，真正地打破层级和部门观念，才能够真正实现高效协同。

第三节　上汽大通

一、企业服务型制造发展情况

上汽大通汽车有限公司（以下简称"上汽大通"），成立于 2011 年 3 月，是上海汽车集团股份有限公司全资子公司。上汽大通拥有 MAXUS、LDV 和伊思坦纳三大品牌，在无锡、南京和溧阳拥有三个生产基地，在马来西亚、泰国等国外地区也建设了制造基地。

上汽大通积极实施"五化"，即电动化（即新能源发展）、智能化、网联化、共享化、定制化。将"科技、信赖、进取"作为品牌的核心价值，在汽车行业中开创了 C2B 业务模式，包括车型定义、设计开发、汽车验证、自由选配、用户定价、反馈改进环节，真正实现"用户驱动"的业务模式，开展个性化产品定制、智能化制造等，创新变革业务模式和商业模式，提升产品竞争力。上汽实现了从传统车企向综合服务商转型。

上汽大通在汽车领域积极尝试个性化定制，利用互联网思维，将大数据融入到造车的环节之中，依托自身优势，不断推出用户需要的产品。上汽大通成为全球首家 C2B 智能汽车定制车企。其所生产的 D90，是首次推出的智能化大规模定制产品，是首款由用户驱动，用户参与定义、设计、验证、选配、定价和改进的产品。当前，上汽大通 C2B 大规模个性化智能定制模式已经发展到了 2.0 阶段，车型逐渐丰富，如 SUV D90、MPV G10 PLUS、皮卡

T60、MPV G50 等。上汽大通的溧阳房车基地，是国内首个专为大规模定制化房车打造的研发及生产基地。

图 15-3　上汽大通商用车基于个性化定制的 C2B 地图①

上汽大通推出的蜘蛛智选服务，让消费者们仅仅用 3 分钟便可定制出自己喜好的车型，并且通过大数据的分析还能为大家提供车型定制方案的推荐。

二、主要做法、模式

（一）积极构建用户生态圈

企业要响应用户需求，需要向以用户为中心转变，关注用户的生活方式和观念的转变。这些数据有助于定制化生产的实现。上汽大通在上汽集团的大数据架构的基础上，建立了大数据平台，收集消费者的信息，根据用户的特点，对用户行为不断更新，建立循环进行系统迭代。消费者可以利用其搭建的"我行 MAXUS 平台"参与整车的选配、改进等流程。在 C2B 中，打通了重要的"C 端"用户端。用户可以通过蜘蛛智选平台打造自己的车型，如果有问题可以进行即时咨询。上汽大通还可为行业客户定制服务解决方案。

构建用户生态圈与体验圈。通过主机厂直销的试点，培养新客户将 C2B 平台作为关注和购买大通入口的习惯；建设大通俱乐部作为老客户的入口，

---

① 上海经信委。

完成微信公众号、QQ 群、论坛等线上以及线下多渠道入口建设，培养种子客户，建设商用车客户生态圈。

（二）聚焦科研创新能力

为满足用户的需求，上汽大通采用系统工程、并行工程、模块化设计等先进方法，运用数字化、虚拟化（CAE/CAD）、物联网、大数据等技术，构建个性化产品的研发环境。对各个产品进行差异化创新，如 SUV D90 采用 C2B 大规模个人定制模式、皮卡 T60 采用了大天窗等。上汽大通坚持智能化创新，与阿里合作研发了上汽阿里斑马智能互联系统，可以提供智能车管家、在线互联、远程控制、语音识别等功能。在产品选配阶段，用户不仅可以定制自己想要的配置，还可以选择分时四驱和适时四驱两种模式，这在整个汽车行业内来说也是相当少见的。

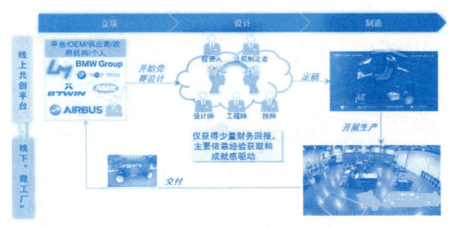

图 15 – 4　上汽大通的开放创新系统①

（三）提高生产制造能力

上汽大通通过制造工艺在线平台，打通研发、工艺、生产横向集成，通过设备在线管理平台，打通企业、车间、设备纵向集成，引入模块化工艺、产品工程等先进方法，采用虚拟仿真技术、3D 打印、虚拟现实等技术，构建工艺规划、工厂规划、生产运营的集成管控环境。建立智能生产管理系统，形成柔性化在线制造能力。

----

① 上海经信委。

（四）不断完善个性化定制服务平台

上汽建设基于工业云和大数据的个性化定制交互服务平台，为客户提供个性化配置选择、定制化设计等。上汽的个性化定制平台由三个部分组成：个性化需求、个性化服务和个性化产品。用户带来了线上个性化选车、线上下单、线上实时获取造车进度、线下提车的全新购车模式，蜘蛛智选支持多达上亿种的自由选配组合，使得用户可以图文并茂选车。将配置的选择权交还给了消费者——用户可以定制需求、智能下单，自主个性配置，选配器后台会直接生成订单，并实现订单的可追踪和可查询。为了满足用户需求，平台每三个月进行一次大型的版本迭代升级、一周一次小迭代，每天进行细节的迭代。

三、主要成效

上汽大通初步形成按库存生产和按订单生产的混合业务模式，定制化业务不断发展。推出 C2B 智能选配器"蜘蛛智选"，用户 3 分钟就可以完成个性化定制。智能选配器中有上亿种自由选配，造车过程全透明，订车周期（从预定到提车）被压缩至 29 天。在智能选配器上，新增智能推荐、选配比例提示等模块，推出"后悔药"的特色服务，用户可以对不满意的配置在限定的时间内进行修改。

上汽大通的 D90 开创了国内 C2B 定制先河的车型，当前的订单不断增长，2018 年上半年，约 70% 的订单都源于线上，订单数量累计已超过 15000 辆，推动该款车型成为上汽大通的品牌主力车型之一。上汽大通发布的新产品G50 的交付承诺周期是 28 天。

四、启示及建议

当前，汽车已成为非常普遍的一种交通工具。而消费者的观念在不断地改变，为了满足多数消费者的个性化要求，汽车制造业不断创新，大批量定制模式应运而生。汽车个性化定制成为重要的发展趋势。

（一）企业应以客户为中心

在大规模定制模式下，产品的生命周期较为短暂，企业需要在产品生命周期结束后也会保持形象。这就要求在大规模定制中以客户为中心，与客户进行良好沟通，搜集信息的反馈，提高客户满意度。信息基础设施是企业与客户沟通的基础，企业应加强信息技术的应用，完善相关平台，有助于与用户建立良好互动关系。企业应加强对服务人员的培训，培育一批高素质的服务队伍。定制化服务企业和顾客在相互交流和学习过程中创造和重新定义服务价值，更好地满足顾客的定制化服务需求。所有的服务活动都要由顾客需求驱动，关注顾客真正的求，注重于顾客进行互动，并用个性化的方式呈现给顾客，满足顾客的定制化服务需求。

（二）汽车定制化服务需要技术支撑

大批量定制在实际生产过程中，对技术的要求较高。一是汽车模块化设计和个性化组合技术。需要采用知识工程技术、数据挖掘等，运用部件级模块化技术、系统级模块化分解等技术。二是计划排产技术。模块化设计与个性化定制模式下，企业生产具有灵活、柔性等特点，应利用产品工艺优化方法、柔性装配约束等制订排产计划，实现定制化模式下零件加工等程序的协同优化。

（三）企业创新能力亟须提升

我国汽车企业创新能力取得了长足的进步，但与国际先进水平相比仍存在一定的差距，很多核心技术仍受制于人，如高效内燃机、先进变速器等，都属于行业的短板。整车的智能化还有待进一步的提升。汽车行业的大规模定制对企业的创新能力具有更高的要求。所以，企业应不断提高自主创新能力，才能顺利地实施大规模定制模式。

第十六章　实施产品全生命周期管理

第一节　万事利集团有限公司

一、企业服务型制造发展情况

万事利集团有限公司（以下简称"万事利"）是杭州的一家民营企业，创办于 1975 年，现已成为一家以丝绸文化创意为主业的现代企业。2018 年，企业销售收入近 10 亿元，现有员工 800 余名。公司业务主要覆盖丝绸材料、丝绸礼品、丝绸服装、丝绸艺术装饰、丝绸艺术品及互联网＋丝绸营销等。从产品制造升级为文化创造，万事利演绎了"丝绸传统产业＋文化创意＋高科技＝丝绸新兴产业"的转型升级，其成果被国内众多高等学府、商学院作为教学案例。开展万事利丝绸绿色设计平台全生命周期管理系统的开发与应用建设，探索基于互联网的绿色设计、评价、信息共享、追溯与咨询服务，对带动整个纺织行业绿色发展能力升级，提升我国纺织品牌整体影响力，具有重要意义。

二、主要做法、模式

（一）主要做法

1. 建立面向全生命周期的丝绸绿色设计信息数据库，整合纺织产品多源的、分散的、分片的数据与技术资源，实现纺织产品设计信息与绿色设计信息的融合，实现数据资源的共享，全面支撑纺织企业实施绿色设计与生命周期评价工作实施，进而带动纺织行业供给侧绿色制造水平和效率提升。

2. 建立纺织（丝绸、毛纺）绿色设计平台，企业可基于绿色设计平台实施生命周期评价、绿色设计以及绿色纺织产品信息化追溯。

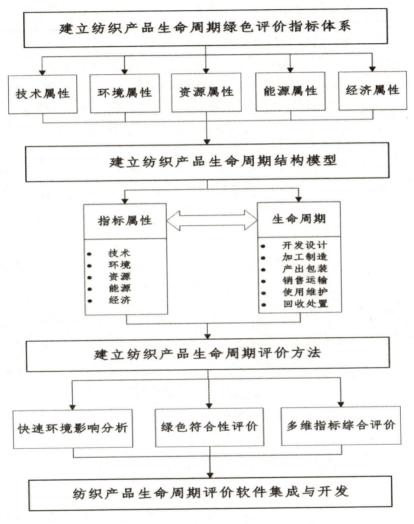

图 16 - 1　纺织产品全生命周期管理设计图

资料来源：赛迪智库整理，2018 年 11 月。

3. 开展丝绸全生命周期评价工作，形成完善万事利丝绸碳足迹、水足迹报告。绿色设计生命周期评价就是从原材料、设计制造、包装运输直至回收处理整个产品生命阶段对产品的"绿色属性"实施综合评价，这些属性包括环境属性指标、资源属性指标、能源属性指标和经济性指标等，因此为确保评价的规范性、全面性及有效性，首先需建立纺织产品的绿色评价指标体系。

4. 使用的技术指标如下：

a. 集成、研发覆盖丝绸纺织品质量与安全性等特定主题改善工具、纺织品材料或流程环境冲击预防工具、纺织品环保特性设计改善工具三大类绿色设计工具。

b. 集成、研发的生命周期评价工具需支持纺织产品全生命周期的评价，可给出绿色度的评价结果，可给出纺织产品全生命周期的资源和能源使用评价分析，以及向环境排放物的定性与定量分析结果。

c. 可基于绿色设计平台实施生命周期评价、绿色设计以及绿色纺织产品信息化追溯。

（二）项目特色

该项目产生包括纺织品绿色设计信息数据库、生命周期评价技术方法、绿色设计标准、绿色设计软件工具、绿色设计平台以及绿色产品等在内的具有国内领先、国际先进水平的成果。这些技术成果可为纺织品绿色化材料设计、绿色包装设计、绿色产品设计、资源环境影响评价等企业具体绿色设计工作提供工具与数据支撑，为政府制定纺织业绿色制造发展方针提供决策支撑。

该项目结合纺织行业实施绿色设计的关键环节，制定了包括绿色设计、绿色工厂评价等方面的绿色设计标准。并从纺织产品的绿色生命周期管理和评价体系出发，以绿色设计为核心，统筹设计纺织产品的绿色设计与评价软件工具，研发、集成具备可与实时跟踪数据集成，具备与纺织产品的设计工具集成、与高可靠性设计工具集成等功能的工具。标准及工具可为纺织行业绿色产品设计、绿色包装设计、绿色材料研发等企业绿色设计提供规范指导，为纺织行业绿色设计与制造并行设计、一体化设计提供环境支撑。

万事利建立的纺织绿色设计平台，充分整合了纺织企业、研究机构、第三方检测机构的数据及技术资源，并充分结合纺织企业内建的生产环节自动化信息化过程控制系统，集成企业内部的纺织设计与制造系统，集成高可靠性设计软件工具，是涵盖绿色设计、绿色生命周期评价、绿色检测、绿色数据与资源共享等功能的综合性支撑平台。通过纺织绿色设计平台的成功建设与运营，可实时掌握纺织企业、研究机构、第三方检测机构资源，跟踪并掌握纺织行业的需求，为上级机关制定纺织行业绿色制造政策提供支撑。

三、主要成效

（一）万事利丝绸全生命周期管理服务型制造模式建立

完成针对纺织产品的评价指标体系与生命周期结构模型，可对纺织产品生命周期内主要属性信息包括技术、环境、资源、能源和经济进行全面、规范、直观的表达，并对纺织企业对产品生命周期内清单信息的收集及后续的评价指标选取与信息输入提供有效指导。

（二）万事利丝绸绿色技术提升

提出较为全面的针对纺织产品的评价技术方法，包括快速环境影响分析、绿色符合性评价与多维指标综合评价，其中符合性评价可针对产品对目标市场绿色相关标准的技术符合性进行快速评定，而综合评价则可根据企业需求，自由组合评价指标项，对包含环境属性在内的多种绿色属性进行综合评价，更为直观、全面地对产品及方案进行优劣判定。通过万事利丝绸绿色设计平台全生命周期管理系统的开发与应用可以实现绿色技术环节的推进性应用。

四、启示及建议

（一）开展全生命周期管理服务型制造，提升传统优势产业的综合竞争力

21世纪是工业化、信息化飞速发展的时代，只有全面拥抱"互联网＋"，以服务客户为核心，实现智能化集约型生产，才能真正实现纺织印染传统优势产业升级和产品的更新换代，快速提升传统优势产业的综合竞争力。万事利该项目的成功实施，将建成国内领先的面向丝绸产品全生命周期的绿色设计支撑信息库，为政策法规的掌握、客户需求的分析、产品绿色设计等工作提供信息和数据支撑。通过服务化转型的实施，将进一步推动数码印花技术的发展，提高产品附加值，促进行业由量的扩张向质的提升转变。从更广泛的意义来说，全生命周期管理服务型制造模式的开展，还能促进相关的节能降耗和生态环保新技术的应用，有利于推进行业资源节约型和环境友好型生

产。更重要的是通过技术和工艺的双重改进，实现了纺织印染高端化生产的目的，社会效益和产业文化价值显著。而万事利作为数码印花技术应用企业的领头羊，全面开展服务型企业智能化、信息化、"互联网＋"模式化的升级，在提升企业经济效益的同时，更意味着数码印花个性化定制时代的真正到来，进而推动整个丝绸行业的发展，为浙江省乃至全国丝绸业技术进度作出了贡献。推动中国纺织产品与时俱进，不断赶上时尚的潮流，逐步缩小与发达国家的差距，提升我国纺织产品的竞争力。

（二）推进服务型制造全生命周期管理工作，提升我国纺织品行业国际竞争力

在全球资源环境压力日益突出的情况下，生产并提供绿色环保的纺织产品已成为国际潮流和趋势，迫切要求我国纺织行业加快推进产品绿色设计平台全生命周期管理工作，开发、制造符合国际市场需求的绿色纺织产品，培育自主品牌，提高产品的国际竞争力。将纺织绿色设计与互联网相结合，整合纺织企业、研究机构、第三方检测机构的数据及技术资源，构建基于互联网的绿色设计、评价、信息共享、追溯与咨询服务，集成众创服务资源并提供便捷性、开放性、全面性的绿色设计众创服务，突破联合体绿色设计及绿色制造技术，发挥联合体以领先性带动纺织行业群体发展的效应，对提升我国纺织品行业国际竞争力、打造行业国际品牌有重大意义。

第二节　山东博远重工有限公司

一、企业服务型制造发展情况

山东博远重工有限公司，2005 年于北京创立，公司总部位于山东省滨州市工业园区，下属 11 个销售分公司，全国 9 处产品示范基地（千余亩）及 5 万吨物资设备，专业从事基础建设物资装备产业类产品的研发、制造、销售、售后回购、租赁、再制造、资源整合、顾问服务。现已形成挂篮系列、梁类模板、墩柱模板、隧道产品、运架提装备、附属装备六大基建物资装备体系，200 余种产品。年产基础建设物资 50000 吨，自有租赁物资 100000 吨，运营物资 100000 吨；可实现物资租赁、共享服务 300 公里覆盖半径，15 天转场就位，综合服务能力位居行业前列。

为顺应当前基建物资租赁行业发展的形势，提高公司在激烈市场竞争中的竞争力，近年来，公司一直在探索向服务型制造示范企业迈进，并取得了不俗成绩。公司在开展服务型制造示范—全生命周期管理模式的定位如下：坚持以目标为导向策略，集基建物资装备设计研发、加工制造、销售、销售回购、租赁、咨询服务、安装指导、运营维护于一体的经营策略。通过战略制定、人才培育、技术创新、产品升级、品牌创建、管理提升、销售模式创新等手段，结合销售、租赁、回购、置换、技术咨询等多样化应用解决方案，大幅缩减使用成本，全方位满足客户的不同需求。

二、主要做法、模式

（一）电商服务平台战略推进

公司的经营模式已由过去单一租赁服务提供商，全方位拓展为租赁、回购、代管、代租、合资等多品种、多模式、多维度的整合型模式的开创者；2018—2020 年在电商租赁平台、物联网应用上实现线上线下新业态规模整合；实现基建物资物联网生态系统，服务"一带一路"倡议。具体措施如下：

1. 建立模式：基于路桥设备大数据，构建大路桥设备产业链 + 互联网路桥设备服务平台

（1）公司转赁代租服务领域实现闲置资产增收创效 50%；

（2）改造升级服务领域实现存量资产价值提升 30%—60%；

（3）物资回收服务领域实现打通闲置资源变现转换渠道；

（4）售后回租服务实现存量资产激活，加快资金周转；

（5）资源置换服务领域实现资源抵货款。

2. 建立大路桥设备产业群，发展不同层次的用户群

一是重点用户、战略合作伙伴，为其提供差异化的产品和服务；二是中小客户，为其提供质优价廉、有性价比优势的产品和服务；三是重点用户，形成规模效应，通过发展不同层次的用户群，有助于建立独特的营销价值链竞争模式，赢得持续的竞争优势。

3. 建立互联网路桥设备服务平台

（1）统筹规划，分步实施从资源现状和科技创新需求出发，实施整体推进，分步建设，成熟一个建设一个，譬如 CRM 采购平台—钢模板原材以及国企行业等企业，利用互联网数据，健全完全采购平台及服务规范，实现透明采购；

（2）整合集成，资源共享激活存量资源，通过整合优化，大幅提升资源潜能，实现资源数据的互联互通、共建共享，搭建在线销售平台、路桥设备销售、租赁、技术咨询一体化推进，充分利用线上销售工具，拓宽服务渠道，实现全方面发展；

（3）因地制宜，同步发展以创新需求为导向，以适用性为标准，以应用促建设，并结合区域特点和产业优势进行拓展，形成网络与实体相互推动、同步发展。搭建在线服务平台—生产技术、工艺、设备、环保、安全，充分利用互联网数据和自动化技术，实施自动化管控升级；

（4）政府引导，多方共建政府负责对基础研究、社会公益服务类平台建设的投入；对以经营性为主体的互联网平台市场建设主要通过政策引导和市场调节，引导社会力量建设。搭建互联网金融平台—资金支持，引入互联网金融工具，逐步争取政府资金支持。

三、主要成效

1. 产品在产业链中的地位不断提升。挂篮设备作为公司的主营产品，近几年，销量在全球市场上遥遥领先，行业地位提升明显。2017 年挂篮产量达到 45000 吨，销售收入 20975 万元，挂篮国内市场占有率为 64%，全球市场占有率为 53%，国内基建物资设备行业排名第一位、全球排名第一位。产能和市场占有率均已跃居全球前列。未来五年的国内外市场，每年租赁规模可达数十亿元/数百万吨，经过十余年的发展，公司已经成长为行业佼佼者，累计服务工程超过 800 个。

2. 服务收入所占比重逐年上升。公司提出服务型制造企业转型战略以来，服务收入所占营业收入比重逐年上升，2016 年服务收入为 16533 万元，2017 年服务收入为 18638 万元，服务收入的不断提升，意味着公司的转型取得成效，增强了公司全力向服务型制造企业转型的信心，也为公司后续服务型制造企业转型投入提供了重要的资金保障。

3. 技术开发水平提升明显。公司先后获得国家高新技术企业认定，拥有山东省工业设计中心、山东省企业技术中心、山东省"一企一技术"研发中心、滨州市工程技术研究中心四个研发平台。四个研发平台均以公司为依托，公司内部设立研发技术中心，对公司的新产品研发、试验给予了充分的保证。公司的技术研发中心拥有两个中试基地及先进的科研仪器、设备，可实现科研、中试、生产配套服务。中试基地共计5000多平方米，已经建立了良好的工程开发环境，并拥有用于多套工程研发的各种研发、检测、实验装备，保证了科研成果快速商品化。公司的研发中心拥有现代化的质量检测中心和生产车间，硬件基础条件国内一流，已成为国内为数不多的可生产128m悬臂挂篮的生产企业。

4. 创新能力进一步增强。公司在挂篮产品的创新方面进一步增强，相继对挂篮行走距离、技术参数、设计标准、装置改革、材料选择、工作系数、受力分析、行走方式等方面进行了大胆的独创性创新，很多参数指标远远高于行业标准，满足了各种类型的工程施工需求，得到了客户的充分认可。

5. 全员服务意识显著提升。公司围绕服务意识的提升，开展了多次宣贯活动，号召全员以打造服务型制造企业为目标，全力提升自身的服务意识和服务水平，在实际工作中，自觉主动做好服务，充分服务周围目标人群。公司现已形成了浓厚的服务意识氛围，各部门协调配合、密切合作、形成合力；重点强化对销售人员的服务意识培训，倡导以满足客户需求为宗旨，全力做好售前、售中和售后的各项服务，保证让客户满意。

四、启示及建议

（一）向全生命周期管理的战略思维转变

公司作为基建装备的制造型企业，在传统制造业整体低迷时，首开租赁服务，改变了固有的单纯销售模式，在发展过程中，公司的战略思维全面向服务型转变，通过销售回购、代管代租、物资置换、技术改造、技术咨询、顾问服务等多种商业模式创新，公司现已全面转型为专注基础建设施工物资产业类产品的研发制造、销售、售后回购、租赁、再制造、资源整合、顾问服务的高科技企业，服务于国家"一带一路"倡议，为路桥施工行业提供整体化解决方案，做基建物资行业服务型企业开创者。

（二）由"做产品"转型"做标准"，提高企业行业竞争力

为响应国家循环经济的倡导，公司率先研发标准化产品模式，克服了基建物资设备专用型的缺点，使产品具有通用性，降低了行业综合成本；建立了从生产到回收再制造的全生命周期管理制度，为用户提供设备最佳使用方案，既确保了产品质量，又实现了资源节约。循环经济新模式的形成解决了基建物资设备不通用造成的资源浪费行业难题。大大提高产品利用率，减少资源浪费，降低环保压力，实现工业废铁变废为宝、循环利用，促进了基建物资设备行业的快速发展，社会综合效益显著。由"做产品"到"做标准"，极大提升了公司的核心竞争力及市场影响力，这是一场"由内到外的质的飞跃"，公司已成为基建物资设备标准化领域的创领者。

（三）由传统制造向智造化转型

为了更好地服务于市场，公司不断加大在信息化、智能化建设方面的投入力度，2017年下半年开始，通过优化内部管理软件、物资库存管理环节、引入物资识别和云端仓储数据管理，在有效管理物资的同时，节省了人力资源，提高周转效率和物资利用率。通过引进国内外先进的生产技术、工艺和生产设备，实现了企业由传统制造企业向信息化和智造化企业的升级转型。

（四）实施产品全生命周期管理，实现有限资源的循环利用

公司致力于实现全球基建物资全生命周期管理，为物资设备注入生命与活力。打造物资销售—回购—改制—检测—重新销售的循环利用体系，充分利用有限的资源，完善循环产业链，使公司产品在保证质量的前提下，实现多次利用，使用效率大幅提升，实现了基建物资的全生命周期管理。

第三节 上海三菱电梯有限公司

一、企业服务型制造发展情况

1987年1月，上海三菱电梯有限公司正式成立。目前，投资方分别为上海机电股份有限公司（52%）、日本三菱电机株式会社（32%）、中国机械进出口（集团）有限公司（8%）、日本三菱电机大楼技术服务株式会社（8%）等四方组成，公司投资比为中方60%，外方40%。占地面积39.5万平方米，建筑面积27.3万平方米，现有总部员工2000余人，分公司员工9000人。上海三菱主要产品为电梯、自动扶梯、自动人行道、大楼管理系统、远程监控系统。自1993年起，上海三菱的产品市场占有率及主要经营指标在行业内一直名列前茅。2017年生产销售电梯超7.6万台，营业收入达185亿元。2017年8月30日，第70万台电梯交付港珠澳大桥项目，上海三菱成为国内首个生产销售电梯累积突破70万台的企业。

三菱公司从三大体系管理到信息化管理，为维保服务生命周期管理夯实了关键基础

公司1993年通过了ISO9001质量体系认证，1998年通过了ISO14001环境认证，2000年通过了OHSAS18001职业健康安全体系认证。同时，公司从1991年开始建设企业信息化系统，引进了SAP管理软件。1997年推行计算机集成制造系统（CIMS）工程，并被上海市科委列为上海市CIMS工程推广应用示范企业；1999年经国家科技部、863/CIMS专家组审核，被列为国家级CIMS和信息化示范企业。公司自2010年起推进两化（工业化和信息化）融合管理体系，被列为上海市两化融合重点企业和上海市两化融合重点实验室，2012年被列为国家级两化深度融合示范企业。公司信息化建设坚持"购买商品化软件和自主开发并举"的策略，实施企业信息化系统，覆盖了产品开发、工艺管理、市场营销、生产制造、工程服务、财务管理、质量管理、人力资源管理等经营管理的各个环节，应用范围延伸到分公司。公司近几年大力推

进云服务、物联网、移动互联网、大数据分析技术，进一步提高企业经营和管理的能力，并培养了一批信息管理人才。经过二十多年的深入实施和推进，信息化系统提高了工作效率和质量，打通管理瓶颈，将应用范围延伸到供应商、客户及相关方，形成了管理职能全覆盖，经营主流程全过程和应用对象全方位的信息化系统。

二、主要做法、模式

（一）优化服务网络，升级企业服务组织体系

上海三菱积极从公司现状实际出发，推行 BPR（企业流程再造），以面向用户的、跨职能的、能够完全实现用户服务需求的团队为服务新体系的核心，通过结构重组、资源投入，充实调整营销中心、工程中心架构，完善服务市场的团队运营，完善服务职能，提升用户服务满意度，从而实现企业面向用户为中心的服务管理职能的转型。

（二）研发工装工具，提升服务"硬件"装备支撑

1. 利用专门开发的工装可以保证作业规范性，提高精度、使质量可控。例如为电梯安装作业开发了分体式和连杆式导轨工装，使得电梯导轨的直线度得到有效控制，相对于传统导轨校准方法大大提高了导轨的安装精度，解决了影响电梯舒适性的关键问题。

2. 公司开发提供部件更换、现场修理、整梯改造等各类工艺装备，采取相对应的方案，满足用户的多样化需求。例如开发了适合各种工况条件的曳引机维修工装。当电梯主机出现故障损坏时，可利用曳引机起吊工装实现将新曳引机直接起吊至机房附近，然后进行更换作业，优势是施工周期短。

3. 研究和配置各种适合作业现场使用的先进检测仪器和设备，对电梯运行状况采取"望闻问切"式的特别诊断。其中最具有代表性的当属上海三菱自主开发的 MTS 系统，这是专为三菱电梯开发的利用计算机对电梯进行维修保养的专用工具。可用于电梯数据试验和分析，检测电梯当前或储存的故障履历，通过触发特定信号跟踪故障。另外，该装置还可实现程序读写、程序修改、参数设置等功能。

（三）完善备配件供应服务，确保电梯维保"粮草"保障

1. 上海三菱的服务物流体系中设置三个级别的仓库：中心、分中心仓库（I 级）、分公司仓库（II 级）、维修站仓库（III 级）。公司投资数千万元自建中心库及分中心库共有 3 个，另外通过和社会物流公司合作设立分中心库 2 个，总仓储面积近 8000 平方米。另外，在超过 80 家分公司、600 个维保站设有小型常用备件库，储备易损件。

2. 上海三菱备件配件信息化管理系统以备件管理部门为节点，对内通过 ERP 系统实现快速的物料需求计算从而实时、适时排产。对客户则通过上海三菱的备件管理系统 WMS 系统（PC 端）和备件支持 APP（移动端）实现实时查询到备件的价格、库存、常用件照片等信息。维保人员也可以通过手持终端快速的订购备件，也可以快速地在手持终端上查询到备件的库存和价格情况，从而可以及时有效向用户提供信息反馈。用户一旦确认购买，维保人员还可以方便地在手持终端下单。

（四）加强员工教育培训，确保电梯维保"战力"能力

1. 上海三菱的教育培训在硬件建设方面，公司依托各地优秀中、高等教育院校资源在全国建立了基于校企合作模式的大区培训分中心，通过"1 + 7 + N"的培训运作机制（1 代表总部培训中心，7 代表大区培训分中心，N 代表各地分公司），全面推进上海三菱总部和分公司员工的培训工作。

2. 在软件培训体系建设方面，经过多年的开发、建设，逐渐开发并完善了 LMS 培训管理系统、E - Learning 员工学习系统、三菱三维动画视频播放系统等培训平台。自编了 200 余套维保培训教材，开发了三维动画 FLASH 教材及各种电子教材。员工的所有培训工作，都在 E - Learning 平台上进行，包括培训计划的编制与审批，培训中心开班、招生，学员报名，培训与考试的档案的上传，培训成绩的公示与留档，证书的申请与发放，等等。

（五）深化电梯物联网应用，全面提升服务的"软件"管理

1. 电梯物联网系统的目标是通过物联网技术将分布在各地区、多型号的电梯都连入网络，并进行动态监视，将电梯的电梯发生故障时的信息和实时运行状态及时传送到系统。电梯物联网主要由电梯数据接口板，通信终端主板、通信模块、通信服务器等部件组成。采集内容包括电梯故障数据、电梯运行数据、电梯诊断数据以及音视频媒体数据。数据通过3G/4G无线网络传送至数据中心。监视前端设备采集数据，并和管理服务平台联动作用后，经过分析判断后传送到管理服务平台。平台统一管理所有的电梯信息、运行信息、维保信息、年检信息，并在发生故障时实施应急响应的指挥。通过电梯物联网搭建与用户和电梯维保服务人员的互动平台，实时监视电梯故障及运行，满足用户需求，从原来的被动式服务转变为主动式现场服务，以实现在没有显著增加服务资源和服务成本的前提下，提高服务效率和服务质量。运用物联网技术建立电梯远程监视系统，可以实现以下功能：电梯故障实时报警、电梯远程点检、电梯远程监视、电梯音视频采集、数据终端远程维护升级。

2. 面向作业人员，通过维保服务信息平台的移动应用，实现服务现场精细化管理。通过维保服务信息平台的移动应用，上海三菱的维保服务人员可使用手持智能终端实现急修、保养业务的移动信息化，使企业及时掌握维保服务人员的工作状态、维保业务进展情况和把握用户需求。同时维保服务信息平台的移动应用还与企业的ERP系统无缝对接，将电梯档案、客户信息、备品备件、人力资源等信息高效整合，真正让电梯企业做到维保巡检等售后服务及时、高效、可控、零距离的执行与管控，优化服务业务流程，极大提高服务效率，从根本上做到对电梯维保服务现场的全面管理，实现维保服务由原来的粗放式管理向精细化管理的转变。

（六）贴近改造现场，精心制定解决方案

针对改造用户要求，经常在工作时间不能停梯的要求，通过制定精确到分钟的施工计划，结合上海三菱的信息化管控和电梯技术实力，制定解决方案。将1台电梯的改造施工工序切割成多个工作包，分段施工。其次利用节假日施工，工作日恢复电梯正常使用。每次改造1台，改造项目分批改造。改造后的电梯和原电梯通过同一群控系统组成混合群控，进行统一调配运行。

（七）立足装备自动化、分步推进智能制造

上海三菱目前拥有70多条生产线、50多个自动化项目、超过100台各类机器人、330多台先进数控设备，构建了强大的制造能力。公司结合现状，聚焦智能制造，建立系统集成的制造执行系统（MES）和生产监控与数据采集系统（SCADA）；将 ERP 计划系统与 MES 执行系统紧密结合，实现企业销售、计划、采购、生产、物流、仓储、发运、售后全流程信息化，形成更高效率、更高产能、更高柔性、更高质量和更低成本的先进智能制造工厂；将逐步推进数字信息挖掘应用技术，实现工厂制造级别的智能化管控，使企业完成智能化工厂的转型。

三、主要成效

1. 电梯维保创新服务管理模式的逐步形成。上海三菱经过不断地探索和实践，维保服务创新管理模式逐步走向成熟，为上海三菱带来服务流程和模式上的重大变革。形成有针对性、预防性、更科学、更全面的保养项目和周期，提升电梯的安全性和作业效率；减少因过度保养造成的资源浪费、最大程度地提升电梯使用运行时间，形成给予物联网技术和移动应用的创新维保作业模式。通过建立一套高效的维保服务信息系统，保障上海三菱对于用户电梯维保服务的不断优化升级，实现可持续发展；为客户提供强有力的产品附加服务，在坚持以客户为中心，加快对服务战略的升级与转型，通过确立服务理念，塑造了具有自身特色的服务品牌浓厚文化氛围。上海三菱通过维保服务管理加快实现了由"从生产经营型向经营服务型转变、从市场扩张型向质量效益型转变"。这种管理模式的成功探索，对提升上海三菱的整体竞争能力、实现制造的优化升级具有促进作用，对加速转变上海三菱的经济增长方式、增强持续发展的能力具有指导意义。

2. 增强企业的市场核心竞争。力电梯维保服务管理不仅对于提高电梯维修保养服务质量、降低设备故障率、延长设备寿命、预防和减少电梯安全事故的发生具有十分重要的意义，而且对于整个电梯行业的持续健康发展也具有重要作用。首先，通过基于物联网和移动应用的电梯维保服务管理，构建物联网时代的"人网融合"的独特优势。在物联网时代，通过物联网技术搭建企业与电梯、管理人员与服务人员零距离的互动平台，了解电梯实时运行状态，上海三菱根据电梯的远程监视为用户主动提供维保服务；其次，通过无线移动应用，使维保服务人员与管理人员摆脱时间和场所局限，随时进行业务处理和沟通。使企业能够更准确、快捷地把握用户现场状况和需求，将用户所需要的服务在第一时间执行到位。不仅提升了上海三菱为用户提供服务的能力，也使上海三菱具有了突出的市场竞争优势。

3. 推动企业获得显著的社会效益。电梯作为一种涉及人身安全的特种装备，需要接受政府质检机构对电梯日常维保和急修等工作的监督和管理。上海三菱通过实施基于物联网和移动应用的电梯维保服务管理能够为质监部门提供相关电梯运行状态数据的接口，使政府质监机构能够及时、准确地掌握电梯的运行状况，提高对电梯运行的日常巡视工作效率，加强对电梯使用单位和维保单位的监督和管理。同时，通过物联网和移动应用平台，上海三菱服务中心还承担了上海地区 110 中心委托的上海地区电梯困人事故救援工作的统一调度管理工作，全面调度全市的电梯困人急救资源。另外，基于物联网和移动应用的电梯维保服务管理的实施将提高我国电梯产品在制造、安装、维保等方面的安全程度，保障行业健康发展和人民群众生命安全。通过掌握其核心技术和管理方法，不仅为电梯产业提供重要的技术支持和全新的经济增长点，而且有利于电梯制造业拓展产业结构，增强电梯制造行业的综合竞争能力。

四、启示及建议

（一）通过落实服务型制造项目，提升企业核心竞争力

上海三菱有限公司正在加快实现从单一的制造型企业向生产—服务型企业的转变，拓展以用户为中心的，从电梯"设计—制造—销售—安装—保养—修理—更新"的全生命周期服务，力求为用户创造出不同于竞争对手的差异化服务价值，提升服务用户满意度和忠诚度，强化"上海三菱"的品牌价值和市场形象，最终持续提升企业核心竞争力。

（二）实施产品全生命周期管理，全面提升企业服务能力

上海三菱通过产品全生命周期管理，提升了对产品从研发、生产到销售、维护的全过程管理信息技术基础能力，服务能力得以稳步提高。上海三菱还在继续推进智能制造及智能服务、智能产品。上海三菱通过服务的改善，拉近了与用户的距离，得到了广大战略用户的认可，稳固了长期合作关系。近年来的第三方满意度调查结果显示，上海三菱近 5 年来总体满意度呈现稳步

上升态势，用户的满意度和忠诚度处于较高水平。通过近年来的努力，取得了较好的经济效益，从 1999 年以来，工程服务的销售收入逐年提高，2017 年的统计数据显示，电梯安装数量约为 1999 年时的 25 倍；电梯维修保养数量约为 1999 年数量的 27 倍。各项工程服务指标呈现出逐年上升的态势。

第十七章　支持服务外包发展

第一节　中软国际

一、企业服务外包发展情况

中软国际成立于2000年，2003年在香港成功上市。公司主要提供咨询、解决方案、技术服务、IT人才培养等"端到端"软件及信息服务，目前业务已经覆盖制造流通、银行、保险、证券、移动应用、电信、高科技、能源、公用事业、政府等多个行业。公司坚持"走出去"发展战略，目前服务外包业务已覆盖包括中国大陆和香港地区，美国普林斯顿、西雅图、奥斯汀和华盛顿，英国伦敦，爱尔兰都柏林和日本东京在内的数十个城市，服务于百余家跨国企业客户。2015年营业收入超过50亿元人民币，员工总人数超过33000人。

国际金融危机爆发后，公司面对的市场经营压力日益增大，且来自印度同行的竞争日趋激烈，迫使中软从多方面发力，寻求生存之道。公司通过推出可信IT云众包平台，积极进行全球布局，牵手巨头建立良好合作关系，加强管理创新等手段，最终实现了规模效益的提升和业务的持续快速发展。

二、主要做法、模式

一是创新服务模式，实现提质增效。借鉴市场成功经验，中软在公司十多年行业经验、人力资源积累及IT行业运营管理能力的基础上，积极引入共享经济、众包概念，创新性地推出可信IT云众包平台——"解放号"，来实

196

现企业与产业的降耗增效。基于社会化协作、共享的原理，"解放号"为有中短期 IT 服务需求的客户、有提供服务意愿的个人、团队和企业提供一个交易、交流、线上交付的平台，并在整个 IT 服务的过程中，提供有效、全面的辅助和指导，确保交易双方能够快速、安全、可靠地获得 IT 服务。通过有效整合、激活全社会海量的可信开发资源，汇集中软国际及巨头客户们多年的成熟经验和最佳实践，为成千上万企业提供一种全新、迅速、便捷、便宜的服务模式和选择。"解放号"建立了软件需求方、开发人员与软件服务提供方之间更广泛的连接，保障各方利益，实现共同成长。此外，公司内部资源管理逐步动态化、扁平化，公司配套的管理改革和激励体系改革逐步深化，公司和员工对于提升项目质量、扩大公司销售收入规模、提升员工收入等各方面都充满信心。平台的发展也将引领更多服务外包企业进行新型商业模式的创新，探索转型发展的新途径。

二是积极进行全球能力布局，挖掘海外市场潜力。一方面公司在当地建立起研发中心和提交中心。截至目前，中软已经在美国奥斯汀、达拉斯、丹佛、劳德代尔堡、休斯敦、菲尼克斯、普林斯顿、雷斯顿、圣安东尼奥、西雅图、坦帕、华盛顿等 12 个城市，日本大阪、东京等 2 个城市，欧洲布达佩斯、都柏林、伦敦等 3 个城市完成了设点，构建起优秀的全球提交能力。另一方面公司通过海外并购和对外投资进行海外布局。2013 年，收购美国一家针对微软产品和技术提供咨询服务的公司 Catapult，有力增强了公司在云计算、移动、社交等新技术领域的 IT 服务能力，提升云集成高端服务能力，并为全面拓展全球市场奠定良好基础。2014 年，战略注资硅谷初创公司基金，投资一家专注于"商业即服务"（CaaS）的美国顶级 SaaS 服务商。以此进一步扩充公司全球服务能力，加强公司对现有客户和新客户在中国，乃至世界的价值定位。

三是牵手国际巨头，实现业务共生共长。2014 年，公司开始与阿里云全方位合作，公司的 Radar Cloud 云中间件产品，成为国内首个部署在阿里云平台的面向垂直行业的公有 PaaS。双方携手打造丽水"智慧政务""云上贵州"等政府云平台，在医药云和地产云项目落地实践。同时，公司是"首家阿里云生态下的云总集成商"，也是唯一具备阿里云生态下全方位能力云服务商，具备在 IaaS、PaaS、SaaS 各层的服务能力，为客户提供咨询设计、云＋端解决方案整体规划、云集成、云应用交付、云迁移等各项云服务。2012 年，公司与华为创立合资公司，2014 年 8 月与华为签订战略合作协议，成为其业务金牌代理。在 IT 服务、云计算、云安全等领域来自华为的业务占比逐渐提升，公司与华为多方位的战略合作，共同分享三项巨大的红利：一是行业市场的密切合作，获得 IT 国产化的红利。华为正在成为中国政企市场 ITC 的首选供货商，公司已经在云计算、大数据、工业 4.0 等主要新服务领域与华为展开开拓性的合作，共同打造灯塔性项目、联合研发结合华为产品的行业解决方案，与公司大批华为业务提交资源对接，设计从咨询、设计、解决方案开发、运维服务、运行服务的端到端的产品服务模式；二是在海外主要区域的密切合作，获得 ITS 国际化的红利。海外市场 ITS 市场定价高，是印度公司传统的优势市场。华为云计算和大数据解决方案已经开始在全球范围内的推广，对于公司，这也是一次弯道超车的机会；三是与华为强大执行力文化的融合，获得组织、管理提升的红利。公司线下业务基于华为的产品全面升级，公司在 2016 年的行业服务数字化计划，也将沿着这个脉络，进一步全面展开。新的技术和专业服务将以崭新的面貌示人，并为未来带来确定的、扎实的、区隔化的增长。

四是强化人力管理，建立强壮的人才供应平台。针对服务外包业务需求，中软国际首先根据 BPO、ITO、KPO 三大服务外包类型，从服务类型、业务特点、业务地位、行业、人才要求、获取方式等方面深入研究了服务外包人才特点，并以此制定相应的人才培养计划；公司建立包括任职资格管理、培训培养、绩效管理和薪酬激励等的成熟的人力资源管理体系，为员工提供了清晰的职业发展通道，通过"高绩效"牵引等方式保证核心人员的稳定，逐步形成一支兼备商业管理能力和开发服务能力的团队。公司通过多渠道的社招和校园招聘，具备大规模人员供给能力。同时，中软国际卓越培训中心与全国 500 多所高校展开合作，在北京、长沙、大连、无锡、重庆、厦门、天津、上海、南京、广州等 20 多个城市建设了大型信息技术人才实训基地及区域人才服务中心，确保了源源不断的实用型人才供应，形成一个互相促进、循环发展的人才供给链条，为公司服务外包业务的开展奠定强有力的人力资源后盾。

三、主要成效

中软国际通过创造全新 IT 服务模式、全球化布局、牵手巨头建立战略合作伙伴关系、提高人力资源质量等手段，快速实现降耗增效和业务的持续发展。

一是通过抓紧技术机遇保持了高度的客户黏性。公司在为客户提供外包的同时注重技术能力的积累，形成平台产品输出到更多客户。同时，公司抓住 SMAC（Social，Mobile，Analytics，Cloud）新技术发展机遇，布局云计算和大数据技术，其中，Catapult 的 Solutions as a service 解决方案即服务产品研发上线，内联网即服务、混合云即服务取得客户认可；基于 OpenStack 建立云使能中心，与华为合作开发企业云解决方案，提供企业云服务。将单纯的成本优势转化为技术能力的优势，最大程度地增加客户对公司在技术服务上的依赖性。

二是企业经营业绩显著提升。通过搭建云众包平台，公司经营业务实现高质量发展。目前，"解放号"平台产品持续完善，自 2015 年 6 月 19 日发布商用以来，平台已实现个人开发资源注册 10 万多人，团队开发资源注册 1000 多个，企业注册用户 7000 多家，通过平台发布的需求金额超过 1.8 亿元，已成为中国行业内领先的 IT 服务众包平台。通过提供"快、省好多"的服务，帮助 IT 服务企业组织社会资源进行项目提交，提高效率，降低总体成本，"解放号"已经应用到众多企业和业务场景中。"巧口英语""方正集团"等客户，都在使用"解放号"的过程中获得了切实的业务成效。平台统计数据显示：通过平台发接包，可有效精简自有人员编制，人均执行增加约 39%；有效提高人员利用率，提高员工收入，年人均收入增加约 12%。众多人员通过平台组建团队，成立创业公司，积极响应国家"大众创业、万众创新"的号召。

四、启示及建议

中软国际坚持双轮驱动战略，紧紧抓住了服务外包行业发展的黄金机遇，实现弯道超车，其成功经验主要包括：

一是创新驱动推动企业提质增效。传统的 IT 企业运营模式中,从业人员资源错配、成本结构不佳等问题造成企业效率低下,来自人工、销售以及管理的成本更让传统 IT 企业无力承担,经营成本的不断增加以及有限利润空间之间的矛盾越发激烈,公司的经营步伐显得越来越"艰难"和"纠结"。同时,随着 IT 消费化趋势的深入,以及互联网、移动互联网对全球经济各领域的影响深化,客户对 IT 服务呈现多元化的需求,未来的 IT 服务的趋势偏向服务内化、碎片化。传统 IT 服务企业必须从产品创新、管理创新两个方面寻求发展的突破口。

二是外包企业应积极走出去,挖掘国际市场空间。跟随战略客户,进行海外布局,是公司坚定不移的国际化战略。中软国际是中国外包公司中最早打入海外市场的公司之一,曾获得微软全球最有价值供应商称号。如今,国际市场机会涌现,欧美发达国家的外包市场是服务外包行业的重要市场,中国外包企业已经成为印度公司的主要竞争对手。特别是随着国家对海上丝绸之路和丝绸之路经济带这"一带一路"的大力开发,为外包企业走出国门,创造了难得的机会和政策支持,快速增长的国内市场让国内公司发展得足够成熟,可以参与全球市场的角逐,海外市场的巨大潜力亟待挖掘。

三是携手行业领先的客户和投资者,与巨人同行才会更快地成长与壮大。中软国际过去十余年的快速成长正是基于此原则,公司逐步与华为、微软、阿里云等战略伙伴形成投资、业务等全方位合作关系。随着与战略客户合作的深入,公司坚信随着在战略客户业务中的业务地位与业务能力不断提升,为公司实现业务提升奠定了坚实基础。

第二节 软通动力

一、企业服务外包发展情况

软通动力成立于 2001 年,历经 15 年已经成为领先的创新型技术服务提供商,是国内领先的 IT 服务骨干企业,中国智慧城市与产业互联网("互联网+")建设的领导者。从成立伊始,软通动力就深植全球化的基因,把创新作为企业发展的根本动力,把为客户创造价值作为存在的唯一理由,并不断完善自身的发展理念,夯实企业服务能力,从不足百人的服务团队成长为近三万人的行业领军企业。目前在全球有 50 多个分支机构,覆盖银行、保险、企业金融、电力、交通、零售等 10 余个重要行业千余家客户,业务遍及欧美、日韩等世界级市场,为近万人提供就业岗位,被国家商务部认定为"中国服务外包十大领军企业",入选工业及信息化部评定的"中国软件业务收入前百家企业",并连续多年被德勤评定为"高科技高成长中国 50 强企业"。

二、主要做法、模式

一是发力大数据,创新突围引领转型。DT(数字技术)促使了数字经济时代的到来,颠覆了传统的思维;全球范围内都迎来了数字化的变革,云、大数据、物联网、认知计算、3D 打印、机器人等数字技术正在成为大势所趋。产业的转型升级带来了巨大的市场空间,软通动力率先抢占数字化变革和发展的制高点,并把大数据作为推动产业发展的核心要素和未来城市的核心竞争力。在引领行业发展视角的影响下,坚持创新驱动,一方面通过服务创新,实现自身转型升级;另一方面积极实践创新服务,引领中国服务迈向全球,用技术与业务模式创新等手段为客户创造更高价值。

二是把握住 IT 服务价值链的未来趋势,积极进行行业转型升级。人力成本快速上涨迫使软通动力努力寻求转型升级之道,此外拓展 IT 服务价值链向上延续、为客户创造更高价值的现实需求也推动企业加快向价值链顶端攀升。咨询与解决方案,系统集成服务,大数据、云计算和互联网服务等成为整个行业价值创造的新高地。软通动力 2.0 时代的来临正是顺应了这一趋势,再次使其走在了行业发展的前端。

三是抓住国家利好政策,积极"走出去"。软通动力积极对接合作"一带一路"沿线国家,结合自身优势,充分利用云、大数据等核心能力,搭建具有国际先进水平的 IT 产业平台,开展高附加值项目合作。软通动力正在将高层次"走出去"打造成为企业名片,在北美、欧洲、东南亚、非洲,越来越多具有高附加值和竞争力的咨询与解决方案正在成为软通动力为客户创造价值的重要手段，同时也推动了社会各主要行业的信息化进程。

四是前瞻布局智慧城市，释放城市潜力。近几年来，软通动力提出聚焦城市战略，目前已先后在全国100余个城市展开"智慧城市"战略布局，业务范围包括顶层设计、基础设施、产业发展、环保节能、民生服务及城市管理等多个方向。软通动力作为行业领导者，在保持传统的软件与技术服务、咨询与解决方案优势外，在智慧城市上取得了一系列成果，成为智慧城市专业梯队的重要力量。

三、主要成效

经过多年的耕耘，软通动力公司已具备端到端"软件＋服务"综合业务能力和强大的纵深服务优势，在专业技术团队、业务服务流程、自主知识产权及全球竞争力等方面均成为行业领先者。2013—2017年，公司业务保持了每年30%以上增长，员工近40000人，顺利完成私有化，与华为成立合资公司，成为其排名前两位的核心信息技术服务提供商，在互联网、高科技、大金融等关键行业占据领导地位，智慧城市快速在中国城市布局，多领域业务发展提升企业综合竞争力。现在，软通动力已成为我国数字化经济的有力支撑者。

四、启示及建议

随着"互联网＋"和新一代数字技术的深度发展，信息技术服务业迎来新的发展机遇。从IT时代到DT时代，"互联网＋"正在催生各行各业的融合创新，也为信息技术服务的行业发展带来了新的发展机遇。但是，信息技术服务行业的发展离不开适合产业创新发展的内外部环境，其中，坚持创新驱动是信息技术服务走向高端产业链的必由之路。软通动力取得成功的最重要的一点便是抓住时代机遇，拥抱"互联网＋"，坚持融合创新，从合作模式伙伴化、业务流程自动化、服务模式协同化三个方面发力，最终创造了巨大的行业价值。

第十八章　创新信息增值服务

第一节　上海汉钟精机股份有限公司

一、企业服务型制造发展情况

上海汉钟精机股份有限公司 1998 年在上海市金山区建厂；2000 年开始运作，建立了我国第一家专业的螺杆式制冷压缩机生产工厂，并积极扩展；2000—2004 年陆续投入大笔资金；2005 年 12 月上海汉钟机械有限公司更名为上海汉钟精机股份有限公司；2007 年 8 月上海汉钟精机股份有限公司 A 股首发通过，成为上海市第一家台商投资上市企业；目前汉钟精机已成为中国最具实力、生产规模最大的螺杆式制冷压缩机生产企业。公司专门从事螺杆式压缩机相应技术的研制开发、生产销售及售后服务。

目前公司已具备 ERP 管理、自动仓储等相应系统平台和 MES 制造执行系统、自动化生产等系统。通过对设备的物联，监控设备的运行情况，掌握售后服务管理，经销商管理的一整套解决方案。汉钟精机云端服务建设项目建立云端服务管理系统，通过在设备上安装数据采集器，通过信息化的方式，集中管理分布在全国各地的设备，全面掌握设备的使用状况，如设备所处的具体位置，设备是否正常工作等，能及时警报和处理设备故障，整合历史数据，通过大数据分析，评估压缩机产品的性能情况，并对运行不良的机组给予保养提醒，能最大的满足客户服务，提升满意度，实现企业从制造业向服务制造转型。第一期主要实现四种类型的设备监控：离心机、空压机、无油机、真空泵。

二、主要做法

(一) 建设目标

第一，在客户反映问题时能即时读取到现场设备运行信息、故障信息，为全球客服派员及配件提供信息支持；第二，能够在设备故障的第一时间得到故障信息，指导客户进行前期处理，避免故障危害扩大，并为维修人员提供适宜维修的基础条件；第三，评估设备运行的健康指数，在适当的时机提供设备保养服务；能分类、归纳、统计设备及客户数据，为客服管理提供数据支持。

本项目通过云端服务系统投入，使得企业服务管理能够两线对接，在线下建立设备维修交付中心，在线上建立云端智能运维中心。依托线下设备维修交付中心，从单纯的设备维修工厂，到集团各工厂再制造，使原有的低附加值的设备维修、节能改造、工程安装、设备运维等。通过服务制造转型升级，投入云端服务系统，实现远程监控与诊断、大数据分析、预测性维护等智能服务管理。

(二) 设计功能

第一，项目的主要内容和功能。云端下设资料收集系统、远端监控系统、专家诊断系统、远端客服系统四个子系统。资料收集系统应能按预设的分类对收集到的数据进行归纳、整理、统计，数据分类，包括但不限于设备的型号、安装地、经销商归属、运行状态等；应能通过信号定位（包括但不限于IP地址、GPRS等手段）在地图中显示。远端监控系统应能对选中设备的数据以数值和趋势图相结合的形式展现出来，能与其历史数据进行对比，也能根据不同需求输出报表。专家诊断系统应能对运行中的设备的关键数据进行故障预警，能根据给定的条件对设备进行健康指数评估并提供保养提示。远端客服系统应整合客户反馈（报修、保养、咨询）、故障及运行信息报表生成、配件清单及报价生成、维修人员指派、维修作业及反馈等功能；应能显示选定作业的历史流程及当前流程。云端为PC机WEB界面，显示多设备、多客户综合数据，并允许创建不同权限的管理员、客户账号；终端为手机APP界面显示本客户数据及其下属设备数据，并可申请创建客户及关联设备。

第二，报表及预警特色。实时监测机组运行数据，结合趋势图在云端界面显示；可生成报表，可自定义数据采样时间段及采样间隔。可在专家系统中定义警报条件，在机组处于非正常运行时，云端系统中给予警报提示；结合历史数据，评估机组的健康度，并对运行不良的机组给予保养提醒。可对收集到的机组及客户数据进行归纳、整理、统计，数据分类包括但不限于设备的型号、安装地、经销商归属、运行状态等；可通过信号定位（包括但不限于 IP 地址、GPRS 等手段）在地图中显示。

第三，权限及服务器特色。云端：PC 机，用于加载 WEB 界面。终端：手机，用于加载 APP 界面。设备端：与设备配套的具有数据采集、存储、发送功能的硬件。在客户反映问题时能即时读取到现场设备运行信息、故障信息，为客服派员及配件提供信息支持；能够在设备故障的第一时间得到故障信息，指导客户进行前期处理，避免故障危害扩大，并为维修人员提供适宜维修的基础条件；评估设备运行的健康指数，在适当的时机提供设备保养服务；能分类、归纳、统计设备及客户数据，为客服管理提供数据支持。本项目通过云端服务的投入，使企业从制造业向服务制造转型，实现服务模式创新，在公司大型中央空调、真空设备、空压机组、冷冻冷藏设备 5 大设备领域安装云端监控设备，为企业产品增加附加价值。

三、主要成效

（一）经济效益

云端服务能解决维修人员要达到现场费时费力的问题，可以通过远程监控机制，达到远程诊断的效果，减少不必要的差旅成本，快速响应客户需求，提高客户满意度。并且能透过专家系统提前预知设备异常，提前了解客户需求。一是提升客户使用体验度，客户可以不分场合地查看设备运行参数及状态，也可以随时随地接受设备预报警故障信息；二是极大地方便客户与企业间的交流，客户可以在线直接咨询产品价格，询问使用要求注意事项等；三是提供更多个性化的客户使用功能，如在线查询交期、在线查询物流信息、在线查询产品生产进度、在线下载相关技术资料等；四是在线查询故障处理方式，客户可以根据详尽的处理步骤及方式自行解决简单故障，这样既可以减少客户维修成本，也可以减少公司服务成本。

（二）社会效益

第一，符合两化融合的要求，在行业中引领两化融合前进的步伐。第二，起到宣传推广的作用。该项目建成后，从客户角度而言，极大地提高了客户满意度。第三，该项目的应用为管理的科学化和现代化在行业中将做到很好的示范应用。第四，快速响应客户需求，提高客户满意度，促进产业升级，引导行业发展。第五，能有效地实施节约能源、降低能源消耗，注重社会效益和环境效益均衡，为国家节能减排做贡献。第六，系统可以在设备发生故障前发出报警信息，提前排除故障，既可以减少客户维修成本也可以减少企业服务成本。其实最大的是较少客户因故障停机造成的停产损失。第七，通过数据分析可以确认设备故障是客户使用不当还是产品品质问题，减少说不清道不明的免费服务成本。第八，现在压缩机行业内，大部分企业都在做数据采集工作，但后续的大数据分析及统计基本都没有涉及。公司现在的项目内容，主要是应对该方面进行空白的填补。后续建成行业标杆，影响及领导业内走向。

四、启示及建议

（一）启示

本项目设备在使用云端服务管理系统及相关设备后，可以实现资料收集、远端监控、远端客服、专家诊断四大功能。

资料收集。资料收集系统应能按预设的分类对收集到的数据进行归纳、整理、统计。数据分类包括但不限于设备的型号、安装地、经销商归属、运行状态等；还能通过信号定位（包括但不限于 IP 地址、GPRS 等手段）在地图中显示。机器网关数据：能显示当前机组报警条数、当前机组报警盒子数、在线机组盒子数、总机组台数等数据。

远端监控。远端监控系统应能对选中设备的数据以数值和趋势图相结合的形式展现出来，能与其历史数据进行对比，也能根据不同需求输出报表。实时数据、报警数据、历史数据三大数据结合，判断机器的实际情况。供气压力一天的运行状态，每 30S 一笔的历史数据，运行区间的轨迹分析。供气压力全部的运行状态，每天（一天的平均值）一笔的历史数据，运行区间的轨迹分析，气量供应量分析，气量大减少能源的消耗，气量小建议改造，增添设备。

远端客服。远端客服系统应整合客户反馈（报修、保养、咨询）、故障及运行信息报表生成、维修人员指派、维修作业、反馈、配件清单及报价生成、等功能；应能显示选定作业的历史流程及当前流程。服务云端 APP 报警监测，可预警提示，能及时监测和处理维护设备的故障情况。远程诊断的效果，快速响应客户需求，提高客户满意度。并且能透过专家系统提前预知设备异常，提前了解客户需求。云端系统与专家系统对接实现：故障报警/预警；系统自动判定故障/判断故障原因/提出解决方案。

专家诊断。智能服务系统客户端（APP）：客户可以通过此系统进行简单的故障原因判定及查询解决方案。客户可以根据摄像头智能识物功能简单判断故障元件。客户可以通过此系统与汉钟工程师进行线上交流，汉钟提供线上指导解决客户问题。

通过对示范项目的应用，以"智能设备"为中心，聚焦设备的"使用价值"，通过设备互联互通，和智能化数据分析，实现设备的实现设备的云端运营和服务创新，帮助企业加速工业互联网转型，开启未来工业"设备即服务"的新体验、新模式、新思维，可以为客户有效管理设备运行，并且能大大节省人力成本。

（二）建议

发展工业物联技术，提供服务制造能力，构建产业生态圈。

一是加强生态链的生命周期服务。延伸产品服务周期，构建横向与纵向服务产业，体现增值服务和客户价值。

二是推进供给侧改革，提升产品竞争力。建立基于产品使用大数据的研发体系，推进制造过程全数字化，提供完全个性化定制的产品，随需应变的产品配置。

三是创新服务，催生新服务新模式新业态。加快服务能力变革，增加新型增值服务收入，发展共享经济（制造即服务）和 S2B 平台经济。

四是节约综合成本。提升制造与产品供给效率，降低服务成本和配件供给成本，延长设备使用寿命，强化节能减排，提高服务和运营效率。

第二节　郑州宇通客车股份有限公司

一、企业服务型制造发展情况

宇通客车经过近几年智能网联产品的建设，已掌握基于传统车辆及新能源车辆的智能网联技术，并自主研发了智能网联设备，形成了集软硬件研发为一体的平台建设能力。通过对运企安全、机务、运营等管理环节的问题分析，宇通充分结合车辆和智能网联技术，开发面向运企机务管理的 Vehicle + 车联网综合服务平台，实现安全、降本、提效和增值，助力企业运营管理转型。

宇通创新性地开发出故障实时监控、能耗精准掌握、维保计划管理、车辆报修管理四大功能类 20 余项使用功能，服务管、用、养、修各个业务环节，并根据企业不同层级人员使用需求，开发出今日看板、月度看板、单车报告等多种信息展示方式，借助大数据分析等方法，充分挖掘数据价值，让企业管理举重若轻，让日常工作得心应手。

面向运企机务管理的 Vehicle + 车联网综合服务平台主要包括：①自主研发 V + 智能机务管理平台（包含 WEB 平台、IOS & Android 移动客户端），为运企提供基于安全、降本、增值和提效的综合管理系统；②自主研发 iCard 终端，具备后装推广条件，实现新能源车辆全部车型前装标配；③制定宇通 OTA 远程升级标准，建立远程升级管道。

系统推广后，能有效提升运企机务管理方面的信息化水平和智能化水平，提升车辆完好率，降低维修材料成本，降低燃料成本，降低机务管理工作强度，自研智能网联终端，实现新能源车辆全部车型前装标配，制定宇通 OTA 远程升级标准，建立远程升级管道，从而降低运企整体运营成本，提高管理效率。当前，V + 平台共接入各类车辆车辆 14 万台，其中自研 iCard 终端装车量达 6 万台，为 8000 余家各类客户提供增值服务。

二、主要做法

（一）系统方案

本系统基于智能网联技术构建，其工作原理是通过装载在车辆上的感知设备，实现在信息网络平台上对所有车辆的属性信息和静、动态信息进行利用，并根据不同需求对所有车辆的运行状态进行有效的监管和提供综合服务。

面向运企机务管理的 Vehicle + 车联网综合服务平台，通过安装在车辆上的车载智能终端 iCard，能够采集发动机数据、车辆运行数据、GPS 位置信息、视频信息等数据，可兼容不同品牌车辆，通过安装的维修厂的报修机方便地提交报修单，并通过通信网络实时传递到后台数据处理中心，借助 Vehicle + 平台专业的大数据分析和挖掘技术，将海量信息提炼并通过报告、图表等直观方式展示出来，为管理提供及时、准确、有用的参考。面向运企机务管理的 Vehicle + 车联网综合服务平台，更加强调智慧管理，和国内同类产品相比，不仅仅是一个监控和汇总各类数据的平台，更着重于深入研究机务管理的细节，改善人的操作和管理，提升车的安全和稳定性。

（二）系统框架

整个系统方案由软件平台方案、车载硬件方案和网络系统方案组成，其中软件平台方案包括远程诊断与故障预警子系统、能耗管理子系统、精准维保子系统、维修管理子系统和管理看板子系统。

为了满足运企对机务管理平台的易扩展、可复用、高性能的设计要求，整个系统采用"本地化系统 + 云平台"的架构设计方案。智能机务管理系统：该系统采用本地化部署的方式部署在运企机房内。云服务平台：基于转发的车辆流水数据进行分布式、多维度的存储在云端数据处理中心，再经过各个分布式计算模块，对生成的海量大数据进行数据分析、数据挖掘，将数据变成客户所必需的知识及工具模型，提供公交智能机务管理平台，最终体现真正的价值增量。

三、主要成效

（一）项目成果应用

第一，大数据分析助力宇通产供研销工作效率提升。大数据分析车辆运行故障及维修内容，辅助宇通产供研销提升工作效率。传统做法是宇通售后人员或技术支持人员前往重要的客户处，手工筛选并提取有关机务管理的维修维护资料（无法识别其中信息的准确性），并由人工展开分析。当前可通过该系统，基于机务业务流程化、信息化的基础，实现全链条的透明，杜绝人工篡改信息，并结构化业务信息。通过大数据分析，将包括故障部位、故障时间、维修过程、材料更换等信息的数据进行计算，生成一系列客观报表，供企业管理人员及宇通售后、技术人员使用。基于此，可对发生故障的零部件进行分析，对质量表现低于供应商承诺的进行淘汰，对不同运行环境需要零部件耐久性进行识别，提升宇通车辆的运营表现。

第二，OTA技术助力宇通售后服务水平提升。根据客户提供的车辆要运营的路线，提前采集路谱，标定动力系统参数。此方法代价高，周期长，且后期如果客户调整车辆运营的线路，之前的标定可能不合适。通过该系统，将车辆运行中的速度、能耗、扭矩等数据采集到云端平台，通过系统工况自适应模型，将最佳的参数计算出来，并由车联网系统自动下发到车载终端，在具备升级的条件下，自主完成对车辆有关部件的升级，完成最佳工况参数配置调整。通过此方法可显著提高客户对车辆的使用效率，做到"常用常新"，同时也大大降低了宇通为客户提供服务的成本，进一步提升了宇通车辆的市场竞争力。

第三，促进产品全生命周期（LCC）管理的落地。一车一档：通过该系统，将车辆的静态信息及运营过程中的故障、维护、维修等信息整合到一起，可以客观了解不同车辆的全生命周期成本。可以更好地为企业经营决策以及生产厂家提供改善依据。静态信息中，主要是车辆配置信息，能全面了解车辆的配置状况、检测日期；维修信息中，能够汇总车辆在运营过程中发生的全部维修记录，包括故障时间、维修内容、工时消耗、所更换材料等内容，并能统计展示发生最多的故障部位，可以用于判断相关零部件是超出还是不及使用时长预期，进一步为运营降本提供支持；维护信息中，汇集展示车辆的全部维护记录，包括维护时的运营间隔里程、维护花费等内容，可以用于判断车辆维护消耗是否合理，维护间隔是否正常，避免车辆过度维保或失保；能耗方面，能够展示车辆的运行里程、相应能耗，并能够查看每个趟次的行车记录，可以用于判断车辆能耗是否处于合理水平。

第四，促进车辆融资担保行业持续健康发展。多数客户在购买车辆时都需要进行融资，对于提供车辆融资担保的公司来讲，实时掌握客户车辆运营情况及时识别还款风险显得尤为重要，并且提供融资担保的公司可在贷款客户出现严重违约时远程限制车辆正常使用会很好地促使贷款客户正常履约。基于此，该系统为车辆融资担保公司提供基于车辆位置监控、车辆运营监控、还款风险识别、远程锁车（限速）等融资担保增值服务平台。当贷款客户出现严重违约时，融资担保公司能够适时远程下发参数设置指令，限制目标车辆上路运行并快速定位车辆位置，以便进一步进行处置，把风险和损失降到最低，从而规范和约束贷款客户的还款行为，促进车辆融资担保行业持续健康发展。

第五，助力终端客户信息化管理转型升级。运输企业传统机务管理依靠人工手填纸传信息，造成工作效率低下，人浮于事情况时有发生，企业原有系统各自独立，"信息孤岛"现象严重，企业信息化转型升级势在必行。该系统打通机务管理"管、用、养、修"各个环节，利用"互联网＋"的理念，实现机务与互联网的有机融合，提高企业信息化管理水平。系统拥有车辆档案、人员档案、通知中心等信息展示工具，满足不同部门的工作需求，提高工作效率。通过今日看板、月度看板，管理人员可及时获取车辆完好率、能耗数据、维保状况、材料费用等信息，为企业决策提供依据，助力企业信息化管理转型升级。

（二）经济效益

宇通经济效益。直接经济效益：截至2018年6月，本项目相关的服务平台共接入车辆46336台，共实现销售收入约25192万元，其中销售智能终端产品预计实现收入约12511万元（单车2700元/台），收取平台产品年服务费（按8年270元/台·年）预计实现收入约10009万元。间接经济效益：通过该系统，可快速定位车辆故障，降低单车维修工时，降低售后服务费用，提升客户服务效率和服务水平，提高客户满意度，提升宇通品牌美誉度。

终端客户经济效益。客户通过系统的部署和应用，实现机务管理的信息化和规范化，提升人员效率、车辆完好率和利用率，降低人员劳动强度、车辆故障率和维修维护成本，综合经济效益可实现每千台车每年降低机务费用200万元。某规模客户运营车辆1400余台，自2015年该平台系统实施以来，年度机务成本降低200万—300万元，整体机务管理水平上升到一个新台阶，年接待外来参观学习单位20余个，企业知名度及行业地位均得到大大提升。

（三）社会效益

第一，促进交通行业向现代服务业转型。通过卫星定位系统确定车辆的准确位置，从而掌握车辆的位置信息，对乘客和车辆的流向进行分析，为社会相关行业提供服务；通过在车辆上安装卫星定位设备和信息接收的终端设备，可以接收企业综合服务系统发布的路况、事件和辅助信息，为司机提供实时在线的全方位一体化的服务。

第二，为交通运输安全有效监管提供技术保障。大量的道路交通事故不仅造成大量的经济损失，严重地环境污染，同时也影响了人民群众的正常生活和社会生产的正常进行。从营运车辆运营现状分析，原来的道路运输安全监管体系中相对落后的监管手段需要改进，分散的监管系统资源需要整合，丰富的部门信息需要共享，因此，为改善道路运输监管现状，迫切需要在营运车辆监管与服务方面引入先进科学技术，用以提高监管水平。系统的推广和实施，有利于事前有效预防道路运输事故发生，事中能够迅速告警、提高应急处理效率，事后通过数据分析剖析事故发生原因，提出预防同类事故的建议。

第三，提高车辆运营效率、促进节能减排。我国目前有营运车辆1100余万辆，由于从业车辆和人员多、企业规模小、分布分散、技术手段落后等特点，导致运营效率低、能源消耗高、效益产出低。由于驾驶行为不规范、空载时间过长导运输费用成本增加，企业利润率降低，车辆不及时维修，不正常年检，超载、疲劳驾驶现象屡禁不止，导致恶性交通事故频发不断。本项目开发的运企综合服务终端设备，连接到车辆CAN系统，全面采集客车运行状态及相关数据、准确高效地数据分析和计算、整合车载信息终端功能，利用节能状况动态监控分析技术，驾驶员驾驶行为监测分析技术，燃油消耗量及排放量统计分析技术等关键技术，实现对客车的安全节能管理。并且通过运企综合服务平台将车辆、乘客、运输企业、从业人员有机地结合在一起，通过及时提供货源信息、车辆信息、信用信息以及相关增值服务，有效提高车辆运营效率，减少空驶率。

第四，构造产业链，推动产业化发展。系统的建设和推广涉及软件系统、硬件生产、车辆监控、运企信息整合、信用体系建设、支付体系建设、服务体系建设、呼叫中心建设等，延伸出一系列产品和服务，包括：符合行业标准的北斗车载信息终端、行业服务手机等等。因此，将推动包括汽车电子、芯片、车载终端生产、电子地图、车辆前装、民用北斗、4G 通信、金融支付、车辆保险、油品能源、汽配维修等相关行业在内的产业链共同发展。系统建设为企业间、从业人员间以及相关行业之间提供了信息服务的平台，可以加快企业机务信息的流通速度和提高信息的准确性，提高企业的工作效率，减少司机不良驾驶行为，降低车辆空驶率，提高了服务质量和客户满意度。总之，该项目产业化实施的社会效益重大，不仅能够有效提升道路交通安全、降低汽车碳排放、提高企业运营效率，而且能够有效带动汽车电子、4G、车联网以及北斗民用产业的发展，是交通运输行业的一项重要基础建设工程。

四、启示及建议

（一）启示

第一，平台抽象。建设平台的目的是为了在一个平台上可以承接不同的业务，快速响应支撑业务需求，进而形成平台产品生态。因此平台需具备高度统一、高扩展、高可用、易维护、开发性等特性，为了保证未来业务的不确定性发展需求，从容应对多变的市场环境和政策环境，平台的核心部分必须高度抽象，降低和具体车联网业务的依赖性，从研发、测试、实施、运行等多角度兼顾不同行业业务的多变性。这个高度抽象的平台，宇通称之为基础服务平台（Basic Service Platform），以他为基础，运用互联网产品的思维，打造全新的产品生态链。

第二，产品分层架构。按照一个平台产品、专业产品、解决方案产品思路构建车联网产品体系。集成车联网共性技术和各类基础服务为平台，避免重复造轮子；深挖客户某一类需求，在平台上整合最佳技术方案开发车联网专业产品，力求把每个专业产品都做成行业标杆；组合和配置一个或多个车联网专业产品，实现针对某一细分市场或特定客户的解决方案。各层产品对立开展，平台层注重扩展性、性能、可维护性等基础能力，专业产品侧重于价值挖掘、技术领先性，解决方案层关注商业价值，各层不断深化提升自身能力，从而提升整体产品价值。

第三，聚焦企业。通过开放性架构与其他信息系统交换数据，将沉淀数据形成一车一档及一人一档，展现全生命周期的各项数据，可追溯，可分析，为企业决策提供依据。重点关注提高设备集成度、多信息系统打通，解决管理成本过高和"信息孤岛"问题，降低运营成本、维修维保成本，提升运营调度效率、安全管理水平。聚焦新形势下运企行业开源节流的需求，围绕运营安全和驾驶行为，提供增值服务，助推运企多元化转型。

（二）建议

根据国家"十三五"战略规划和宇通产业服务转型工作要求，建议下一步深入做好各项核心信息技术平台和能力的搭建，实现"智能制造、智能网联"两大战略目标，推动企业应用云化，主导建设产业链 IOT 和互联网生态技术基础。

第一，打造升级新的麒麟物联平台，实现平台千亿级智能终端设备接入能力，提供智能制造工控设备、车辆、充电桩、智能交通、智能家居等智能设备接入服务。打造人与物、物与物的高效智能网络，云、管、端一体化结构搭建物理环境的实时感知、动态控制和信息服务基础能力，完成物与物的可靠、高效实施协同。

第二，打造智能设备物联的宇通开放生态物联网平台，提供完整开放的物联网平台生态解决方案，打造全价值链的客车行业应用云生态。

第三，结合宇通基础云、大数据云、移动云、开发云，实现平台高扩展、高效开发能力。在企业应用上云的同时完成工业物联网数据积累，实现数据价值挖掘和应用。

第三节　嘉兴麒盛科技股份有限公司

一、企业服务型制造发展情况

嘉兴麒盛科技股份有限公司成立于 2005 年，是一家致力于智能电动床研发、设计和制造的国家高新技术企业。公司产品远销美国、加拿大、澳大利亚、俄罗斯、日本等国，产品 95% 出口，目前已是世界上领先的电动床制造商。2017 年产销电动床 60 万套，销售额 9.7 亿元。

2017 年，研发了融先进非接触式传感器、云计算和大数据分析技术为一体的新一代智能电动机——MIO 系列，为客户提供"产品 + 系统"的服务，这在全球属于首创，市场反响良好。获得 2017 年度中国产业创新高峰论坛"创新产品奖"和"设计红星奖"，推动了麒盛从功能性产品提供商向数字化、网络化、智能化、服务化方向发展。

目前，麒盛正在进行"智能家居产业园"项目建设。通过 IT 和 OT 的结合，实现单体智能集中调度的柔性智能生产大制造系统，促进产能、品质的提升。建成后预计新增产能 400 万套，满足企业快速发展需求。

大健康睡眠管理系统在智能床上安装非接触式传感器，采集心率、呼吸、体动等数据，实时上传睡眠管理云平台；建立健康算法进行数据分析；通过 APP 为客户提供智能控制、防打鼾和健康检测报告服务，促进"健康"行业融合发展。

本项目研发的智能床，属于新兴智能家居产业，具有非常远大的前景。根据 Statista 和 ABI Reserch 的研究，2018 年全球智能家居市场规模将达到 710 亿美元，维持每年约 80 亿美元的增速，将在 2021 年达到千亿美元。中国前瞻产业研究院发布的《智能家居设备行业市场前瞻与投资策略规划报告》数据显示，2017 年我国智能家居市场规模达到 908 亿元，未来五年（2017—2021）年均复合增长率约为 48.12%，2021 年市场规模将达到 4369 亿元。在未来至少 20 年时间里，智能家居行业将成为中国的主流行业之一，其市场的发展前景是非常广阔的。

二、主要做法、模式

（一）项目内容——开发智能床，实现智能语音控制、提供健康管理服务

创新结构。对传统电动床进行创新设计，包括腰间顶出、前电机驱动等创新；并安装多种先进非接触传感器，感知客户信息。

互联模块。智能床通过 Wi‐Fi 模块实现与云端互联，数据实时上传。

系统平台。在公有云搭建睡眠健康数据处理分析云平台，通过互联网联接客户、社区、医院等会资源系统。

客户APP。开发实用、新颖的 APP，接收云端信息反馈，实现智能床控制。

智能防打鼾。研究人体打鼾原理，设计智能防打鼾算法，在发生打鼾症状时，通过调整床体姿势及不同床体姿势下鼾声强度分析，进行智能防打鼾干预。

智能互联。云平台与阿里智能语音系统和 ALEXA 语音平台进行互联，实现中文和英语的语音识别。

（二）管理运营——组建数据公司，推动技术发展与行业融合

项目建成后，客户获得的是产品 + 系统的服务方式不同于直接获取产品、再提供售后服务的模式。因此麒盛科技也进行了大量的体验标本，采集客户的需求，目前主要做法如下：

需要有前端科学研究的支持。公司与清华长三角院合作，通过合资成立浙江麒盛数据服务有限公司，进行智能传感技术、人工算法等领域的研究。

需要多产业融合应用的实践。与陕西荣华康复医院合作，通过品和开发的集中睡眠管理系统——银色健康睡眠管理系统，采集老年人的健康数据，为医院提供个性化服务支撑；与嘉兴佑华月子中心合作，为孕妇提供优质服务，从而促进行业性应用的发展，促进行业融合发展。

需要大量数据作为基础。作为大数据应用，在前期，由于产品投放量及使用标本的不足，需要有一个长期过程来数据积累。因此先是作为一个产品亮点，免费给客户提供信息服务，让客户体验智能床产品的价值与感觉，让客户逐渐接受传统睡眠产品向健康管理服务发展的变化，再在适当时间推进从产品一次性购买转变为根据服务内容收费。

（三）模式创新——以健康管理数据和服务为对象的新模式应用

健康睡眠管理系统的意义不在于产品，也不在于积累庞大的数据，而在于对这些健康数据进行专业化处理和分析，连接客户、家庭、社区、医院等资源，为客户提供健康睡眠管理服务。

健康预警和预防。平台通过持续不断地监测某些健康指标，可以准确预客户未来患上某种疾病的可能性，以达到中医所讲"治未病"及健康预警效果。且这种预警，是一种主动性的预警，而非传统医疗的被动性应急。医院的数据可以对人现在的状态做出评测，但对未来健康的趋势是没法做出评测的，这也是该平台建立的一大优势。从连续的睡眠数据中，可以得到数据的波动规律，这种波动规律恰与健康变化存在着某种联系。不同的疾病对应着不同的生理特征变化，如果能深入挖掘数据背后所隐藏的价值，可以对不同数据进行分类预警。

行业融合与数字化社会。本项目研发的智能床是一种全新的产品＋数据采集＋数据分析的设备，它作为一个智能终端，采集信息上传数据库，通过后台的数据分析挖掘其中的重要信息。为智慧养老等行业提供数据，推动精准服务；为智慧城市等提供数据，推动睡眠状态下的安全、健康管理。

三、主要成效

（一）塑造核心竞争力，引领行业

2004 年，麒盛研发了美式可调式电动床，创办了嘉兴市舒福德电动床有限公司，经过多年市场培育，制造和销售规模快速壮大。2017 年产销电动床 60 万套，成为细分行业的领导者。随着形势发展，成本上升、市场竞争加剧成为企业的难点问题。通过产品创新保持企业领先地位是企业现阶段发展的重要战略。

2016 年 1 月，通过大量的市场调研和分析，决定以智能家居作为主要发展方向，并成立以总经理为组长的项目组推进该项目，引领寝具行业向"健康"方向发展。2017 年 4 月，第一代智能床产品问世，在各种展会亮相后获得专业人士一致好评，领先睡眠产品行业士推出具有睡眠管理、健康管理、智能防打鼾等功能的产品。比媒体热捧的德国 Nitetronic 团队的产品领先半年，并且采用比该产品更先进的非接触式传感器技术。同时，寝具行业的主流厂商舒达、泰普尔等也逐渐推出智能化产品。

（二）服务化连接健康产业，促进跨界融合发展

在当前数字经济形势下，跨界融合已成为一个热门的话题和风口。比如饮食与送餐服务融合的美团、家电电商与物流融合的京东等成为其中的典范。

本项目研发的电动床具有健康检测功能，而技术指标符合医疗的标准，而且由于有稳定、长期的检测场景，获得更精准的健康参数，用于预防和辅助治疗。而这正是现在养老、健康保险、医院等产业的不足。

比如养老行业，我国社会的人口老龄化进程日益加快，养逐渐成为大家关注的主要问题。老年人面临的疾病远多于年轻人，比如心脏短时间骤停、呼吸暂停、高血压高血脂高血糖等，很多都发生在晚间，救护和发现都比较困难时。本项目能有效定期检测、预警和干预，为广大老年人带来福音。目前该智能床已成功应用陕西高端养老院——荣华康复医院。

另外嘉兴第一医院康复医院、嘉兴佑华月子会所等也已在使用。因此，未来智能床将成为一个"健康"产业融合发展的平台、媒介，连接养老院、医院、月子会所、社区等众多资源，形成一个"大健康"的产业生态圈。

本项目一期投入资金1390.5万元，研发了"去睡吧"健康睡眠系统，国内第一代产品 MIO 至 2017 年底国内销售 324 台套，销售额 170 万元。该技术已成功应用到 401H、402H、403H、4030、3300 系列产品上，获得国外 9550 多万元订单，经济效益非常好。

四、启示及建议

（一）启示

传感器研发——先进传感技术的场景式应用。采用了无源设计，计划采用锂电池。在实际测试中发现，锂电池充电过程中会干扰传感器的准确性，后来改用了有源方式。

平台模式——商业与业务融合，关注信息安全。在商业模式设计中，客

户分期付费获取长期、能用于疾病预防和群体性分析的数据报告，与现在一次性购买的观念有一定冲突，所以在运行前期免费向客户提供，作为产品的亮点和增值服务，先让客享受信息的价值预服务，然后逐步引入付费模式；对于客户担心的数据安全问题，与清华长三角研究院合作成立研究院，以研究机构的模式运行，打消客户顾虑。

示范性及可复制性——家具等传统行业与互联网技术的融合应用。家具行业历来是一个比较传统的，利用新技术进行产品创新是整个行业的难点、热点问题。在本项目中，首创性的利用互联网、云计算、人工智能、传感器等前沿先进技术，结合"健康"元素，重新定义和诠释了对寝具的理解。这比行业普遍采用新材料应用和物理性改变进产品创新更具现实意义。为家具行业利用互联网、人工智能等前沿技术结合创新有良好的示范作用。

（二）建议

本项目的主要意义是产品经过融合非接触式传感器、云计算和大数据分析，推动传统电动床向制造＋服务方向发展。

加强传感技术研究——开发功能丰富、安全的传感器产品。医疗物联、智慧养老等，未来基于睡眠将是人类健康的重要测量维度，如何有效、稳定、安全地采集睡眠健康数据是一个重大的课题。而目前传感器产品功能单一、稳定性不高、安全背书缺乏等痛点。麒盛将持续在传感器技术、射频技术等方面进行研究，从而开发出更多功能的无线传感器产品。

人工智能算法优化——基于个性化、群体化进行健康模型的优化。随着数字技术的发展，向数字化社会发展已成为未来发展的共识。数字化社会内在的特征是连接、集成、自治，外在的表现是互联、共享和个性化面向特殊人群的不同需求，研发不同功能的智能床，降低特殊人群的辅助护理和治疗服务的负担。主要有以下三个方向：一是针对社区里长期卧床、行动不便或者患有特殊疾病的人群，实现预警和关怀；二是养老会所，协助机构进行监护管理，保障老人健康、快乐生活；三是月子中心，监控产妇和新生儿在月子期间需要特殊关注的生理指标，为产妇和新儿提供健康舒适的服务保障。

扩大应用领域——从智能单品走向数据为连接的健康生态圈。智能床目前是以智能单品和数据终端的形式，而随着客户和数据的积累，更多的健康模型将被挖掘和发现。将为不同人群、不同行业所应用，如医院、保险、孕育等。已有的案例是：前合作的嘉兴第一医院康复中心、嘉兴佑华月子中心等。因此，以智能床为载体、数据为手段连接跨界的行业，为医疗物联网、智慧养老、医院等行业提供服务，建设"大健康"生态圈是主要的方向。

第十九章　有序发展相关金融服务

第一节　海尔集团

一、基本情况

　　海尔集团几十年形成的上下游产业链条，为其涉足供应链金融提供了得天独厚的资源。伴随互联网技术对金融业的快速渗透，海尔集团开始着手布局自己的供应链金融模式。这时海融易应运而生，海融易是由海尔集团出资成立，由海融易平台联合保理公司给海尔集团产业链上的企业开展融资服务。海融易于2014年12月上线内测，2015年5月正式公开推广，依托于制造业龙头海尔集团的独特供应链金融模式，产品规划、资金投向起家于海尔集团内部产业链，逐步向集团外的全产业链扩张，成功把单个企业的不可控风险转变为供应链企业整体的风险把控。

　　海尔集团30年来产业链上积累了大量的用户、商户，包括它的供应商、大众物流日日顺以及自有的生态体系，这个生态体系包括5000多家供应商、3万多家经销商、售后服务网点7000多个；差不多有1.2亿用户，并汇集了6万海尔供应链融资项目资源，2万海尔线下渠道布局，三大自有电商平台。这些资源的整合将为海融易团队引入巨大的用户流量和标的物，也能在最短时间内培育出属于自己的核心用户。海尔集团有着其他供应链金融平台难以模仿的差异化优势，这为海尔发展供应链金融提供了很大的支持。另一方面，中小企业融资压力增大，供应链金融所提供的服务对于有效解决中小企业"融资难"问题、服务实体经济等方面非常有价值。海尔利用自身产业优势连接金融服务，可以调动上下游沉睡的大量资源，定位于贸易性的、销售端的供应链金融服务，为供应链上下游的中小微企业提供资金血液。

二、主要做法、模式

海融易依托海尔集团对资金流、信息流、物流进行有效控制，由此获得优质资产。海融易供应链网络金融平台有效地将上下游企业（上游供应商、下游经销商）、传统银行（投资人、资金供给方）动态连接，将依托产业链产生的交易数据、分销渠道、物流数据与金融机构的资金渠道、风险控制、技术优势整合，开创了一条"产业＋资本＋互联网思维"的新融资路径。

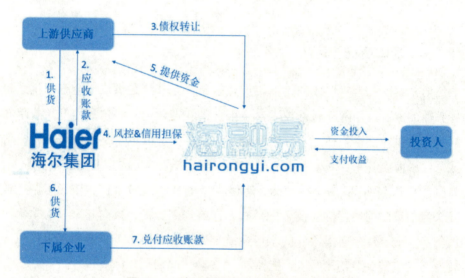

图 19 - 1　海融易供应链金融模式示意图

资料来源：公开资料，赛迪智库整理，2018 年 11 月。

为了最大限度地控制项目风险，海融易创建了"产业风控＋金融风控"结合的模式，将金融的传统风控、支付系统的大数据风控、产业风控这三个风控系统融合统一成一种海融易自有的风控模型，涵盖商物流、信息流、资金流的全方位风险管理体系，对项目前、中、后期进行全过程管控。成立一年多以来，坏账率为零，逾期率也很低，这得益于它的"线上＋线下"多元化风控模式。在产业风控方面，海融易通过与海尔 ERP 数据库对接，分析供应商和经销商的历史数据和趋势，对融资企业进行线上线下调研；审核时运用海尔产业数据对融资方的资信、风险、放款额度进行确认。在金融风控方面，平台和同盾等企业合作，在反欺诈、反洗钱等方面严格风险控制。海尔独有的大数据分析使得海融易可实现从项目源头到项目渠道再到项目实施的360度动态管控。同时，融合海尔产业链资源，与海尔集团内拥有丰富经验与领先的渠道评估体系的第三方管理团队合作。海融易已将该系统复制到海尔体系外的多个产业，在化工、医疗器械、农业、房地产等产业链快速复制拓展。与此同时，海尔也逐步打造了金控生态圈。

三、主要成效

得益于"产融结合"与 B2B、B2C 模式，海尔供应链金融不仅可以透过合作商户来确定客户的真实性、贷款的使用途径，还将与战略合作伙伴一起进行数据清洗、挖掘，从而实现大数据精准授信，在降低风险的同时，为有切实的资金需求者提供最精准的金融服务。

海融易供应链金融隔模式本质上是以海尔集团——核心企业为授信主体，使得上下游企业能够快速、简单地获得低成本的融资，帮助解决中小企业融资难、融资贵的问题。其次，对于核心企业海尔集团而言，供应链金融满足了其产业转型升级的诉求，通过供应链金融服务，变现其在产业链中的核心价值。再次，对于银行等资金供给方而言，由于核心企业的隐性背书，降低了向中小企业放款的风险，且获得了较高的回报。

四、启示及建议

供应链金融服务是利用互联网技术将供应链服务嵌入到产业链上下游，通过供应链金融创新提升实体经济，利用互联网供应链金融不断加强产业链条上企业的服务能力和水平，提升产业效能。

供应链金融业务基于核心企业的上游业务，即基于核心企业的应付账款做的融资服务。供应链金融技术模式需要不断创新，通过物联网、区块链的技术，同时结合"三流合一"的问题，实时掌握物流动向，这些技术采用起来，再和金融业务结合起来，实现供应链金融服务的创新发展。区块链和物联网可以提高供应链金融各方交易的透明度。物联网与供应链金融的结合主要是通过传感技术、导航技术、定位技术等方式，在仓储和货运环节来控制交易过程，提高终端交易的真实性。物联网平台与资金端结合以后，通过物联网平台可以提供产业上下游之间的物流、信息流、资金流的真实交易数据，并确保了资金的回笼，形成封闭的运行。通过物联网平台，打通资金融通、资源需求，打造一个交易数据的平台、物流服务的平台、库存服务的平台，实现现代物流与现在信息系统的高度融合，形成整个产业链的真实交易数据和信息共享。区块链作为一种分布式账本，为各参与方提供了协作的平台，降低机构间信用协作风险和成本，链上信息的可追踪性与不可篡改性，实现多个机构之间数据实时同步，实施对账，提高风险控制效率。

第二节　天津渤海租赁有限公司

一、基本情况

天津渤海租赁有限公司（以下简称"渤海租赁"）成立于 2007 年，注册资本超过 62 亿元人民币。2008 年获得由商务部和税务总局批准的第五批内资融资租赁试点企业资质。它是海航集团在天津金融创新"先试先行"和国家加强基础设施建设的大背景下与天津市政府合作，共同出资组建的专业从事市政工程等基础设施租赁服务的租赁公司，也是国内首家拥有上市融资平台的租赁公司，拥有内资融资租赁、金融租赁两块牌照，还拥有境外租赁业务平台。渤海租赁是天津租赁业创新发展的试验田，自创立以来得到政府和股东方的强力支持，拥有运作基础设施租赁业务得天独厚的资源优势，融资渠道较为多元化。公司实际控制人航海集团资本实力雄厚，拥有多元化的产业服务平台。目前，天津渤海租赁控股皖江金融租赁有限公司（皖江租赁）、香港渤海租赁资产管理有限公司（渤海资产管理）、横琴国际融资租赁有限公司（横琴国际租赁）、香港航空租赁有限公司（香港航空租赁）、天津航空金融服务有限公司（天津航空金融）、SEACO 集装箱租赁，基本实现了租赁行业的全方位布局。

2015 年渤海租赁进一步开拓以飞机、集装箱、船舶、基础设施、高端设备、医疗产业、汽车为主要方向的细分行业市场。已逐渐形成以天津渤海租赁、皖江金融租赁、香港航空租赁、横琴国际租赁为核心的项目操作平台。

近两年来，渤海租赁致力于运营模式由"债务融资型"向"资产投资型"转型，通过对海外资产的收购，公司在境外不断强化飞机租赁、集装箱经营租赁领域的拓展，通过租赁资产残值处置有效地降低项目风险，提高公司资产管理能力，提升公司整体营运水平。为提高租赁业务信息化管理水平，公司研发上线了渤海租赁数字化平台。该平台涵盖业务、资产、资金、风控等环节，能够满足租赁公司客户维护、项目审批、资金调度、资产管理和风险监控等环节，为公司跨越式发展提供了稳定、专业的信息平台保障。

二、主要做法、模式

渤海租赁主要采用直接融资租赁和售后回租业务模式，少部分采用直接租赁的形式，通过盘活政府及大型集团公司固化资产满足政府及企业融资需求。近年来，渤海租赁已与天津市保税区、东丽区、北辰区、蓟县、宁河县等多个区县政府及天津市城投集团、天津地下铁道集团公司、天津保税区投资有限公司等多个大型企业集团展开合作，陆续操作完成保税区基础设施租赁项目、空客厂房融资租赁项目、蓟县基础设施租赁项目等，这些项目均为售后回租模式项目。

以空客 A320 项目总装线厂房售后回租项目为例。渤海租赁以 36.3 亿元人民币购买天津保税区投资有限公司名下的空客 A320 项目总装线厂房在建工程，并回租于天津保税区管委会，租期 15 年。租赁区结束后，天津保税区管委会将以名义价格回购。天津保税区财政收入作为还款来源，每期租金列入地方财政预算，并在以后规定年度中按期陆续拨付偿还。天保投资向贷款银行提供过渡担保，直至空客 A320 项目总装线厂房房地产证办理至渤海租赁名下，并抵押给贷款银行。

该项目出租方为渤海租赁，承租方为天津保税区管委会，租赁标的物是空客 A320 项目总装线厂房在建工程，租赁支付方式按季预付租金，租赁期限 15 年，租赁利率五年期以上人民币基准利率＋上浮，贷款利率五年期以上人民币基准利率，担保方式为天保投资，向贷款银行提供过渡担保，直至空客A320项目总装线厂房房地产证办理至渤海租赁名下，并抵押给贷款银行，租赁期结束后以名义价格1元回购。该项目售后回租操作流程如下：

1. 渤海租赁与天津保税区投资有限公司（简称"天保投资"）签署空客A320项目总装线厂房资产出让协议，天保投资将空客A320项目总装线厂房在建工程权属及该项目所占全部土地过户到渤海租赁名下。

2. 渤海租赁与天津管委会签署租赁协议，空客A320项目总装线厂房出租给管委会使用。

3. 渤海租赁与银行签署带块协议，空客A320项目总装线厂房在建工程权属及全部土地抵押给银行；同时天保投资向贷款银行提供过渡担保，直至空客A320项目总装线厂房房地产证办理至渤海租赁名下，并抵押给贷款银行。

4. 渤海租赁在银行开立租金专户，并与银行签订账户管理协议，管委会按租赁合同支付租金至该专用账户，银行在扣除当期贷款本息后再将余额转至渤海租赁的银行账户。

5. 在租赁期内，天保投资与渤海租赁签署担保协议，天保投资为管委会向渤海租赁支付租金提供全程担保。

6. 贷款期满，渤海租赁结清银行所有贷款后，银行出具解除空客A320项目总装线厂房抵押的函。

7. 租赁期满，管委会将回购空客A320项目总装线厂房，回购价为1元人民币。

三、主要成效

空客A320飞机天津总装线厂房在建工程转让融资项目是天津首例工业厂房在建工程的融资租赁业务，也是天津产权交易中心第一次将融资租赁的理念融合到产权转让项目里，开创了产权融资新模式，实现了"五满意"。一是转让方满意。利用该融资模式转让方获得313045.96万元人民币的融资款，保证了空客A320飞机天津总装线厂房在建工程的顺利进行。二是受让方满意。通过"售后回租"模式的成功运作，提高了租赁公司的业务水平和盈利能力，同时也创新了我国基础设施租赁的商业模式。三是银行满意。因为有转让方上级公司提供担保，大大降低了银行的风险，可说银行稳获收益。四是产权交易中心满意。通过该项目的运作，中心提高了交易量，增加了交易额，提升了产权市场的交易功能，更为重要的是创新了融资模式。五是政府满意。企业解决了融资难题，保证了在建项目的顺利进行，为空客 A320 飞机总装线厂总体项目的顺利完成奠定了基础，促进了经济的发展与国际间的进一步合作。

四、启示及建议

针对企业急需资产投入发展建设，尤其是企业在跟多家银行沟通后无法贷款或所获贷款不多的情况下，和租赁公司合作，创新开展以产权融资租赁转让方式为企业融资，可以按企业资产评估值获得全额和长期融资，使企业获得大量资金再投资，这种产权融资租赁转让的交易方式，深受企业的欢迎。转让方的财产所有权在一定时期内转给受让方，双方签订租约，转让方仍有使用权，租期满后归还转让方。主要采用直接融资租赁、售后回租的模式，通过盘活政府及大型集团公司固化资产满足政府及企业融资需求。这是在创新交易方式和交易品种研发上做出积极的探索，有效提升产权市场功能、增加交易品种、扩大交易量，与各级政府、大型企业及金融机构开展紧密合作，能够推动我国的城市基础设施建设运营与资本市场的更有效融合。

参考文献

［1］吴敬琏等. 供给侧改革：经济转型重塑中国布局［M］. 中国文史出版社，2016.

［2］吴敬琏，厉以宁，林毅夫等. 国家命运：中国未来经济转型与改革发展［M］. 中央编译出版社，2015.

［3］林毅夫. 新结构经济学，反思经济发展与政策的理论框架［M］. 北京大学出版社，2014.

［4］周凯歌、卢彦. 工业4.0：转型升级路线图［M］. 人民邮电出版社，2016.

［5］王岳平. 中国经济转型丛书：中国产业结构调整和转型升级研究［M］. 安徽人民出版社，2013.

［6］苗圩. 构建立体高效制造业创新体系［N］. 联合时报，2017－05－26（004）.

［7］苗圩. 加快制造强国和网络强国建设步伐［N］. 学习时报，2018－03－30（001）.

［8］苗圩. 深化改革创新 促进融合发展 为加快建设制造强国和网络强国不懈努力［N］. 中国工业报，2016－12－27（A02）.

［9］黄群慧. 振兴实体经济要着力推进制造业转型［N］. 经济日报，2017－02－10（014）.

［10］黄群慧. 以供给侧结构性改革完善制造业创新生态［N］. 光明日报，2016－04－27（015）.

［11］尹训飞. 制造企业如何占领三个"制造高点"［J］. 中国工业评论，2017（11）.

［12］张辽，王俊杰. "两化融合"理论述评及对中国制造业转型升级的启示［J］. 经济体制改革，2017（3）.

［13］门峰，王今．中国汽车产业结构调整研究［J］．汽车工业研究，2011（5）．

［14］居桦．中国汽车产业结构优化及升级研究［J］．岭南师范学院学报，2015，36（6）．

［15］工业和信息化部．《乘用车企业平均燃料消耗量与新能源汽车积分并行管理办法》解读［EB/OL］．http：//www．miit．gov．cn/n1146295/n1652858/n1653018/c5826370/content．html，2017－09－28．

［16］工业和信息化部．《增材制造产业发展行动计划（2017—2020年）》解读［EB/OL］．http：//www．miit．gov．cn/n1146295/n1652858/n1653018/c5956731/content．html，2017－12－13．

［17］工业和信息化部．2017年新能源汽车发展势头强劲［EB/OL］．http：//www．miit．gov．cn/n1146312/n1146904/n1648362/n1648363/c6012575/content．html，2018－01－15．

［18］中国工业和汽车协会．2017年全国汽车商品进出口形势简析［EB/OL］．http：//www．caam．org．cn/zhengche/20180209/1605215569．html，2018－02－09．

［19］国务院．国务院关于深化“互联网＋先进制造业”发展工业互联网的指导意见［EB/OL］．http：//www．gov．cn/zhengce/content/2017－11/27/content_5242582．htm，2017－11－27．

［20］国务院办公厅．国务院办公厅关于积极推进供应链创新与应用的指导意见［EB/OL］．http：//www．gov．cn/zhengce/content/2017－10/13/content_5231524．htm，2017－10－13．

［21］浙江省人民政府办公厅．浙江省人民政府办公厅关于进一步提升工业设计发展水平的意见［EB/OL］．http：//www．zj．gov．cn/art/2017/10/25/art_32432_294671．html，2017－10－19．

［22］河北省人民政府．河北省人民政府印发关于支持工业设计发展若干政策措施的通知［EB/OL］．http：//www．gov．cn/zhengce/content/2017－10/13/content_5231524．htm，2017－10－16．

［23］山东省经信委，山东省财政厅．关于推进山东省工业文化发展实施意见［EB/OL］．http：//www．bzeic．gov．cn/nsjg/cyzc/zcjd/2017－08－17/

2062. html，2017 – 08 – 17.

　　［24］江西省人民政府办公厅. 江西省人民政府办公厅关于加快工业设计产业发展的实施意见［EB/OL］. http：//xxgk. jiangxi. gov. cn/bmgkxx/sbgt/fg-wj/gfxwj/201709/t20170928＿ 1398140. htm，2017 – 09 – 28.

　　［25］2018 建材行业供给侧优化改革将进一步深化［EB/OL］. http：//www. gelinya. com/Article/2018jcxygg＿ 1. html.

　　［26］新华社. 政府工作报告 2018［EB/OL］. http：//www. gov. cn/premier/2018 – 03/22/content＿ 5276608. htm.

　　［27］新华社. 政府工作报告 2017［EB/OL］. http：//www. gov. cn/premier/2017 – 03/16/content＿ 5177940. htm.

　　［28］人民日报海外版.2017 年度世界500 强企业发布中国 115 家企业上榜［EB/OL］. http：//news. china. com/international/1000/20170817/31111834. html.

后 记

2018 年是全面建成小康社会决胜阶段、中国特色社会主义进入新时代的关键之年，也是制造业从数量的扩张向质量提升战略性转变、推进供给侧结构性改革的攻坚之年，我国服务型制造发展取得积极成果。《2017—2018 年中国服务型制造蓝皮书》是工信部赛迪智库产业政策研究所编著的中国服务型制造蓝皮书系列的第一本，对 2017 年我国服务型制造相关政策和进展情况进行了分析总结，对 2018 年发展趋势进行了展望。

本书由王鹏担任主编，郑长征统筹组稿。全书具体撰写人员及分工如下：第一章由张亚鹏撰写；第二、十五章由郧彦辉撰写；第三、十六章由张学俊撰写；第四、十七章由杜雨潇撰写；第五、十八章由王兴杰撰写；第六、十九章由张希撰写；第七、八、九章由杨帅、尹训飞撰写；第十至十四章由王冉撰写。在本书编写过程中，得到了工业和信息化部相关领导、行业协会以及企业专家的大力支持、指导和帮助，在此一并致以最诚挚的谢意！

2018 年是我国全面深化改革的攻坚之年。我们将把改革、创新、开放、融合的战略思维贯穿于产业经济研究之中，更加积极地关注和思考新形势、新情况、新问题，为我国的产业结构优化升级、提升我国产业竞争力提供有力的决策支撑！

思想，还是思想
才使我们与众不同

编 辑 部：工业和信息化赛迪研究院

通讯地址：北京市海淀区万寿路27号院8号楼12层

邮政编码：100846

联 系 人：王 乐

联系电话：010-68200552 13701083941

传　　真：010-68209616

网　　址：www.ccidwise.com

电子邮件：wangle@ccidgroup.com

咨询翘楚在这里汇聚

信息化研究中心	工业化研究中心	规划研究所
电子信息产业研究所	工业经济研究所	产业政策研究所
软件产业研究所	工业科技研究所	军民结合研究所
网络空间研究所	装备工业研究所	中小企业研究所
无线电管理研究所	消费品工业研究所	政策法规研究所
互联网研究所	原材料工业研究所	世界工业研究所
集成电路研究所	工业节能与环保研究所	安全产业研究所

编 辑 部：工业和信息化赛迪研究院
通讯地址：北京市海淀区万寿路27号院8号楼12层
邮政编码：100846
联 系 人：王 乐
联系电话：010-68200552 13701083941
传　　真：010-68209616
网　　址：www.ccidwise.com
电子邮件：wangle@ccidgroup.com